Maybrit Illner • Ingke Brodersen (Hg.)

Ente auf Sendung

Von Medien und ihren Machern

Maybrit Illner · Ingke Brodersen (Hg.)

Ente auf Sendung

Von Medien und ihren Machern

Mit Illustrationen von Frank Ehrler

Deutsche Verlags-Anstalt
München

Inhalt

Vorwort

9

Anne Will
Es ist doch nur Fernsehen
Wie die »Tagesthemen« gemacht werden

14

Ariane Vuckovic
Wo kein Gesetz mehr gilt
Von der Arbeit einer Kriegsreporterin

26

Oliver Welke
Mein Feind, der Ball
Aus dem Leben eines Sportmoderators

40

Sonia Mikich
Unter Dinosauriern, mit Flügeln
Das Leben mit dem kritischen Politmagazin MONITOR

51

Hans Leyendecker
Der Journalist als Detektiv
Skandale und Recherchen

61

Jürgen Todenhöfer
Kämpferische Toleranz
Politik und Journalismus

69

Hans-Ulrich Jörges
Barfuß bis zum Rubikon
Politischer Journalismus auf Abwegen
77

Patricia Riekel
Die Sympathiefalle
Nähe und Distanz im Boulevardjournalismus
87

Christine Westermann
Ein schmaler Grat
Talkshow mit unberechenbaren Gästen
93

Herlinde Koelbl
Sehen, was andere nicht sehen
Die Arbeit des Bildjournalisten
101

Jürgen Leinemann
Bleib erschütterbar und widersteh
Erfahrungen eines Journalisten
110

Alfred Roesler-Kleint
Schmerzgrenzen
Das DDR-Fernsehen auf dem Weg in eine neue Zeit
121

Eduard Heußen
Die Macht des Geschichtenerzählers
Der Sprecher
131

Peter Scholl-Latour
»Hören Sie nur auf sich selbst!«
Der Auslandskorrespondent
142

Michael Mueller
Von Kriegsgefahr und Kanzlerhaar
Wie aus einem Ereignis eine Nachricht wird
149

Wolfgang Büscher
Die Königsdisziplin
Über die Reportage in Zeiten zunehmender Unwirklichkeit
158

Roger de Weck
Der Club der Verweigerer
Protokoll einer Redaktionskonferenz
165

Volker Wieprecht
Hallo, Schweinebacke
Plädoyer für das Radio
175

Rudi Carrell
Vielleicht war ich der Letzte
Der Showmaster
185

Franziska Augstein
So mächtig und so ohnmächtig
Von der Freiheit der Presse
194

Maybrit Illner
Entschuldigungen werden nicht gesendet
Warum ich Journalistin geworden bin
203

Zu den Autoren
213

Vorwort

Journalisten sind nicht besonders angesehen. Und trotzdem ist der Beruf für viele Jüngere ein Traumjob. Ihm haftet immer noch eine Aura von Weltläufigkeit und Klugheit, Unbestechlichkeit und Mut an. Und Journalisten haben Einfluss auf die öffentliche Meinung. Was sie herausfinden, aufdecken und öffentlich machen, kann Politiker zum Rücktritt zwingen – wie beispielsweise den amerikanischen Präsidenten Richard Nixon – oder Staatsanwälte in Marsch setzen – wie beispielsweise gegen den Flick-Konzern. Der öffentliche Druck, den sie erzeugen können, hat schon Menschen aus dem Gefängnis befreit und Kriege beendet. Das geschriebene Wort kann zuweilen eine größere Sprengkraft entfalten als eine Wagenladung Dynamit.

Der Journalismus übt Kontrolle und damit auch Macht aus, weshalb die Presse zuweilen auch als »Vierte Gewalt« bezeichnet wird – neben dem gewählten Parlament, der Polizei und den Gerichten. Es gibt keine wichtige politische Entscheidung und keinen für die Öffentlichkeit bedeutsamen Vorgang, an denen die Presse nicht kommentierend, kritisierend, warnend oder lobend beteiligt wäre.

Die Freiheit, die Journalisten bei uns genießen, haben sie nicht überall. Vor wenigen Monaten erst wurde der kubanische Journalist Raul Rivero zu zwanzig Jahren Gefängnis verurteilt, weil er es gewagt hatte, kritisch über das Regime des langjährigen Diktators Fidel Castro zu schreiben. Journalisten können Helden sein, Dutzende von ihnen werden jedes Jahr ermordet, mehr als tausend sitzen in Gefängnissen.

Aber es gibt auch die Kehrseite der Medaille: Oberflächlichkeit, Opportunismus, Anbiederung, Eitelkeit. Zuweilen schlüpfen Journalisten in »fremde Uniformen« (Hans-Ulrich Jörges) und lassen sich als Sprachrohr, als Instrument der Propaganda missbrauchen. Nicht immer geschieht dies sehenden Auges, nicht immer machen sie dabei freiwillig mit. Wer als Kriegsreporter in einem fremden Land unterwegs ist, hat häufig nur beschränkte Möglichkeiten, den Wahrheitsgehalt von Informationen zu überprüfen. Manchmal weiß er nicht, wie verlässlich seine Informanten sind, manchmal sitzt er in einem Hotel, fernab vom eigentlichen Geschehen, versorgt von Presseoffizieren, die im Auftrag ihrer jeweiligen Regierungen und deren Interessen handeln.

In Zeiten des Krieges oder dort, wo ein Militärregime herrscht, ist der Druck auf diesen Berufsstand besonders groß. Aber selbst demokratische Regierungen respektieren nicht immer und unter allen Umständen die Unabhängigkeit der Presse. So verloren auch amerikanische Journalisten ihren Arbeitsplatz, weil sie sich nicht vorschreiben lassen wollten, wie sie über die Vorbereitungen und Geschehnisse des amerikanischen Militäreinsatzes gegen den Irak zu berichten hätten. Und seit die Journalistin Helen Thomas den Pressesprecher des amerikanischen Präsidenten kritisch zu den Kriegsgefangenen von Guantanamo Bay befragt hat, wird sie in der Pressekonferenz nicht mehr aufgerufen.

Journalisten bringen uns die Welt ins Haus. Sie prägen unser Bild von der Welt.

Aber selbst in ruhigeren Zeiten ist der Beruf des Journalisten besonderen Gefährdungen ausgesetzt. Ein kritischer Artikel über einen Automobilkonzern in einer Wochenzeitschrift, in der seit Jahren Anzeigen dieses Konzerns geschaltet werden – ist das denkbar? Einem Medienkonzern gehören mehrere Zeitungen; in einer davon werden Mitarbeiter unter fragwürdigen Umständen entlassen – wird die andere darüber berichten? Darf ein Sportjournalist sich in die Werbekampagne einer bundesdeutschen Stadt für die Ausrichtung der Olympiade 2012 einspannen lassen? Darf ein politischer Journalist, der über die bundesdeutsche Politik schreibt, mit einem Minister befreundet sein? Kann er dann noch vorurteilsfrei über dessen Entscheidungen berichten – so wie es die Öffentlichkeit von ihm erwartet?

Journalisten bringen uns die Welt ins Haus. Sie prägen unser Bild von der Welt. Was wir von ihr wissen und wie wir das bewerten, was in ihr geschieht, hängt ganz wesentlich von der Qualität ihrer Arbeit ab. Auf die sind wir mehr denn je angewiesen, denn wir leben in einer Wissensgesellschaft. Aber wir können nicht alles, was in der Welt geschieht, mit unseren eigenen Augen und Ohren wahrnehmen und überprüfen – obwohl uns die Geschehnisse auch noch an den entferntest scheinenden Orten der Welt häufig selbst betreffen, ob wir es wollen oder nicht. Wenn die Aktienkurse in New York in den Keller rasen, dann hat das Folgen für die bundesdeutsche Wirtschaft. Wenn ein riesiger Öltanker vor Spaniens Küste auseinander bricht, dann bleiben die Arbeitsplätze in der Tourismusbranche auch bei uns davon nicht unberührt.

Nachrichten über die Welt bestimmen heute ganz wesentlich auch die Geschicke der Welt. Wir erfahren davon durch Sondersendungen, Brennpunkte, Live-Schaltungen, Aufmacher, Schlagzeilen. Aber was ist eine Nachricht? Wer entscheidet, welches Ereignis eine Nachricht wird? Wie wird in Zeitungen, Rundfunk- und Fernsehsendern gearbeitet? Was ist ein guter Artikel? Wie viel davon ist sachliche Information, wie viel ist Meinung, Kommentar, Vermutung? Was bedeutet es, wenn von einer »Medienrepublik« gesprochen wird? Haben die Journalisten heimlich die Macht übernommen? Sind sie tatsächlich mächtig? Ja, sie haben Macht. Ihr Einfluss auf das, was man öffentliche Meinung nennt, auf das, was in dieser Republik gedacht und gesagt wird, ist größer als der jeder anderen Berufsgruppe. Dagegen ist nichts zu sagen – in vielen Fällen haben die journalistischen »watch-dogs« dafür gesorgt, dass Skandale nicht unter den Teppich gekehrt werden konnten und so zur Stabilität unserer Demokratie beigetragen.

Aber bei allen Verdiensten, die ihnen zukommen: Journalisten sind keine Ritter ohne Furcht und Tadel. Oft versteckt sich hinter der angeblichen Aufklärungsarbeit ein Schielen auf Auflage und Quote, um sich im hart umkämpften Medienmarkt zu behaupten. An die Stelle gründlicher Recherche nach dem Wer? Was? Wann? Wo? Wie? Warum? tritt die schnelle Sensationsberichterstattung oder ein handfester Rudeljournalismus, bei dem einer vom anderen abschreibt.

Was in den Medien publiziert wird, darf noch lange nicht für bare Münze genommen werden.

Was in den Medien publiziert wird, darf noch lange nicht für bare Münze genommen werden. Nicht nur wer später Journalist werden möchte, sondern auch wer Zeitungen liest, Radio hört, Fernsehen sieht, muss kritisch mit den Medien umgehen können. Er muss Information von Propaganda, Nachrichten von Meinungsmache, Seriöses von Unseriösem zu unterscheiden wissen.

Die hier versammelten Autoren erzählen von ihrer Arbeit, den Gefährdungen, denen sie ausgesetzt sind, von Konflikten, in die sie geraten sind, von ihrer Verantwortung. Wie sie ihre Sendungen machen, welche Grenzen ein Journalist nicht überschreiten darf, worin sein Handwerkszeug besteht. Warum ein Bildjournalist die Sprache des Körpers kennen sollte, wie groß der Arbeitsaufwand für eine einzige »Tagesthemen«-Sendung ist, welche Auseinandersetzungen ein Auslandsreporter mit seiner Heimatredaktion führen muss, welche journalistischen Fähigkeiten eine Talkshowmoderation erfordert, was Journalisten und Detektive gemein haben und in welch unvorhergesehene Situationen eine Kriegsreporterin geraten kann.

Alle, die hier schreiben, sind Profis. Die meisten üben ihren Beruf seit Jahren, manche seit Jahrzehnten aus. Aber trotz dieser langjährigen Erfahrung haben sie nicht die Neugier verloren – die Neugier auf Welt, auf Menschen, auf Wissen, auf Entdeckung. Und die Lust, anderen davon zu berichten. Vielleicht hat dabei auch der eine oder andere eine »Ente« auf die Reise geschickt.

Enten schwimmen bekanntlich auf dem See. Da gehören sie auch hin. Zuweilen aber trägt die heiße Luft der Nachrichtenagenturen sie rund um die Welt, und sie nisten sich in Zeitungen, Fernsehen oder Hörfunk ein. Jeder Chefredakteur wird fuchsteufelswild, wenn er eine solche Ente bei sich im Blatt oder im Sender entdeckt, zeigt sie doch, dass die Professionalität in diesem Hause ganz schön auf den Hund gekommen ist. Im Journalismus bedeutet »Ente« eine Falschmeldung – wissentlich oder unwissentlich über die Medien verbreitet. Und warum heißt sie »Ente«? Zwei Buchstaben haben dafür gesorgt – »n. t.« (ausgesprochen: En-te) – »non testatum«, nicht bestätigt. Und eben das darf einem Journalisten nicht passieren: Eine Nachricht, die er nicht noch einmal durch andere Quellen geprüft hat, darf er nicht herausgeben. Sonst schickt er eine »Ente auf Sendung«.

Maybrit Illner und Ingke Brodersen, Mai 2003

Anne Will

Es ist doch nur
Fernsehen

Wie die »Tagesthemen« gemacht werden

Sich bei anderen unbeliebt zu machen, geht schnell. Ganz schnell. Zumal dann, wenn diese anderen sich seit langem kennen, schon ewig miteinander arbeiten und man selbst die Neue und einzige Unbekannte im Kreis der Kollegen ist, mit denen man künftig zusammenarbeiten will. Da reicht ein schnell dahingesagter Satz, flott in die Runde geworfen, und die Stimmung ist im Keller.

Es war gleich in der ersten Woche, in der ich die »Tagesthemen« moderierte. Wir saßen, wie immer nach der Sendung, zur so genannten »Manöverkritik« zusammen. Jeder sollte sagen, was ihm gefallen hat und was weniger gut gelungen war. Das ist nicht leicht. Die Stimmung ähnelt dem Aprilwetter: Entweder bricht die Sonne durch, oder der Himmel verdunkelt sich blitzschnell, und es gibt ein dickes Gewitter. Schließlich sind alle müde und erschöpft. Jeder hat dreizehn, vierzehn Stunden lang gearbeitet. Der Tag war anstrengend, es ist spät geworden. Da kann ein unangemessenes Wort oder der falsche Tonfall den Sturm losbrechen lassen. Jeder weiß das. Keiner will etwas Verletzendes sagen. Und so beginnt die »Manöverkritik« an Abenden, an denen etwas schief gelaufen ist, immer damit, dass sie eben nicht beginnt! Dass erst einmal keiner das Wort ergreift. Schweigen, abwarten, in die Runde gucken, bis sich endlich einer traut und die Kritik eröffnet.

Diesmal war es der Ablauf. Die Abfolge der einzelnen Beiträge hatte nicht überzeugt. Riesenkrach zwischen einem der Planer und der Chefin vom Dienst, deren Job es ist, sich den Ablauf auszudenken. Er, klar auf Angriff getrimmt: »Das war unmöglich! Den Beitrag an dieser Stelle zu platzieren, das war falsch! Die ganze Arbeit für die Katz! Die Sendung, gelinde gesagt, eine Katastrophe. Alles furchtbar!« Sie, auf Abwehr gebürstet, die eigene Entscheidung verteidigend: »Das stimmt nicht. Der Ablauf war richtig so, und zwar genau so! Er hätte gar nicht anders sein dürfen.« Er wieder: »Nein!« Sie: »Doch!«

Und so ging es hin und her. Wie es halt so geht, wenn sich zwei zu später Stunde, erkennbar entnervt, streiten. Irgendwann hatte ich das Gefühl, mich einmischen zu müssen, und sagte, eher leise als bestimmt, eher müde als mahnend: »Bei allem Respekt und allem Verständnis für beide Seiten – aber es ist doch nur Fernsehen!«

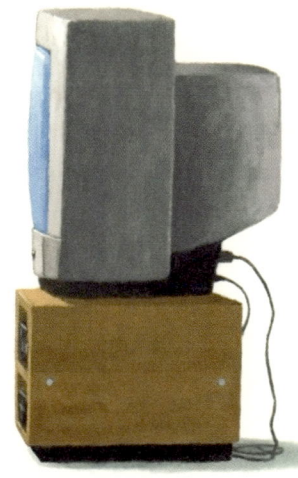

Stille. Alle guckten mich an! Mir wurde unbehaglich zumute. Schließlich war ich »die Neue«, viele der anderen schon jahrelang dabei. Hielten sie mich jetzt für überheblich? Für besserwisserisch? Oder vermissten sie den Respekt vor den »Tagesthemen«? Das sollte *nur* Fernsehen sein? Da das Schweigen nichts Gutes verhieß, verließ ich sicherheitshalber, kleinlaut einen kurzen Abschiedsgruß murmelnd, den Raum und verdrückte mich in mein Büro. Auch ich war verunsichert, denn die »Tagesthemen« mochten und mögen *nur* Fernsehen sein. Aber sie sind eben auch das Ergebnis von sehr viel Arbeit.

Konferenzen, Konferenzen, Konferenzen …

Journalisten sind Menschen, die sich mitteilen wollen. Die anderen davon berichten wollen, was sie an Neuigkeiten in Erfahrung gebracht haben. Deshalb reden sie viel. Die Journalisten, die die »Tagesthemen« und die vielen Ausgaben der »Tagesschau« machen, reden noch mehr als viel, sie reden andauernd. Sie kommen ständig zu Konferenzen in einem großen Raum mit einem großen Tisch und vielen Stühlen zusammen und besprechen dort, was sie vorhaben. Sie entscheiden, welche Themen wie bearbeitet werden sollen. Vorher haben sie mit den Korrespondenten telefoniert, die in der ganzen Welt für die ARD und damit auch für die »Tagesthemen« und die »Tagesschau« arbeiten. Somit wissen sie, was die Korrespondenten draußen planen, was sie erfahren und erlebt haben, welche Bilder sie schon haben drehen können oder noch drehen wollen, welche Interviews sie geführt haben oder noch führen wollen und wie sich das alles zu einem kurzen Film, einem – wie wir sagen – »Beitrag« oder »Bericht«, zusammenfügen lässt.

Und noch ehe dieser Beitrag geschnitten ist, noch ehe der Kollege in New York oder Tel Aviv, in Moskau oder Berlin seinen Text geschrieben und zu den Bildern gesprochen hat, haben die Konferenzteilnehmer in Hamburg, in dem großen Raum am großen Tisch mit den vielen Stühlen schon eine Vorstellung davon, wie dieser Bericht vermutlich aussehen wird. Fernsehbeiträge können also nicht nur angeguckt werden, sie lassen sich auch erzählen. Und manchmal ist die Erzählung sogar schöner als der fertige Film.

Denn es kann immer noch etwas schief gehen. Die Kollegen in Berlin zum Beispiel haben, anders als geplant, doch kein Interview mit dem Bundesaußenminister führen können. Er wollte sich vielleicht nicht äußern zu dem Streit, den es zwischen ihm und dem Bundeskanzler um den außenpolitischen Kurs der Bundesregierung gegeben haben soll. Als der Kollege ihn danach fragte, hat der Minister nur abgewinkt und nicht antworten wollen. Nachdenkliche Gesichter am Konferenztisch. Das Thema ist uns wichtig, wir wollen es in der Sendung haben, nur wie? Ein Kollege der »Tagesschau« merkt an, der Außenminister habe später noch einen Termin in einer anderen Angelegenheit in Frankfurt. Dort sei auch einer unserer

Reporter mit seinem Kamerateam angemeldet. Man könne ja dieselbe Frage noch einmal stellen, winke der Minister wieder ab, würden wir eben das zeigen.

Genau so wollen wir es machen. Das ist zwar nur eine Notlösung, ein Kompromiss, aber es ist eine Lösung für unser Problem. Beständiges Schweigen und dauerndes Abwinken eines Politikers erzählen schließlich auch etwas. Und ohnehin kann es ja auch sein, dass der Minister sich inzwischen entschieden hat, doch etwas zu sagen. In jedem Fall ist es also gut, den Frankfurter Kollegen mit unserem Auftrag zum Termin zu schicken.

Das ist ein Beispiel, wie es so oder ähnlich gewesen sein könnte und täglich mehrfach vorkommen kann. Es zeigt, wie sehr unsere Arbeit auf das permanente Miteinandersprechen angewiesen ist und davon lebt. Die vielen Konferenzen mögen manchmal langweilig sein, weil wir zum dritten oder auch achten Mal hören, welchen Beitrag die Kollegin aus Washington plant, aber sie sind absolut unverzichtbar. Auch die Anwesenheit und Mitarbeit der Kollegen von der »Tagesschau« ist unverzichtbar. Nachrichtensendungen sind Teamarbeit. Nur durch die Zusammenarbeit vieler kann es gelingen, die hoffentlich besten Bilder und wichtigsten Ereignisse und Aussagen des Tages haben und zeigen zu können.

Aber bei allen Überlegungen, wie wir dem Außenminister ein Wort entlocken können, haben wir eine Frage bislang übersehen: Was sagt eigentlich der Bundeskanzler zu dem Streit, den es angeblich gegeben haben soll? Wir werden ihn fragen müssen, sage ich. Wenn alle davon überzeugt sind, dass wir den Kanzler haben müssen, dann beschließen wir, ihn einzuladen. Sagt er zu, wird unser Programm verändert. Dann brauchen wir Zeit für dieses Interview. Und das bedeutet, dass wir für manch anderen bisher vorgesehenen Beitrag keinen Platz mehr in der Sendung haben werden. Fairerweise müssen die von Streichungen betroffenen Autoren das möglichst bald erfahren. Vorher aber müssen wir in Erfahrung bringen, ob der Kanzler überhaupt zusagt. Alles unwägbar und unsicher. Kurzum: Wir sollten ganz schnell zum Hörer greifen.

Telefonieren, telefonieren, telefonieren ...

»Tagesthemen«-Planer telefonieren fast immer. Auch jetzt. Einer ruft im Hauptstadtstudio in Berlin an. Der Kanzler soll gefragt werden, ob er Zeit und Lust zu einem Interview hat. Der Kollege in Frankfurt muss wissen, dass und was er den Außenminister fragen soll. Andere Korrespondenten müssen schon einmal vorgewarnt werden, dass ihr Beitrag vielleicht aus dem Programm fliegt, *wenn* der Bundeskanzler ... und so weiter.

Ich habe mir erst mal einen Kaffee geholt und überlege nun, welche Informationen ich noch brauche, um das Interview mit dem Kanzler zu führen, und welches Material, um die restlichen Beiträge anzumoderieren. Darüber muss ich mir nicht allein den Kopf zerbrechen. Dabei helfen mir die so genannten Moderationsredakteure. Ihre Aufgabe ist es, Zeitungsartikel, Agenturmeldungen oder Internetseiten zu den Themen der Sendung herauszusuchen, sie zu lesen, die wichtigsten Stellen anzustreichen und daraus Dossiers zu machen, die in farbige Pappmappen wandern. Auch dafür ist es wichtig, dass die Planer die Beiträge in der Konferenz schon einmal dargestellt haben. So können wir uns genau überlegen, was wir brauchen, was für die Moderationen interessant sein könnte, welche Information uns noch fehlt. Auch die Moderationsredakteure hängen sich also ans Telefon. Sie rufen zum Beispiel in unserem Pressearchiv an und bitten die Kollegen dort, nach passenden Zeitungsartikeln zu suchen und sie uns zuzufaxen.

Mehr dazu nach den Nachrichten mit ...

Während der »Tagesthemen« sitzen zwei Menschen im Studio. Die Moderatorin oder der Moderator und eine Nachrichtensprecherin oder ein Nachrichtensprecher. Beide sitzen frisch gekämmt und schön geschminkt am selben Tisch im selben Studio, aber sie tun nicht das Gleiche. Wir sagen zwar beide etwas ins Mikrofon und gucken dazu in die Kamera. Mein Sprechen nennt man in der Fachsprache aber *moderieren*, das des Sprechers tatsächlich *sprechen*. Das klingt albern, ist aber so. Der Unterschied liegt darin begründet, dass ich meine Moderationstexte selbst schreibe und mir meine Interviewfragen selbst ausdenke. Der Sprecher dagegen liest Nachrichtentexte vor, die ein Nachrichtenredakteur ihm aufgeschrieben hat. Moderationstexte dürfen persönlicher gefärbt, umgangssprachlicher, bildhafter, weniger dürr formuliert sein. Nachrichtentexte dagegen müssen vor allem präzise in der Formulierung sein: »Hans Blix hat heute im Sicherheitsrat der Vereinten Nationen einen Zwischenbericht über den Verlauf der Waffeninspektionen im Irak vorgelegt … «; ich hingegen dürfte in meiner Anmoderation eines Sendebeitrags zu diesem Thema sagen: »Hans Blix ist wirklich nicht zu beneiden … «.

Um eine Moderation schreiben zu können, muss ich wissen, worum es in dem einzelnen Beitrag genau gehen wird. Was ist wann, wo, wie und warum überhaupt geschehen, wer war dabei, und was davon wird der Korrespondent uns nun tatsächlich in seinem kurzen Film zeigen? Um das zu erfahren, rufe ich ihn an und frage. Zum Beispiel auch danach, wie sein Beitrag denn beginnen wird. Denn der letzte Satz meiner Moderation sollte zum ersten Satz seines Beitrags passen, dann ist die Überleitung perfekt.

Wenn ich meine Moderation geschrieben habe, gebe ich sie frei. Das heißt: Ich drücke auf zwei Tasten an meinem Computer, ratter, ratter, und der Text knattert aus dem Drucker der Moderationsredakteurin und der Chefin vom Dienst. Beide lesen die Moderation und prüfen sie auf Verständlichkeit und Faktentreue. Und wenn etwas nicht stimmt, sagen sie es mir, und wir verändern die Textstelle. Denn die Chefin oder der Chef vom Dienst sind vor dem Presserecht für die Inhalte der Sendung verantwortlich und damit auch für meine Moderationen.

So, es ist spät geworden, der Sendetermin rückt näher. Die Kollegen telefonieren immer noch. Besonders zwei – der Planer fürs Inland und der fürs Ausland. Ihre Arbeitsbereiche und Verantwortlichkeiten lassen sich nicht immer sauber trennen. Hat der Bundeskanzler morgens Termine in Berlin und reist danach, sagen wir, zum NATO-Gipfel nach Prag, dann bewegt er sich auch zwischen den Zuständigkeiten der »Tagesthemen«-Planer hin und her. Prompt haben die wieder etwas zu besprechen. Diesmal, wer die entsprechenden Berichte nun betreut.

Betreuen heißt, genaue Absprachen zu treffen, was in den Beiträgen zu sehen sein soll, und hinterher, wenn der Film nach Hamburg überspielt wird, nachzugucken, ob er auch wirklich so geworden ist wie besprochen. So flitzen die Planer noch kurz vor der Sendung zwischen ihren Schreibtischen und den Räumen hin und her, wo man die überspielten Beiträge zum ersten Mal auf dem Bildschirm betrachten kann.

Lesen, lesen, lesen ...

Ich dagegen bewege mich fast gar nicht und sitze ständig an meinem Schreibtisch. Auf dem stapeln sich Tageszeitungen, Zeitschriften, Magazine und die farbigen Pappmappen mit den Dossiers. Außerdem stehen gleich zwei Computer darauf. An dem einen schreibe ich meine Moderationen, auf dem anderen kann ich die fortlaufenden Meldungen der Nachrichtenagenturen verfolgen. So mag in der ersten Meldung noch von einem »Flugzeugabsturz in Philadelphia« die Rede gewesen sein, im Laufe des Tages »verdichten sich die Hinweise, dass es sich um ein Attentat gehandelt haben könnte«.

Meinen Internetzugang habe ich ständig offen, um im Netz schnell etwas nachlesen zu können. Und wenn einer der Sendebeiträge schon in Hamburg angekommen ist, dann kann ich mir den auch auf meinem Bildschirm angucken. Ich muss also nicht von meinem Schreibtisch aufstehen.

Den ganzen Tag und die ganze Nacht über treffen Bilder aus aller Welt in Hamburg ein. In meinem Büro stehen vier Fernseher, und auf einem kann ich immer verfolgen, welche Bilder gerade in Hamburg ankommen. Die ARD hat Verträge mit vielen ausländischen Fernsehanstalten, die – ebenso wie sie selbst es auch tut – einen großen Teil ihrer Bilder und ihrer Reportagen in die so genannte Eurovision stellen, den europäischen Programmaustausch, EURO genannt. So hilft man sich aus, und so erklärt es sich, dass in den deutschen Nachrichtensendungen häufig dieselben Kameraeinstellungen zu sehen sind, denn auch das ZDF und andere Sender können sich aus der so genannten EURO bedienen. Einige der Kollegen sitzen ständig vor diesen eintrudelnden Bildern, schauen sich an, was da so ankommt, was man auf diesen Bildern sehen kann und welche davon möglicherweise für die Sendung geeignet sein könnten. Wenn ihnen etwas Besonderes auffällt, zum Beispiel ein von dem Sender »Al-Dschasira« ins Netz gestelltes Bild, das angeblich die beiden Söhne des Topterroristen Osama bin Laden zeigt, sagen sie den Redakteuren Bescheid.

Etliche Zeitungen, Zeitschriften, die fortlaufenden Meldungen der Nachrichtenagenturen, das Internet, Bilder aus aller Welt, mehrere Archive, die uns zur Verfügung stehen, das große Korrespondentennetz der ARD – all das können wir nutzen. Wir arbeiten in einem Informationsparadies und sitzen doch nur in Hamburg im Büro. Von dort aus können wir alle Fragen stellen, die trotz der vielen Informationen offen geblieben sind. Die Quellen, die wir nutzen, können sich gelegentlich widersprechen. Dann ruft man bei dem Korrespondenten in Kabul an und fragt ihn, wie es denn nun wirklich war, wie viele Menschen bei den Angriffen der vergangenen Nacht tatsächlich verletzt worden sind.

Als die USA und Großbritannien im Oktober 2001 mit den Luftangriffen auf Afghanistan begannen, waren gesicherte Informationen nur schwer zu bekommen. Zunächst war nur ein einziger Fernsehjournalist in Kabul, ein Reporter des arabischen Senders »Al-Dschasira«. Dessen Berichte waren ebenso mit Vorsicht zu genießen wie die Verlautbarungen der afghanischen Regierung oder aber die gewiss auch propagandistisch gefärbten Sätze des US-amerikanischen Regierungssprechers. Nach so etwas wie der Wahrheit zu suchen, fällt in Zeiten kriegerischer Auseinandersetzungen noch schwerer als sonst. Was uns in solchen Situationen bleibt, ist einzugestehen, dass wir unsicher sind, dass wir nicht genau wissen, welchen Informationen wir vertrauen können, solange keiner unserer Kollegen in der afghanischen

Hauptstadt eigene Recherchen anstellen kann. Und auch der wird im Zweifel zugeben, was er trotz all seiner Bemühungen nicht weiß.

Aufmacher und Aussteiger

Unsere Sendung heißt nicht ohne Grund »Tagesthemen«. Wir berichten über die unserer Meinung nach wichtigsten Themen des Tages. Nicht über alles, was geschehen ist, sondern über eine Auswahl. Die aber gilt es erst einmal zu treffen. Und darüber zerbrechen wir uns bei jeder einzelnen Sendung den Kopf.

Unser Ehrgeiz ist es, den Zuschauer nicht mit allen möglichen Themen zu überfluten, sondern Themenblöcke zu bilden. Ein Beitrag soll davon handeln, was geschehen ist, der zweite vielleicht darüber berichten, ob dies ein Sonderfall war oder schon einmal vorgekommen ist. Ein Beispiel: Der erste Beitrag handelt von der Entscheidung der Bundesregierung, Impfstoff zum Schutz vor Pocken anzuschaffen und vorzuhalten. Die Gesundheitsministerin wird sagen, warum das wichtig ist, auch wenn die Regierung nicht mit einem entsprechenden Pockenvirenangriff oder Attentat rechnet. Sie will aber vorbereitet sein. Der zweite Beitrag könnte erklären, an welchen Symptomen erkennbar wird, dass jemand an Pocken erkrankt ist. Oder er könnte erzählen, wie schwer oder leicht es ist, Menschen mit Pocken zu infizieren, – mithin, wie wahrscheinlich ein solcher bioterroristischer Übergriff nach Meinung von Waffen- und Terrorismus-Experten ist.

Sollte das nun der spannendere Film sein, überlegen wir uns vielleicht, damit anzufangen und die Ministerin auf den zweiten Platz zu verbannen. Das Gegenargument: Der Biowaffenfilm könnte allzu leicht Panik auslösen. Er könnte den Eindruck erwecken, als stünde ein solcher Angriff mit Pockenviren tatsächlich bevor. Also entscheiden wir anders. Die Ministerin kommt im so genannten *Aufmacher*, dem ersten Beitrag der Sendung, zu Wort, Ärzte und Biowaffen-Experten folgen erst danach. Ein Interview zum selben Thema sparen wir uns, wir wollen nicht übertreiben.

Die Entscheidung darüber, was zuerst kommt und was dann folgt, trifft nach allen Diskussionen der Chef oder die Chefin vom Dienst. Sie passen auch auf, ob alles, was wir vorhaben, in die Sendung passt, ob wir zu lang oder gar zu kurz werden. Deshalb rechnen sie fortwährend alle Beitragslängen, Moderations- und Interviewzeiten und die Längen des Nachrichtenblocks zusammen, damit nach genau einer halben Stunde die Sendung zu Ende ist und der Abspann läuft.

Doch halt. Jetzt ging ja doch alles ein bisschen schnell. Vom ersten und zweiten Beitrag der Sendung gleich zum Abspann. Dazwischen liegen in der Regel sieben oder acht Filme, der letzte von ihnen darf lockerer sein als der Rest – ein so genanntes »buntes« Stück. Meistens bringen wir die ganze Sendung über ernste Themen und eher schlechte Nachrichten. Da finden wir es angebracht, am Ende eine Geschichte zu erzählen, die vielleicht zum Schmunzeln einlädt. Deshalb suchen wir immer nach schönen Aussteigern, nach unterhaltsamen und entspannenden Schlussstücken. Das kann ein Beitrag über eine Aufsehen erregende Theaterinszenierung sein oder ein Stück über »30 Jahre Sesamstraße« oder über die erfolgreiche Rückkehr des Skifahrers Hermann Maier, genannt der Herminator.

Live drauf

Es war an einem Samstagnachmittag im Februar 2003. Ich saß, nichts Böses ahnend, in meinem Büro und las Zeitung. Samstage sind immer etwas ruhiger, wir haben nur zwanzig Minuten Sendezeit, da der lange Sportblock schon mal fünf bis sechs Minuten beansprucht. Das heißt: Für uns gibt es weniger zu tun, und ohnehin passiert in der Welt am Wochenende nicht soviel. Wenn sich aber wenig ereignet, gibt es auch nicht so viele Nachrichten. Die Nachrichtenlage ist »mau«.

Nicht so an diesem Samstag. Plötzlich klopft es an meine Bürotür, eine Kollegin guckt rein und sagt: »Es sieht so aus, als sei die Raumfähre Columbia abgestürzt. Du musst sofort in die Maske. Wir müssen so schnell wie möglich auf Sendung.«

Kaum sitze ich in der Maske, wo ein Maskenbildner Make-up und Puder aufträgt und die Haare richtet, da platzt die Kollegin schon wieder rein und sagt: »Du musst *sofort* ins Studio.« Fürs Schminken bleibt keine Zeit. Ich laufe zum Studio, lese erste Agenturmeldungen. Eine Telefonleitung nach Washington steht. Das reicht. Wir sind live drauf und werden es den Nachmittag über noch einige Male sein.

»Drauf sein« heißt, wir unterbrechen das laufende Programm. Plötzlich sieht man mich oder – wie in diesem Fall – weiße Kondensstreifen am strahlend blauen Himmel über Texas, die an diesem Tag bedeuteten: Die Columbia ist explodiert. Mehr wissen wir zu diesem Zeitpunkt noch nicht. Ich kann also nur Fragen stellen, die der Kollege in Washington, so gut es eben geht, zu beantworten versucht. Wir nähern uns vorsichtig dem, was vermutlich geschehen ist. Die Suche nach der wahren Unglücksursache wird Monate dauern.

Fernsehen ist ein schnelles Medium, aktuell, ereignisorientiert, live. Wenn etwas geschieht, müssen wir sofort reagieren. Denn unsere Zuschauer sollen die Möglichkeit haben, unmittelbar zu erfahren, was sich ereignet hat. Sie sollen im Zweifel live sehen können, was anderswo auf der Welt oder aber auch drei Straßen von ihnen entfernt passiert ist. Das heißt für uns: Wir können unsere Sendung noch so schön planen, noch so genau überlegen, mit welchem Film wir anfangen wollen und welcher als nächster kommt. Ich kann meine Moderationen noch so interessant formulieren – zum Schluss kann immer alles anders kommen. Der Absturz der Columbia ist an diesem Samstag das wichtigste Thema. Nach vier Sondersendungen werden wir uns auch in den »Tagesthemen« fast ausschließlich damit beschäftigen, der Rest fliegt raus.

Das versendet sich

Bei allem Aufwand, den wir treiben: Kaum etwas von dem, was wir uns ausgedacht haben, bleibt in Erinnerung. Fernsehen ist ein schnelles Medium und ein flüchtiges. In einer Zeitung kann man zurückblättern, einen Zeitungsartikel kann man aufheben oder ausschneiden und immer wieder lesen. Aber kaum jemand wird die »Tagesthemen« aufnehmen und sie sich dann immer wieder angucken. Somit »versendet« sich unser Tun. Selbst die tollsten Sätze und die eindrucksvollsten Bilder sind spätestens am nächsten Tag, oft schon eine halbe Stunde nach der Sendung vergessen.

Das können wir beklagen und manchmal traurig sein, wie kurz die Lebensdauer unserer Arbeit ist – aber zuweilen ist die Flüchtigkeit auch hilfreich. Denn auch unsere Fehler »versenden« sich, und wir müssen uns, anders als ein Maler, der monatelang an seinem Bild gearbeitet hat und dem ganz zum Schluss der Pinsel ausrutscht, nicht allzu lange mit den kleinen Pannen herumschlagen, die auch uns unterlaufen. Wir liefern keine Kunstwerke ab. Das ist zumindest nicht unser Anspruch. Wir sind keine Showstars und keine Künstler. Wir sind Journalisten, klaren Grundsätzen verpflichtet. Handwerker im besten Sinne.

Aber die sind eben am Ende eines langen Tages auch mal müde, so wie bei jener Manöverkritik in meiner ersten Arbeitswoche bei den »Tagesthemen«. Ich saß danach in meinem Büro und dachte: Auweia, ob das schlau gewesen war, die Hitze der Auseinandersetzung mit dem lockeren Zwischenruf abkühlen zu wollen, es sei doch schließlich »nur Fernsehen«. Da ging die Tür auf, und die eben noch so aufgebrachten Kollegen steckten grinsend die Nase ins Büro: »Du hast ja Recht. Es ist nur Fernsehen. Schlaf gut. Und bis morgen.« Puuh. Noch mal gut gegangen. Auch eine solche Bemerkung »versendet« sich.

Ariane Vuckovic
Wo kein Gesetz mehr gilt Von der Arbeit einer Kriegsreporterin

Für Miguel und Kurt, die in Sierra Leone erschossen wurden,
und für Maria Grazia, die in Afghanistan ermordet wurde.

Ich wollte nie in den Krieg. Ich wollte zu den Menschen, die
 unter dem Krieg leiden. Um ihre Stimme zu hören, bevor sie
erstirbt. Um ihre Geschichte zu erzählen. Deshalb muss ich in
den Krieg. Um vom Schlimmsten zu berichten, was Menschen
einander antun können. Aber auch vom Besten – von der Kraft
und der Menschlichkeit, die aus dem Leiden erwächst. So war das
damals, 1993 in Kroatien und Bosnien, als ich anfing, und die kla-
genden Stimmen haben mich seitdem immer wieder gerufen. Nach
Ruanda, Zaire, in den Sudan und in den Kosovo, nach Israel,
Tschetschenien und Afghanistan. Vielleicht bin
ich jetzt so etwas wie eine »Kriegsreporterin«. Es ist eine Arbeit, die die
Seele angreift, die einen tief
im Inneren verändert,
die einen das Leben
mit anderen Augen sehen lässt –
wenn sie dir das Leben lässt.

 Aber es ist auch ein Job mit Regeln, die man lernen
kann. Und man braucht sie, um zu überleben und um ein guter
Journalist zu sein, auch wenn Chaos herrscht, Lüge und Mord. Und die
Angst vor den Minen, dem vergrabenen Tod, der überall wartet, vor den
Flugzeugen, Panzern, Bomben und Granaten, vor dem Blut, den Schreien

der Verwundeten und dem stummen Weinen der Hinterbliebenen. Es ist die Angst, das alles zu sehen und nicht helfen zu können. Unsere Hilfe für die Menschen besteht darin, dass jemand da ist, der zuhört und hinsieht. Wir können Augen öffnen, denn erst wenn Bilder da sind, glaubt die Welt an das Unrecht.

Und um das Unrecht geht es in diesem Beruf. Denn Krieg ist immer Unrecht, auch wenn das Recht danach verlangt, die Welt, die Moral, Präsident Bush oder der Kampf gegen den Terror. Denn das Unrecht trifft immer die, die nichts dafür können, die im Ziel leben, weil sie keine andere Wahl haben. Über sie müssen wir berichten und über die, die sie benutzen, die sie opfern für ihre Macht, über die Feldherren und die Handlanger des Todes. Das ist unsere Aufgabe als Journalisten, und es ist eine schwere Aufgabe, da wo kein Gesetz mehr gilt und wir uns unsere eigenen Regeln geben müssen.

Die Arbeitsbedingungen eines Kriegsreporters sind weder komfortabel noch romantisch. Es ist hart, einen bosnischen Winter unter Dauerbeschuss im belagerten Sarajevo zu verbringen. Ein Leben ohne Strom (nur im Büro ein Generator), ohne Heizung, ohne Wasser, in ständiger Gefahr. Natürlich ging es uns besser als der hungernden Zivilbevölkerung, weil wir Geld hatten und Geld einen Krieg erträglicher machen kann. Wir hatten genug zu essen (ein Kilo Fleisch kostete auf dem Markt 70 Mark, 1 Kilo Kaffee 120 Mark, ein Kilo Zucker 65 Mark) und bekämpften unser schlechtes Gewissen damit, dass wir bosnische Familien »adoptierten« und sie den Krieg hindurch unterstützten. Die Dankbarkeit war groß.

Niemals werde ich die Einladung zum Abendessen bei Familie Zaćiragić vergessen. Mit meiner Dolmetscherin Merdana fuhr ich im gepanzerten Jeep in die Altstadt und tastete mich im Dunkeln in den dritten Stock hinauf. In der kleinen Wohnung brannten zwei Kerzen, und es roch köstlich. Frau Zaćiragić hatte Burek gebacken, Fleisch gebraten und Tufahija, mit Nüssen gefüllte Honigäpfel, zubereitet. Wie früher, als der Krieg noch nicht über die Stadt hereingebrochen war. Auf dem Tisch lag, schön dekoriert, die ganze Monatsration der abgemagerten Familie, aber

nur zwei Teller waren gedeckt, einer für Merdana und einer für mich, und Familie Zaćiragić log beharrlich, wir sind satt, wir haben schon gegessen. Mir blieb jeder Bissen im Halse stecken, doch Zurückweisung hätte sie beleidigt.

Dann kamen die Granaten, und Merdana und ich rasten mit unserem gepanzerten Wagen in die Tiefgarage vom »Holiday Inn«, dem einzigen noch funktionierenden Hotel. Ab und zu flogen Kugeln durch die Lobby nach hinten, aber daran gewöhnte man sich. Auch an die eiskalten Räume. Das kostbare Wasser wurde in der Badewanne gesammelt, und ich lernte, mir mit möglichst wenig Wasser die Haare kalt im Papierkorb zu waschen und danach in den Schlafsack zu kriechen, um zu vergessen, dass Heizung und Föhn nicht funktionierten.

Das waren noch relativ komfortable Verhältnisse verglichen mit Afghanistan. Auf meiner letzten Reise in die Berge des Hindukusch im Januar 2002 musste ich mit 15 Männern in einem Raum auf dem Fußboden übernachten. In der Nacht ging der Ofen aus, und am Morgen war es eisig. Selbst Fleecepulli, lange Unterhosen und Schal im Schlafsack schützten nicht gegen die Kälte. Ich hatte zwei Wochen lang eine Bronchitis, und das mitten in Afghanistan. Minus zehn Grad, ein Bad gab es nicht, die Toilette war ein Loch im Boden hinter einer Mauer im schneebedeckten Hof, durch den immer wieder bewaffnete Soldaten der Nordallianz liefen. Waschen unmöglich.

Feuchte Tücher zur Katzenwäsche gehören immer in mein Gepäck. Ebenso wie Taschenlampe, Batterien, Medikamente, gegebenenfalls Wasserfilter, Moskitonetz, Zelt etc. Eine gute Ausrüstung ist lebenswichtig. Jeder Kriegsreporter sollte sich vorher genau erkundigen, was ihn am Reiseziel erwartet und welche Impfungen er benötigt. Wichtig ist auch die entsprechende Kleidung, die Respekt vor Religion und Kultur zeigt. Ich persönlich trage in Afghanistan und an der pakistanischen Grenze um Peshawar immer Kopftuch und weite langärmelige Kleider mit langen Hosen darunter. Selbst nackte Füße in Sandalen können hier Anstoß erregen und den Eindruck vermitteln, man sei eine leichtlebige Ausländerin. Die Menschen sollen spüren, dass ich ihre Religion und ihre Lebensgewohnheiten achte, auch wenn ich aus einer anderen Welt komme. Nur dann öffnen sie sich und erzählen mir ihre Geschichte.

Eine der wichtigsten Entscheidungen des Kriegsreporters ist, mit wem er vor Ort zusammenarbeitet. Eine falsche Entscheidung kann das Leben kosten. Die richtige Wahl ist eine Frage des Vertrauens, der Menschenkenntnis und der Erfahrung. Bei meinem ersten Einsatz in Sarajevo 1993 arbeitete ich mit Alma, einer Dolmetscherin, die mir eine Kollegin empfohlen hatte. Schon am ersten Tag hatte ich ein schlechtes Gefühl, die Chemie stimmte nicht. Am zweiten Tag führte sie uns beim Drehen zum alten Olympiagelände und sagte: »Hier ist es sicher.« Die Kugel schlug 5 cm neben unseren Köpfen ein. Einige Tage später ließ sie uns das Hauptquartier muslimischer Paramilitärs filmen, ohne uns darüber zu informieren, wer dort residierte. Wir wurden sofort verhaftet, mehrere Stunden festgehalten und schikaniert. Der Kroate, mit dem wir draußen gefilmt hatten, wurde vor unseren Augen verprügelt. Mit den Waffen am Kopf konnten wir nichts für ihn tun. Er wurde an die Frontlinie geschleppt, wo er unter Lebensgefahr Schützengräben ausheben musste. Wir brauchten Tage, um seine Freilassung zu erwirken. Danach habe ich mich von Alma getrennt. Merdana hat mich damals in der Hotellobby angesprochen, eine junge Studentin, die fließend deutsch sprach und Arbeit suchte. Wir haben uns vertraut, und dieses Vertrauen wurde nie enttäuscht.

Wenn ich in ein fremdes Land komme und dort niemanden kenne, kontaktiere ich lokale Journalisten. Sie kennen sich aus, sie wissen, wie man mit den Militärs verhandelt, wo es am gefährlichsten ist und wo Minen liegen. Meistens sprechen sie englisch oder französisch und verdienen sich gern bei einem ausländischen Sender etwas dazu. Sie haben gute Kontakte zu den Behörden und oft auch gute Ideen für Geschichten. Wenn ich Recherchen mache, die dem jeweiligen Regime nicht passen, muss ich allerdings aufpassen. Ist der Dolmetscher auf meiner Seite, also ein unabhängiger Journalist, der Missstände in seinem Land aufdecken will, oder ist er regierungstreu? Wenn er mitmacht, gefährdet ihn unsere Arbeit zu sehr? Hat er auch noch Schutz, wenn ich wieder abreise? Wird ihn der Geheimdienst verhaften und vielleicht wegen dieser Geschichte foltern? Kann ich dieses

Risiko eingehen? Wo sind die Grenzen, wie wichtig ist die Enthüllung der Missstände? Eine schwierige Entscheidung, die man nur im Team treffen kann.

Angst und Instinkt

Immer wieder werde ich gefragt, warum ich mich solchen Gefahren aussetze. Die Antwort ist ganz einfach: Irgendjemand muss es tun, wenn wir nicht die Augen verschließen wollen vor Unrecht, Leiden und Kriegsverbrechen. Wer einmal mit einer Frau gesprochen hat, die in einem Vergewaltigungslager gefoltert wurde, wer in ihre toten Augen geblickt und ihre Familie gesehen hat, die sich schämt für das, was ihr angetan wurde, wer einmal mit einem Kind gesprochen hat, das mit ansehen musste, wie sein Vater erschossen wurde, der trägt eine Verantwortung: diese Geschichten zu erzählen und die Schuldigen anzuklagen.

Doch welche Geschichte ist das eigene Leben wert? Natürlich keine. Deshalb gehören Vorsicht und der Mut, auch wieder aufzugeben, zu den wichtigsten Tugenden eines Kriegsreporters. Oft lassen sich besonders junge Journalisten von der Heimatredaktion unter Druck setzen. Sie stehen am Anfang ihrer Laufbahn, wollen Karriere machen und trauen sich nicht, nein zu sagen. Bei Freiberuflern kommt noch hinzu, dass sie ihre Geschichte verkaufen müssen, und am besten verkauft sich eine Exklusiv-Story, die niemand sonst hat. Freiberufler werden von den Redaktionen besonders dann angerufen, wenn das Risiko so groß ist, dass die meisten Festangestellten absagen. Der Krieg ist ihr Metier, hier können sie sich profilieren, hier können sie sterben. Zu viele haben zu viel riskiert.

Ich glaube meiner Angst, denn sie weiß, wann es genug ist. Instinkt ist wichtig, die Meinung anderer auch, denn wenn sich alle ausländischen Journalisten zurückziehen, wird es ernst. Ich weigere mich, dem Druck der Redaktion nachzugeben, manchmal sitzen unerfahrene »Schreibtischtäter« am Telefon und tun so, als hinge ihr Leben an einer bestimmten Geschichte, die sie unbedingt haben müssten.

Es war irgendwann in Bosnien bei Tuzla, wir fuhren mit einem lokalen Kommandanten an die Frontlinie und wollten einen Bericht fürs »heute journal« machen. Nach einigen Kilometern auf einem einsamen Feldweg in den Bergen überkam mich ein komisches Gefühl. Ich hatte Angst. Wir hielten an, ich sprach mit meinem Kameramann, auch er traute den Soldaten nicht, vermutete wie ich, dass die Männer das Gespür für Gefahr verloren hätten. Wir kehrten um. Am Abend erfuhren wir, dass der bosnische Armeejeep von einem serbischen Panzer beschossen worden war, ein Volltreffer, alle Soldaten waren tot. Sie waren ohne Deckung auf eine Lichtung gefahren. Darauf hatten die Gegner nur gewartet.

Natürlich gibt es keine Garantie dafür, dass der Instinkt einen immer rettet, aber ich versuche, auf ihn zu hören. Manchmal gelingt mir das nicht. Dann kann einen nur noch das Glück retten. So wie 1997 in Afghanistan im Krieg zwischen den Taliban und der Nordallianz.

Wir waren in Tasqorgan, überall Wüste und Militär, vor ein paar Wochen war das Gebiet noch in der Hand der Taliban gewesen, jetzt hatte General Dostum es zurückerobert, blutig, aber erfolgreich. Seine Männer konnten nur an Krieg denken, etwas anderes hatten sie nicht gelernt. Soldat Galdash Khan sollte uns an die Front bringen. Wir kletterten in seinen alten russischen Jeep und fuhren los, drei Stunden durch die Wüste, bis wir uns auf einmal überall von Panzerminen umgeben sahen. Riesige runde Dinger, die offen im Sand lagen, und wir fuhren mitten durch. Khan versuchte, uns zu beruhigen, man könne die Minen ja sogar sehen. Und wenn die Taliban doch einige vergraben hatten? Und was war mit den Verwehungen? Ich war sicher, dass ich diese Fahrt nicht überleben würde. Aber ich habe überlebt, es war das Glück, diesmal mitten im Minenfeld. Am Ende meinte Galdash Khan: »Gut, dass wir durchgekommen sind, normalerweise wäre ich diese Strecke nicht gefahren, sie ist zu gefährlich. Aber ihr seid unsere Gäste, und der Kommandant wollte euch einen Gefallen tun, ihr wolltet ja unbedingt an die Front. Allah hat uns beschützt.« Wir hatten ja keine Ahnung, wie weit die afghanische Gastfreundschaft gehen konnte!

Oder die Sache mit der kugelsicheren Weste. Eigentlich sollte man sie immer anziehen, es ist einfach sicherer. Doch wie hätte ich damit in Ramallah einen Film über den zehnjährigen Mohammed drehen können, den kleinen Palästinenserjungen, der jeden Freitag nach dem Gebet Steine auf israelische Panzer wirft? Nach kurzer Zeit wurde scharf geschossen. Die Kugeln flogen uns um die Ohren, 45 Verletzte in drei Stunden. Mohammed hatte Glück und wir auch, mal wieder, doch wie hätten wir seine Geschichte sonst erzählen können? Mohammed hätte uns nie vertraut, wenn wir wie Soldaten angezogen gewesen wären.

Wer für einen großen Sender oder eine große Zeitung arbeitet, hat in der Regel das Budget für einen gepanzerten Wagen und kugelsichere Westen. Viele Freiberufler und Kollegen von kleineren Medien tun sich zusammen und reisen in Gruppen. Auch das bietet Schutz, eine Person allein kann in der Anarchie des Krieges sehr leicht verschwinden. Meistens hinterlasse ich der Redaktion und anderen Kollegen vor Ort, wohin wir fahren, was wir vorhaben, bis wann wir wieder zurück sein wollen und ab wann sie uns suchen sollen.

Hilfreich ist auch der Kontakt zu internationalen Organisationen. In fast jedem Kriegsgebiet findet man das Rote Kreuz, Ärzte ohne Grenzen, UNICEF, UNHCR (Flüchtlingshilfswerk der Vereinten Nationen), Caritas, Help, Cap

Anamur oder andere und vielleicht auch internationale Schutztruppen. Die Mitarbeiter der Hilfsorganisationen sind gut informiert, haben ein dichtes Kommunikationsnetz und sind meistens sehr hilfsbereit. Sie kennen zuverlässige Übersetzer, haben lokale Informanten und begrüßen es, wenn Journalisten über die Arbeit ihrer Organisation in dem Krisengebiet berichten. Oft erkundige ich mich bei ihnen, ob es Neuigkeiten über die Route gibt, ob sich der Frontverlauf verschoben hat, ob Ausländer auf der Strecke überfallen oder entführt wurden, wie die aktuelle Kampfsituation ist und ob es auf dem Weg Landminen gibt. Die UN-Truppen bieten manchmal Eskorten an und sind bereit, Journalisten in ihren gepanzerten Fahrzeugen zu besonders schwer zugänglichen Orten zu bringen.

Man sollte auch in Erfahrung bringen, welcher »warlord« im jeweiligen Gebiet gerade an der Macht ist. Vielleicht brauchen wir bewaffnete Bodyguards (kann man meistens anheuern, ist eine Frage des Preises und des

Vertrauens). Die Bewacher müssen jedoch zu einem befreundeten Stamm gehören, sonst gibt es Probleme. In afrikanischen Kriegen sind Bodyguards wichtig, denn dort ist ein Leben nicht viel wert. Allerdings kann es mit den Beschützern auch gänzlich unerwartete Probleme geben. So wie 1997 in Zaire (heute Demokratische Republik Kongo).

Mein Team und ich waren in einem Pick-up mit zwei jungen Leibwächtern, ihren Kalaschnikows und einem katholischem Priester unterwegs. Der Gottesmann war unser Dolmetscher, er war mindestens so schön wie Denzel Washington und sprach fließend französisch. Die Bodyguards schauten während der Fahrt immer wieder auf meine Füße, steckten die Köpfe zusammen und tuschelten. Ich konnte mir ihr Verhalten nicht erklären. Meine Füße steckten in riesigen, wasserfesten Leder-Boots, Größe 42.

In afrikanischen Kriegen sind Bodyguards wichtig, denn dort ist ein Leben nicht viel wert.

Und genau das war es: Sie wollten meine Schuhe, meine schönen neuen Schuhe, die einzigen, die ich dabeihatte, und das mitten im Busch. Es waren *meine* Schuhe, und ich liebte sie, aber die beiden hatten Maschinengewehre. Was also tun? Eine heikle Situation, besonders für eine Frau, die sich nicht von ihren neu erworbenen Schuhen trennen kann. Der Priester wurde zum Schlichter: Unsere Beschützer bekamen zwei T-Shirts und zwei Paar Socken aus dem Wäschesack meines Kameramanns und zum Abschied ein gutes Trinkgeld. Damit waren sie zufrieden und wir auch.

Eine meiner ungewöhnlichsten Reisen führte mich 1995 in den ersten Tschetschenienkrieg. Ich wollte zu den Rebellen in die Berge, nicht wie die meisten anderen Journalisten nach Grosny, das schon von den Russen erobert und zerstört war. Der verzweifelte Widerstand der Rebellen faszinierte mich, und Frauen kämpften dort, die wollte ich finden. Die Reise begann in der russischen Hauptstadt, wo ich einem Herrn des Informationsministeriums neue Winterreifen kaufte, um eine Akkreditierung für den Kaukasus zu bekommen. Dann brachte mich eine Freundin zum tschetschenischen Untergrund in Moskau, um Kontakte herzustellen. Kurz darauf flogen wir nach Dagestan, im Gepäck ein paar Namen, eine Empfehlung und die Hoffnung, dass die Widerstandskämpfer mich und mein muslimisches Kamerateam akzeptieren würden.

Es brauchte ein paar Tage und viele Gespräche, dann waren die Männer bereit, uns über die Berge nach Tschetschenien zu schmuggeln. Sie
offenbarten dabei ihre Nachschubwege, eine Katastrophe, wenn wir russische Spione gewesen wären. Aber die Männer vertrauten uns. In einem
klapprigen alten Bus fuhren wir über Berge und durch Täler, versteckten
uns in Flussbetten und hofften, von den russischen Hubschraubern nicht
entdeckt zu werden. Anfangs hatte ich Angst und verfluchte diese Reise,
doch mein ägyptischer Kameramann beruhigte mich mit seinem Fatalismus.
Es sei Allahs Entscheidung, wann wir stürben, und wir könnten daran
sowieso nichts ändern. Okay, er hatte ja Recht, und ich fing an, die wunderbare Landschaft zu genießen. Nach etlichen Stunden kamen wir an, das
erste tschetschenische Dorf. Und gleich Panik, auf der Straße lagen Rake-
tenteile, Mudjahedin liefen aufgeregt herum. Es gab gerade einen russischen Luftangriff. Unserem Fahrer war das zuviel, er warf unser Gepäck auf
die Straße und fuhr zurück nach Dagestan. Tut mir Leid, rief er, das ist zu
gefährlich, ich habe Familie. Jetzt waren wir also in Tschetschenien, hatten
kein Auto, kannten keinen Menschen, und dann noch die russischen Flugzeuge. Die Kämpfer verfügten selbst nur noch über zwei Geländewagen, die
sie für die Front brauchten, aber sie fuhren uns zum nächsten Dorf.

Und so ging es tagelang, immer wieder halfen uns Menschen, die selbst
in größter Not lebten, fuhren uns zum nächsten Dorf, ließen uns in ihren
Betten schlafen, gaben uns zu essen, holten uns in ihre Keller, wenn die
Flugzeuge kamen. Dieses gequälte Volk lebte uns Menschlichkeit und Gastfreundschaft vor, die ihresgleichen suchte. Unvergessene, traurige Tage, in
denen wir Ira, die Soldatin, kennen lernten, die ihr Volk befreien wollte und
in den Bergen gegen die Übermacht der russischen Armee kämpfte. Mit der
Kalaschnikow gegen Hubschrauber und MiGs. Als ich im November 2002

die Fernsehbilder von der Geiselnahme im Moskauer Theater sah, habe ich auf den Bildern von den Kidnappern immer nach Ira gesucht. Sie hätte eine der Frauen mit den um den Leib geschnürten Bomben sein können.

Propaganda und Wahrheit

Woher weiß ich, was stimmt und was nicht? Woher weiß ich, dass die Kriegsparteien mich nicht anlügen, mich nicht als Propagandawaffe benutzen wollen? Eigentlich weiß ich es nicht und kann es auch nur schwer überprüfen, das ist das größte Dilemma eines Kriegsreporters.

Die Angaben der Militärs halte ich meistens nicht für hundertprozentig korrekt. Sehr oft bekomme ich solche Informationen wie: »… der Feind hatte riesige Verluste, wir haben ihn mit unseren tapferen Männern zurückgeschlagen, auf unserer Seite gab es keine Toten und nur wenige Verwundete…« Klingt nicht besonders realistisch, oder? Auch wenn die Armee uns einen bestimmten Frontabschnitt zeigt, können wir ihn nicht wirklich beurteilen und haben auch keine Chance, die anderen Abschnitte zu sehen, wenn der Kommandant es nicht will. Was also tun?

Die Wahrheit wie ein Mosaik zusammensetzen und dabei ein gesundes Misstrauen an den Tag legen. Mit unabhängigen Gruppen wie UN-Beobachtern, internationalen Friedenstruppen oder Rotem Kreuz reden, zu den Briefings für Journalisten gehen, Krankenhäuser besuchen, Ärzte befragen, verwundete Soldaten interviewen, mit Flüchtlingen reden. Ausländische Nachrichtensender wie BBC und Deutsche Welle hören, die Meldungen der Presseagenturen lesen und ihre Korrespondenten anrufen (geht oft nur mit Satellitentelefon), lokale Journalisten befragen und möglichst mit beiden gegnerischen Parteien Kontakt aufnehmen, Radio- und Fernsehnachrichten beider Parteien verfolgen, aber immer die Quelle angeben, auch bei den Informationen der Militärs. Und ruhig zugeben, dass man die Lage nicht objektiv beurteilen kann, sie sich hier und heute aber so darstellt.

Es ist unsere Pflicht, Kriegsverbrechen aufzudecken, aber wir dürfen dabei niemals das Leben der Zeugen gefährden. Sie müssen uns vertrauen, um das Grauen erzählen zu können, und wir dürfen dieses Vertrauen nicht missbrauchen oder fahrlässig damit umgehen. Niemals habe ich Namen und Adressen in der Tasche, wenn ich mich auf feindlichem Gebiet bewege, und immer biete ich an, die Gesichter zu verfremden, damit die Überlebenden nicht erkannt werden. Manche Kollegen verpixeln die Personen erst später, im Schnitt am Computer. Aber das ist gefährlich, denn das Originalmaterial kann dem Geheimdienst oder der gegnerischen Armee in die Hände fallen. Ich verfremde schon beim Drehen, zeige unsere Interviewpartner von hinten im Gegenlicht, achte darauf, dass ich nie ihre wirklichen Namen nenne. Im Gegensatz zu den Printmedien und dem Hörfunk müssen wir Fernsehleute auch aufpassen, dass man Orte,

> **Es ist unsere Pflicht, Kriegsverbrechen aufzudecken, aber wir dürfen dabei niemals das Leben der Zeugen gefährden.**

Häuser, Straßen nicht erkennt. Ich gebe meine Quellen auch nicht ungeschützt an das Kriegsverbrechertribunal in Den Haag weiter. Erst frage ich meine Zeugen, und dann helfe ich, ein geschütztes Treffen an einem neutralen Ort zu organisieren. So wie 1999 für die Frauen von Izbica. Ein Film für das »heute journal« am 21. Mai:

»Es ist in Izbica passiert, am 28. März, und sie haben dort 150 Männer umgebracht. Die Serben haben alle erschossen.«

»Die Soldaten haben uns auf eine Wiese getrieben, und dort sind wir zwei Tage ohne Essen und ohne Trinken geblieben. Am dritten Tag gegen 12 Uhr mittags haben die serbischen Soldaten alle Männer aus unserer Gruppe geholt.«

»Die Serben haben die Männer in eine Reihe gestellt, und dann haben sie sie erschossen. Die Toten sind Leute aus meiner Nachbarschaft. Mein Vater, mein Onkel und seine Söhne.«

Doch woher weiß man, ob die Zeugen die Wahrheit sagen, wie kann man ihre Angaben überprüfen? In diesem Fall gab es Videomaterial, heimlich gedrehte Bilder. Ich hatte die drei Frauen in einem Flüchtlingslager kennen gelernt, und ihre Geschichte schien zu dem zu passen, was ich von dem Massaker in Izbica vom Roten Kreuz erfahren hatte. Ich ließ mir das Videomaterial vom »heute journal« überspielen, es zeigte den Ort, viele Nahaufnahmen von Menschen und den Berg, auf dem die Männer exekutiert wurden. Ich machte ausführliche Interviews mit den Frauen. Ließ mir alles im Detail beschreiben und verglich es mit den Aufnahmen, die ich gesehen hatte. Es passte. Danach zeigte ich den Albanerinnen die Videobilder, sie fingen an zu weinen, kannten alle Namen, wussten, wer wie ermordet worden war, und beschrieben mir alles noch einmal anhand der Aufnahmen. Nach der Ausstrahlung rief mich ein Menschenrechtsbeauftragter der Europäischen Union an. Ich stellte für das Kriegsverbrechertribunal in Den Haag einen Kontakt zu den Frauen her, aber ohne ihre Identität preiszugeben. Sie sollten selbst entscheiden, ob sie als Zeuginnen aussagen wollten oder nicht.

Oder Srebrenica im Januar 1996. Wir waren unter den ersten ausländischen Journalisten, die die Massengräber in der Republika Srpska besuchen konnten. Bisher gab es nur Satellitenbilder der Amerikaner, die Massaker vermuten ließen, und Zeugenaussagen Überlebender, die nach Tuzla hatten fliehen können. Wir wollten ein bestimmtes Feld in der Nähe von Srebrenica

sehen, unsere Begleiter vom bosnisch-serbischen Geheimdienst und aus dem Pressezentrum in Pale, dem Hauptquartier von Radovan Karadžić, brachten uns hin. Sie wollten ihre angebliche Unschuld beweisen und die internationalen Vorwürfe entkräften. Aus der Erde ragten Knochen und Kleidungsfetzen. Das seien Tierknochen und Abfall, hieß es, das sei auf dem Land so üblich.

Wir waren entsetzt, aber woher wollte ich wissen, ob es sich hier wirklich um Menschenknochen handelte? Die einzige Möglichkeit, sicher zu gehen, war eine wissenschaftliche Analyse. Und dafür brauchte man Beweise. Also mussten wir Knochen stehlen. Ein großes Risiko, aber es ging auch um ein großes Verbrechen.

Wir fuhren weiter, zu einer Halle in Kravica, in der General Mladić mit seinem Gefolge 2000 Männer ermordet haben sollte. Blut an den Wänden, ja, hier sei gekämpft worden, sagten unsere Begleiter, es war schließlich Krieg, aber Kriegsverbrechen hätte es hier nicht gegeben.

Wir fuhren zurück nach Sarajevo, mit zwei großen Knochen in der Jackentasche. Dort suchten wir einen Arzt für die nötige wissenschaftliche Analyse. Aber konnten wir einem Bosnier vertrauen? Er wäre sicher nicht neutral. Also entschieden wir uns, die Quelle zu verschweigen, wir sagten nicht, wo wir die Knochen herhatten und was wir damit wollten. Am nächsten Tag war die Laboranalyse fertig, es waren die Oberschenkelknochen eines jungen Mannes, die mit Gewalt gebrochen worden waren. Wir hatten Zeugenaussagen gelesen, die sagten, dass die Leichen mit einem Bagger auf dem Feld verteilt wurden, wahrscheinlich waren die Knochen dabei gebrochen. Wir waren schockiert.

Jetzt wollte ich Zeugen suchen, die das Massaker in der Lagerhalle überlebt hatten. Wir fuhren nach Tuzla, befragten tagelang Flüchtlinge, bis wir Mahmoud fanden. Er war jung und hatte den tagelangen Marsch durch serbisches Gebiet schwer verletzt überlebt. Er erzählte uns seine Geschichte. Die Serben hatten sie in die Lagerhalle getrieben, 1500 bis 2000 Männer, von außen Handgranaten hinein geworfen und die Wände mit Maschinengewehren durchsiebt. Mahmoud und einige andere, die überlebt hatten, versteckten sich unter den Leichen. Stunden später riefen General Mladićs Offiziere in ein Megaphon, kommt raus, es passiert euch nichts, wir werden euch an das Rote Kreuz übergeben. Einige glaubten den Serben, sie wurden draußen sofort erschossen. Mahmoud floh nach hinten durch das Fenster, die Soldaten schossen ihm in den Rücken.

Er zeigte uns seine Wunde, und wir zeigten ihm unsere Bilder, alles passte, er hatte die Wahrheit gesagt. In Srebrenica verschwanden 8000 muslimische Männer, Gerichtsmediziner sind heute noch dabei, die Leichen zu identifizieren.

Als ich anfing, aus Kriegsgebieten zu berichten, war es bei uns noch nicht üblich, Journalisten auf den dortigen Einsatz vorzubereiten.

Als ich anfing, aus Kriegsgebieten zu berichten, war es in Deutschland noch nicht üblich, Journalisten auf den dortigen Einsatz vorzubereiten. Ich musste mir alles selbst beibringen. Unsere BBC-Kollegen wurden schon damals in speziellen Lehrgängen trainiert und nach dem Einsatz psychologisch betreut. Viel habe ich von meinen Kameramännern gelernt, Ibrahim El Batout und Amr Hedia, die mehr Erfahrung in Krisengebieten hatten als ich und mich immer wieder sicher nach Hause brachten. Unsere Erlebnisse haben wir selbst verarbeitet, indem wir Geschichten erzählten, die die Welt erfahren musste.

Inzwischen gibt es auch in Deutschland Kriegsreporter-Lehrgänge bei der Bundeswehr, ZDF und ARD schicken ihre Korrespondenten dorthin oder nach England zu »Pilgrims« und »Centurion«. Letztes Jahr war ich auch bei einem Kurs, ein bisschen spät, dachte ich, habe aber viel dazugelernt. Von erster Hilfe bei Schussverletzungen über die Befreiung aus einem Minenfeld bis hin zum Verhalten in unangenehm realistischen Entführungsszenarien. Gerade für Berufsanfänger sind diese Kurse wichtig, bereiten sie doch auf eine Realität vor, die man sich nur schwer vorstellen kann, weil sie so grausam ist. Auf den Krieg.

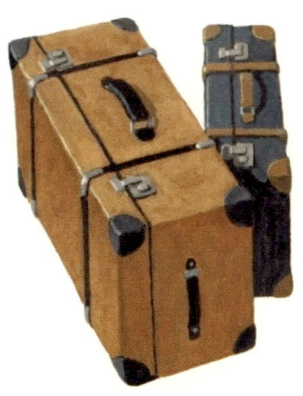

Oliver Welke

Mein Feind, der Ball

Aus dem Leben eines Sportmoderators

Auf der Straße werden mir in aller Regel nur zwei Fragen gestellt. Erstens: »Na, Herr Welke, wer wird denn Meister?« Und zweitens: »Herr Welke, was mich immer schon interessiert hat: Haben Sie eigentlich auch mal selber Fußball gespielt?«.

Frage eins ist harmlos. In einer normalen Saison lautet die Antwort immer »FC Bayern«. Nummer zwei ist da schon tückischer. Auch weil sie meist von einem süffisanten, um nicht zu sagen unverschämten Grinsen untermalt wird, das die schäbigen Mutmaßungen des Fragestellers kaum verbergen kann: »So wie Sie aussehen und sich bewegen, haben Sie bestimmt noch nie einen Ball getreten.«

Und ich fühle mich ertappt – als kompletter Fußball-Versager, als Niete in nahezu allen bekannten Sportarten. Unvergesslich der Tennislehrer, der damals zu meiner Mutter sagte: »Ich will gar nicht behaupten, Ihr Sohn hätte kein gutes Ballgefühl. Er hat *gar kein* Ballgefühl.« Das sind die Demütigungen der Kindheit, an denen man sein Leben lang kaut. Zum Beispiel, wenn in der U-Bahn mal wieder jemand grinsend fragt, bei welchem Fußballverein ich früher gespielt habe.

Natürlich bei gar keinem. Es hat offen gestanden nicht mal für die Schulmannschaft gereicht, obwohl ich mich im Rahmen meiner beschränkten Möglichkeiten ehrlich bemüht habe. Ungefähr zwischen der fünften und der elften Klasse gab es keine einzige Pause, in der ich nicht Fußball gespielt hätte – in einem Alter, in dem sich andere langsam zur Raucherecke des Schulhofs vorarbeiten oder dem Ruf der Hormone folgen. Stattdessen in jeder Pause immer nur Fußball, zusammen mit anderen Verhaltensgestörten, die nach kurzer Zeit herausfanden, wie entscheidend es für den Erfolg

des Teams war, dass ich nie den Ball kriegte. Folglich bin ich immer nur hin- und hergerannt und habe ab und an wen umgegrätscht. Im Fußball zählt das zu den berühmten deutschen Tugenden. Ich hatte damals auch noch Spaß dabei. Es war mir sogar egal, dass ich bei dem ohnehin erniedrigenden Ritual der Team-Zusammenstellung nicht nur grundsätzlich als Letzter gewählt wurde, sondern obendrein auch noch zu starken Mannschaften als Handicap zugeteilt wurde.

Selbstverständlich kannten wir auch kaum andere Themen als die, die uns die Bundesliga schenkte. Stundenlang konnten wir uns darüber ereifern, dass unsere ahnungslosen Klassenkameradinnen für den Schönling Hansi Müller schwärmten und nicht für den ehrlichen Kämpfer Horst Hrubesch. Bloß weil unser »Hotte« optisch nicht so gefällig wie Brad Pitt war. Freundschaften zerbrachen an der Frage, ob man Bayern- oder HSV-Fan war. Zu meiner Schulzeit keinen Lieblingsverein zu haben und sich gar nicht auszukennen im Fußball, war praktisch der gesellschaftliche Tod. Kurz zusammengefasst: Ich war zwar nicht fußball*begabt*, aber fußball*besessen*. Eigentlich doch eine ordentliche Voraussetzung für einen späteren Sportjournalisten. Trotzdem spüre ich selbst heute noch den Drang, mich dafür zu rechtfertigen, dass ich eine Sport-Sendung moderieren darf, obwohl ich ohne Ballgefühl geboren wurde, meine beste Sportnote eine 3 minus war und ich am Reck Todesängste ausgestanden habe.

Neulich beim ersten Klassentreffen seit dem Abi 1985 ging's wieder los. Jeder zweite Ehemalige brüllte mir zur Begrüßung ins Gesicht: »Ich kann's nicht fassen, dass ausgerechnet *du* bei 'ner Sportsendung gelandet bist!« Wäre ich ein weltweit gesuchter Wirtschaftskrimineller geworden oder der Chirurg, dem die erste Hirnverpflanzung geglückt ist, hätte das weniger Aufsehen erregt als meine Karriere bei »ran«. »Wenn ich dich in dem Studio da sehe, muss ich immer dran denken, wie du den Elfer gegen die 9a damals versemmelt hast und wie du…« Und so weiter und so weiter. Dabei werde ich doch heutzutage nur fürs Reden über Fußball bezahlt. Ulrich Wickert war ja auch nie Bundeskanzler.

Allerdings will ich nicht verhehlen: Unter den Sportjournalisten, die ich kenne, sind auch einige, die hervorragend Fußball spielen. Ein paar waren sogar Bundesliga-Profis. Und eigentlich alle sind Fans. Ich behaupte: Man kann auch nicht wirklich Spaß am Fußball haben, ohne Fan eines Vereins zu sein. Jahrzehntelanges Mitleiden, wenn es schlecht läuft, mitfeiern mit seinem Verein, wenn es gut läuft, gehören einfach dazu. Das macht nun mal die Faszination der Volksdroge Bundesliga aus.

Ich war zwar nicht fußball*begabt*, aber fußball*besessen*.

Nur wen montags noch die Frage quält, ob die rote Karte für Jens Lehmann gerechtfertigt war oder nicht, der weiß, was in den Köpfen und Seelen zu Hause vor dem Fernseher vorgeht, und kann ihre Sprache sprechen. Eine Nachrichtensendung könnte man moderieren, ohne je im Bundestag gewesen zu sein. Aber als »Sport-Ansager« zu arbeiten, ohne jemals ein Stadion betreten zu haben, ohne wenigstens einmal mit den Fans »Schiri, wir wissen, wo dein Auto steht« gesungen zu haben, das kann ich mir kaum vorstellen. Wenn Hunde Angst wittern, wittern Fußball-Fans, ob der Typ im Fernsehen Ahnung hat und vor allem, ob seine Begeisterung echt ist.

Ich zum Beispiel bin seit frühester Jugend glühender Anhänger von Borussia Dortmund. Was man mir bei der Arbeit nie anmerken wird. Selbst nach triumphalen BVB-Siegen ist mein Lächeln nicht strahlender als sonst. Bei Dortmunds letzter Meisterschaft 2002 habe ich den Trainer Matthias Sammer nachweislich nüchtern und ohne Freudentänze aufzuführen interviewt. Auch wenn mir danach zumute war. Neutral müssen Sport-Moderatoren auf dem Schirm schon sein, schließlich möchte man nicht jeden Tag böse Briefe von Schalke- oder Bayern-Anhängern beantworten. Dennoch kann ich nicht verhehlen, wie viel ich meiner Begeisterung für den BVB verdanke. Denn nicht zuletzt durch meinen Eifer als Radio-Moderator in Niedersachsen, wo ich versucht habe, mein Sendegebiet zu missionieren und zum Glauben an meinen Verein zu bekehren, ist man bei »ran« auf mich aufmerksam geworden.

Mein endloses Gerede über die Bundesliga (kombiniert mit der Tatsache, dass ich einen kannte, der Reinhold Beckmann kannte) bescherte mir die Einladung zu einem Sat.1-Casting. Ein Casting ist schon spannend genug, aber noch aufregender ist es, wenn man dabei von Ernst Huberty beurteilt wird. Huberty, die Sportschau-Legende, der Mann, der samstags quasi zur Familie gehörte, um den ich richtig kämpfen musste, weil meine Schwester um 18 Uhr lieber »Raumschiff Enterprise« gucken wollte. So einer stellte mir kleine Moderationsaufgaben oder spielte in Interviewübungen Franz Beckenbauer.

Huberty gab mir wunderbar zeitlose Tipps: Nie zu viel Inhalt in eine Moderation packen, trotz der Kamera mit den Zuschauern sprechen, als säße man bei Bekannten auf dem Sofa, ruhig aus Versehen mal lächeln und sich keine doofen Macken angewöhnen. Denn die entdeckte der Ernst sofort. Ich zum Beispiel hatte die bizarre Angewohnheit, Worte, die ich besonders betonen wollte, durch regelmäßige Verbeugungen zu unterstreichen. Was ziemlich behämmert aussieht. Mir war das gar nicht bewusst, bis mein Lehrer den Finger in die Wunde legte. Von ihm bekam ich auch eine Antwort auf die ultimative Moderatoren-Frage: Was mache ich eigentlich mit meinen Händen?

Hubertys Antwort: Was du willst, Hauptsache, das Gefuchtel lenkt nicht von dem ab, was du erzählst. Darüber hinaus erteilte er noch die Lektion »Punktlandung nach Huberty«. Wie leitet man mit dem letzten Satz der Anmoderation elegant zum ersten Satz des Beitrages über? Die Kunst besteht darin, dem Zuschauer Appetit auf den folgenden Film oder Spielbericht zu machen, ohne etwas von dem vorwegzunehmen, was der Reporter dann erzählt. Wer darauf achtet, wird feststellen, wie häufig es trotzdem passiert, dass der letzte Satz des Moderators und der erste des Reporters fast identisch sind. Das macht man nicht, meinte Ernst Huberty.

Hubertys Urteil verdankte ich meinen Einstieg in die bunte Welt des Sport-Journalismus: »Wenn er das Lächeln noch lernt, könnt ihr den Welke in »früh ran« (Sportnachrichten im Frühstücksfernsehen) mal ausprobieren.«

Bei »ran« gibt es Redakteure, Field-Reporter, Kommentatoren und Moderatoren. Redakteur war ich zum Glück nie, denn die müssen für ihr Geld richtig arbeiten. Ihr Job ist es, die Sendungen zu planen, Themenschwerpunkte festzulegen, Filmemacher »einzukaufen« und passende Studiogäste einzuladen (die häufig am Tag vor der Show aus fadenscheinigen Gründen wieder absagen). »ran«-Redakteure sind überraschend fröhliche

Menschen, wenn man bedenkt, dass sie täglich in endlosen Konferenzen zusammenhocken, um alle Eventualitäten des kommenden Bundesliga-Spieltages durchzudiskutieren. Schalten wir den Trainer nur, wenn er verliert, oder in jedem Fall? Wie reagieren wir, wenn der schon am Samstag rausfliegt? Gibt es irgendein Motto, eine Überschrift für das Wochenende? So etwas wie: »Wer stoppt die Bayern?« Nicht zu vergessen die stundenlange Konferenz am Mittwoch, in der die Sendungen des vergangenen Wochenendes noch einmal im Detail seziert werden. »Vor dem Lautern-Spiel kam mir Ollis Moderation etwas lang vor.«

Kommentatoren haben eine ganz andere Art von Stress. Samstags um 17 Uhr 15 wird die Bundesliga abgepfiffen, und die Sendung beginnt um 18 Uhr. Wenig Zeit also, um die Spielberichte zusammenzuschneiden und sich einen halbwegs sinnvollen Text auszudenken, der dann übrigens live gesprochen wird.

Spiele kommentieren heißt Spiele lesen. Also nicht nur beschreiben, was passiert, sondern möglichst auch erklären, warum. Man braucht also gewisse analytische Fähigkeiten und sollte auch etwas von den taktischen Varianten des modernen Fußballs verstehen. Hilfreich ist es, wenn man zumindest die wichtigsten Profis auch von weitem erkennt. Wegen all dieser Voraussetzungen bin ich ganz froh, dass ich nie als Kommentator gefordert war. Zumal man heutzutage dabei auch noch unterhaltsam sein soll, unverwechselbar und sprachlich kreativ. Rudi Michel hat es 1966 im Wembley-Finale noch gereicht zu sagen: »Haller. Seeler. Schnellinger. Held. Sehr schön. Haller. Goal. Herrschaften nochmal.« So unaufgeregt ging es damals zu. Heute werden einige Kommentatoren schon hysterisch, wenn sich der Ball nur der Strafraumgrenze nähert.

Eine noch größere Kunst ist natürlich der Live-Kommentar. 90 Minuten lang um sein Leben labern. Da kommt selbst bei den Besten nicht nur Grimme-Preis-Würdiges heraus. Neulich hörte ich einen ARD-Kollegen bei einem Länderspiel kommentieren: »Die Deutschen stehen gut im Raum.« Wenig später folgte der Satz. »Jeremies ist eben kein Eilts.« Eine echte Überraschung. Doch genug gelästert, ich könnte das vermutlich auch nicht besser.

Und damit zu den Arbeiten, die man mir schon zugetraut hat. Field-Reporter sein: Das heißt, sich fast zwei Stunden am Spielfeldrand alles abfrieren, um dann fünf Minuten lang mit einem Kamerateam verschwitzte junge Männer am Duschen zu hindern. Das hat auch etwas Würdeloses. Als über Dreißigjähriger zwanzigjährigen Millionären hinterher zu rennen, um sie zum Statement zu nötigen, obwohl sie, speziell nach Niederlagen, gar nichts sagen wollen, das deprimiert. Und Lehrgeld bezahlt man dabei auch. Zum Beispiel, wenn man eine geschlossene Frage stellt: »Aber hätten Sie nicht besonders in der ersten Halbzeit mehr nach vorne tun müssen?« »Ja, stimmt.« Oder wenn man seine kritischste Frage an den Anfang stellt. Als ich einmal mit dem Selbstbewusstsein eines hart nachfragenden Journalisten Jürgen Röber, damals noch Trainer in Berlin, ohne Umschweife auf seinen »wackelnden Stuhl« ansprach, hat er mich ohne Umschweife mit meinem wackelnden Mikro stehen lassen. Es ist auch durchaus angebracht, sich etwas niveauvollere Fragen einfallen zu lassen als diese: »Wie haben Sie sich gefühlt, als das 5:0 fiel?«

Field-Reporter brauchen vor allem zwei Dinge: Thermo-Unterwäsche und Flexibilität.

Nach meiner Erfahrung braucht der Field-Reporter vor allem zwei Dinge: Thermo-Unterwäsche und Flexibilität. Nichts ist bitterer, als wenn man sich dreihundert astreine Fragen zur anhaltenden Siegesserie von Borussia Dortmund überlegt hat, und dann fällt in der 90sten Minute das 1:1. Da nützt es wenig, laut zu rufen: »Wartet bitte alle mal! Ich muss mir schnell neue Fragen ausdenken.« Die gehen dann trotzdem duschen.

Der Moderator steht vor dem Problem, dass er sich ständig neu erfinden muss, obwohl alles Wichtige zum Fußball längst gesagt worden ist – das ist das Dilemma jedes Sport-Journalisten. Der Moderator aber ist besonders gefährdet, in die Phrasenfalle zu tappen. Einmal nicht aufgepasst, und schon rutscht einem ein so bedeutender Satz raus wie »Den Nürnbergern fehlte heute das nötige Quäntchen Glück« oder ähnlicher Mumpitz. Phrasenschmiede gibt es überall, aber nirgendwo ist die Versuchung so groß wie im Sport. Deshalb muss man sich vor jeder Sendung sagen: Okay, es ist zwar das neunte Mal, dass du das Ruhrpottderby ansagst, aber du lässt dir jetzt gefälligst trotzdem was Innovatives zum Thema Dortmund contra Schalke einfallen! Blöd ist nur, dass ich in dem Fall echt nicht mehr wusste, was ich die ersten acht Mal von mir gegeben hatte.

In irgendwelchen alten Manuskripten nachsehen geht nicht, denn für »ran« habe ich mir angewöhnt, überwiegend frei zu sprechen. Und das aus purem Selbstschutz. Auf den Moderationskärtchen stehen nur die Mannschaften, die als Nächstes gezeigt werden, und der zuständige Kommentator. Wer seinen Text regelrecht auswendig lernt, wird irgendwann den ersten Blackout erleiden. Eine gruselige Erfahrung.

Gleich in meiner ersten Woche »täglich ran«, damals der moderierte Sport in den Sat.1-Nachrichten, hat es mich erwischt. In der »lockeren« Übergabe mit dem Anchorman Hans Hermann Gockel. Geplantes Thema war die überraschende Genesung des eigentlich HIV-infizierten Basketballers »Magic« Johnson. Hans Hermann sagt also mit einem fröhlichen, jedoch nachrichtlichen Gesichtsausdruck: »Zum Sport. Oliver, da gibt es Nachrichten aus den USA.« Ich, noch schlagfertig: »Stimmt, Hans Hermann. Sogar sensationelle Nachrichten.« Pech, dass ich in der Sekunde nicht mehr wusste, welche. Alles wie weggeblasen, nur noch Leere und Panik.

> **Wer Moderationstexte auswendig lernt, wird irgendwann den ersten Blackout erleiden. Eine gruselige Erfahrung.**

Ein Gefühl, als täte sich der Boden vor einem auf, und ein solcher Moment scheint für Ewigkeiten zu währen. In Wirklichkeit waren es circa sieben Sekunden, in denen ich mit erfrorenem Grinsen debil vor mich hinstarrte, bis endlich die erlösenden Worte von Gockel kamen: »Du meinst die Sache mit ›Magic‹ Johnson?« »Genau!!!«

Nach so einem Erlebnis glaubt man, das letzte Mal im Fernsehen gewesen zu sein. Ich wollte eigentlich nur noch mit einer Papiertüte über dem Kopf auf die Straße. Das war eine etwas übertriebene Reaktion, denn sogar die Kollegen aus der Redaktion haben irgendwann aufgehört, mich wegen der Sache auszulachen. So nach drei, vier Jahren.

Seitdem jedenfalls pauke ich nie mehr Moderationstexte, um sie dann wie ein Schauspieler aufzusagen. Das ginge bei einer normalen »ran«-

Sendung sowieso nicht, weil die »Geschichten« des Samstags erst nach Schlusspfiff feststehen. Was die Kommentatoren in ihren Spielberichten erzählen und was die Field-Reporter im Stadion für Interviews kriegen, erfahre ich zeitgleich mit dem Zuschauer zu Hause. Da muss man den Kollegen tatsächlich zuhören und hoffen, dass einem rechtzeitig was Passendes einfällt. Ob das gelingt, hängt auch von Stimmung und Tagesform ab. Entscheidend ist die Mischung aus guter Vorbereitung und Spaß am Zirkus Bundesliga. Zumindest soviel muss man vorher gelesen haben, dass schlitzohrige Trainer oder Manager einen im Interview nicht vorführen können.

Wobei man es mit dem Faktenwissen auch nicht übertreiben darf. Die berühmten »ran-Daten« können Mehrwert liefern, aber bei Überdosierung oder Überschätzung auch furchtbar nerven. »Damit hat der VfL Wolfsburg zum 50sten Mal in seiner Bundesliga-Geschichte unentschieden gespielt« ist eine Information, die den Alltag der meisten Zuschauer kaum bereichern dürfte. Ich wage es sogar zu behaupten, dass viele Menschen auch ohne eine solche Statistik ein erfülltes Leben führen können.

Mit den Witzen ist es ähnlich. Auf die Dosis kommt es an. Ich zum Beispiel war in den ersten Monaten als »ran«-Moderator farbloser und humorfreier als Eduard Zimmermann in seinen trockensten Momenten bei »Aktenzeichen xy«. Zum einen aus Nervosität, zum anderen aus Angst, alte Sport-Hasen könnten mich für einen unqualifizierten Radio-Kasper halten. Kompetenz beweisen lautet das Motto, und da klingt man dann eben wie der klassische Kicker-Abonnent und flüchtet sich in Tabellen-Journalismus: »Wenn die Leverkusener heute verlieren, könnten sie auf Rang 9 abstürzen!« Um irgendwann später das mit dem Humor maßlos zu übertreiben. Klar hat der Fußball seine humo-rigen Seiten. Fußball-Profis sagen oft lustige Sachen, wenn auch nicht immer absichtlich (Fritz Walter junior: »Der Klinsmann und ich, wir sind schon ein tolles Trio … äh Quartett.«). Aber auch hier gilt: Man muss nicht immer alles sagen, was einem so in den Kopf kommt. Denn es ist nicht auszuschließen, dass die meisten Zuschauer Fußball-Sendungen hauptsächlich wegen des Fußballs gucken und weniger wegen der Moderatoren. Schon deshalb versuche ich, mich nicht allzu sehr in den Vordergrund zu drängen.

Einmal allerdings durfte ich das. In einer »ran«-Sendung im September 2000 hatten wir wegen eines Gewitters Probleme mit den Leitungen und konnten fast zwanzig Minuten lang zu keinem Stadion schal-ten. Zwanzig Minuten ohne rollenden Ball – endlich durfte ich einmal ein biss-chen ausführlicher zur Fernsehnation sprechen. Und dem letzten Fernseh-Kritiker beweisen, dass »ran« ohne Tele-prompter auskommt.

Das absolute Highlight meiner Zeit bei »ran« war allerdings die WM 2002. So ein Event begleiten zu dürfen ist tatsächlich ein Kindheitstraum. Auch wenn sich die Stu-dio-Crew bei 32 WM-Sendungen ohne einen einzigen Tag Pause dazwischen irgendwann wie die Belegschaft einer Bohrinsel vorkam. Trotzdem gab es kaum ernsthafte Fälle von Lagerkoller. Im Ge-genteil, mein Co-Moderator Paul Breitner und ich sind seitdem so gut wie verlobt. Selten hat es soviel Spaß gemacht, über Fußball zu reden, wie in den Wochen, als wir alle Vize-Weltmei-ster wurden.

Es ist mir ein Rätsel, warum so viele Sport-Kollegen diesen seltsamen Komplex mit sich herumtragen. Sie fühlen sich nicht wirklich ernst genommen. Manche wechseln sogar vor lauter Scham in die Unterhaltung oder in die Politik. Und kriegen jeden Samstag spätestens ab 15.30 Uhr feuchte Augen. Selber schuld.

PS: Vor kurzem hab ich das mit dem Selber-Fußball-Spielen tatsächlich noch einmal versucht. Nach über zehn Jahren Pause, mit Freunden in der Halle. Fazit: Nicht nur Fahrrad fahren verlernt man nie. Auch kein Ballgefühl zu haben. Alles war so furchtbar wie immer. Man schwitzt, die Haare liegen nicht mehr richtig, und diese kurzen Sprints bringen einen um. Deshalb ist mein Entschluss diesmal unumstößlich. Hiermit erkläre ich meine aktive Fußball-Karriere offiziell für beendet.

Sonia Mikich

Unter Dinosauriern, mit Flügeln Das Leben mit dem kritischen Politmagazin MONITOR

Soeben ist das Thema gestorben. Dahingemordet von der Konkurrenz. Ein anderes Politmagazin kann vor uns ausstrahlen, und ich sehe mit schmalen Lippen den Trailer zur Sendung und höre das bedeutungsschwere Timbre: »Heute abend exklusiv bei X neue Enthüllungen zum Parteispendenskandal.« Mausetot die eigenen Enthüllungen. Kontonummern, in Liechtenstein gesammelt. Eidesstattliche Aussagen eines Partei-Dissidenten. Aussagen eines französischen Untersuchungsrichters. Vier, fünf freie Autoren und Rechercheure waren unterwegs oder am Telefon, im Internet und hatten gejagt und gesammelt. Unsere Ergebnisse wandern nun ins Archiv. Vielleicht nützlich als Hintergrund für die nächste investigative Anstrengung. Vielleicht auch nur 10 000 Euro teurer Kassettenmüll, den ich irgendwann bei Budgetverhandlungen seufzenden Vorgesetzten erklären muss. Investigativer Journalismus ist teuer, mühselig, ungeliebt und hat keine Erfolgsgarantie. Und muss sein.

Themenkonferenz bei MONITOR. Die nächste Sendung steht erst in drei Wochen an, das Jagdfieber ist noch gedämpft, weil auch bei den Politmagazinen die Aktualität zum Taktgeber geworden ist. Hört sich einfach an: berichten, »worüber die Leute sprechen und worüber sie sprechen sollten«. Ein ungefährer Leitfaden, der aber schnell reißt angesichts der Konkurrenz vieler anderer Magazine und der großen Zeitschriften und Tageszeitungen. Nein, wir müssen in der Lage sein, sowohl sehr schnell zu reagieren, als auch, parallel dazu, einen Riecher für künftige politische Großwetterlagen zu haben. Wenn in drei Wochen Verkehrswissenschaftler eine Studie zur Nutzung von Hochgeschwindigkeitszügen veröffentlichen, dann *kann* dies genau der richtige Zeitpunkt sein, wieder einmal über den Metrorapid zu berichten. Wenn

wir in britischen Wissenschaftszeit-
schriften neue alarmierende BSE-
Zahlen lesen, dann *kann* das genau
die geeignete Vorlage
sein, um mit die-
sem neuen Mate-
rial die deutschen
BSE-Skandale vor
drei Jahren wieder
aufzurollen. Aber es
kann auch sein, dass
unsere Zuschauer zu
diesem Zeitpunkt
nichts von Metrorapid
und wahnsinnigen Rindern
wissen wollen, weil ihre ganze
Aufmerksamkeit den angeblich
neuesten Verlautbarungen von Osama
bin Laden oder der Bedrängnis des
Kanzlers gilt.

Die MONITOR-Konferenz zieht sich
hin, Ideen werden andiskutiert und verworfen.
Gelegentlich übernimmt es ein Mitarbeiter, »da
mal weiter zu recherchieren« oder »mit einem Experten zu reden« oder zu »schauen, wer dazu bereits
gearbeitet hat«. Elektrisiert werden wir erst, wenn
jemand – mit breitem Grinsen – ein Dokument auf den
Tisch legt, das die allerneuste und vor allem geheime Erkenntnis zu einem Missstand belegt. Die Automobilindustrie
hat nachweisbar bei Messvorgängen für Abgase getrickst. Die
Spürhunde unter uns fangen an, unruhig zu werden. Und dann
die erbarmungslose Frageunde: Wer behauptet das, mit
welchem Interesse? Was sind die Belege? Wie kann der
Skandal dargestellt werden? Wer ist schuld? Wie
kann der Missstand verbessert werden? Wenn

dieses erste Kreuzverhör zufriedenstellend überstanden ist, dann, ja dann kann das Filmprojekt starten. Der Autor ruft Fachleute an, sieht Statistiken durch, wählt mögliche Drehorte. Erklärende Grafiken müssen vorbestellt werden. Die Werbefilme der LKW-Hersteller werden auf »grüne« Verheißungen hin gesichtet. Und dann geht der Dreh los, die erste Nahaufnahme eines Auspuffrohrs ...

Oft kommt ein Thema auch, harmlos, als Zuschauer-E-Mail zur Welt. Da macht uns jemand darauf aufmerksam, wie eine Schülerin in die Mühlen der Polizei und Geheimdienste geriet, obwohl sie nur an einer Demonstration teilnahm, zu der sogar der Ministerpräsident aufgerufen hatte. Eine kleine, menschliche Geschichte, die viel über den Zustand der Demokratie aussagt. Gut darzustellen, mit klaren Aussagen und Tatsachen, Helden und Schurken. Ein Porträt der mutigen Schülerin soll gemacht werden.

Manchmal wird es auch kompliziert. MONITOR berichtet kontinuierlich über den Count-down zum Irak-Krieg. Wir wollen die unterschiedlichen Interessen am Waffengang darstellen, die Propaganda auf allen Seiten durchleuchten und angebliche oder wirkliche Beweise genau untersuchen. Die Devise: fair, genau, voller harter Informationen, aber nicht standpunktlos. Irgendwann taucht der Vorwurf an mich auf, »anti-amerikanische Vorurteile« zu schüren. Wir reagieren mit einem Film-Essay: berichten über ähnliche Vorwürfe im Laufe der letzten Jahrzehnte, vergleichen Proteste während des Vietnam-Krieges und der Atomraketen-Stationierung in den 80er Jahren, fragen Intellektuelle und Politiker in Deutschland, den USA, Großbritannien und Frankreich. Wir beschreiben, warum wir alte amerikanische Werte gegen eine neue amerikanische Regierung verteidigen wollen. Eine komplexe Arbeit, die nicht so leicht zu bebildern ist. Am Ende gelingt ein Film, der Futter fürs Denken anbietet, und die Einschaltquote ist sogar besonders hoch.

Seit 38 Jahren gibt es MONITOR, zur Zeit im Dreiwochenrhythmus und zur besten Uhrzeit, 20.15 Uhr. Im schnellen Mediengeschäft gilt das schon als alt. Die einen nennen es »Traditionssendung«, die anderen »Fernsehdinosaurier«. Aber alle scheinen dem ollen MONITOR ein ewiges Leben zu wünschen, die Zuschauer sind nach wie vor da.

Minenfelder gibt es viele. Da bekommen wir Einblicke in Ermittlungsakten und dürfen nicht daraus wörtlich zitieren, weil sich der Autor sonst strafbar macht. Aber wir müssen unsere Fakten untermauern. Wie vorgehen? Zeigen, dass wir die Dokumente tatsächlich haben, aber nicht den Wortlaut wiedergeben. Stattdessen den Staatsanwalt mit unserem Wissen konfrontieren. Unser Justitiariat berät uns dabei – bis in die einzelne Formulierung. Ganz kompliziert: Wir sind sogar für die Richtigkeit der Aussagen unserer Interviewpartner verantwortlich und müssen deren Behauptungen genau nachprüfen. Oft erleben wir auch, dass ein Konzern vor der Ausstrahlung eines Beitrages schon mit Klage droht oder Unterlassung fordert. Einschüchterungsversuche. Wir müssen die Substanz der Vorwürfe natürlich überprüfen. Wir können nicht verantworten, vor einem Millionenpublikum ungerechtfertigt Existenzen zu zerstören.

Die Politmagazine – Dinosaurier aus einem Fernsehzeitalter, wo Ansprüche wichtiger waren als Quoten?

Gelegentlich lautet die Kritik an uns: Die Menschen haben doch, dank der Pluralität unserer Medien, dank Internet Zugriff auf alle Informationen. Der Bürger braucht keinen kritischen Journalismus, keine Oberschlaumeier, er kann sich selbst ein Urteil bilden. Ich fürchte nur, die Flut der Informationen überschwemmt uns – folgenlos. Wir sind immer besser informiert, aber nicht unbedingt weiser.

Wie aber – und damit quälen sich alle herum – wirklich eigene Themen setzen, nicht nur reagieren? In Deutschland ist der investigative Journalismus nicht so etabliert wie beispielsweise in Großbritannien oder den USA. Eine der eher tristen Studien besagt, dass hierzulande nur eine Minderheit der Journalisten eigene Recherchen zur Grundlage eines Berichtes machen. In Großbritannien oder den USA gehört die eigene Recherche zum Standard von Qualitätsjournalismus. Vielleicht ist die folgende Zahl Spiegel der Misere: In Deutschland gibt es 20 000 PR-Leute auf 40 000 Journalisten. Und das macht eine von Lobbyisten ungetrübte Recherche auch nicht einfacher. Es gehört zum guten Journalismus neben dem »Riecher« eben auch die ganz eigene politische Informiertheit. Nicht umsonst outen sich viele unserer Mitarbeiter als regelrechte »Nachrichten-Junkies«. Um dann zu fragen, wieso kommen bestimmte Aspekte nicht vor? Wollen wir nicht darüber sprechen? Und so kann es kommen, dass MONITOR Monate vor allen anderen Sendungen auf die Verquickung von Ölinteressen und das Kriegsszenario am Golf hinweist. Oder als Erste die Folgen der Privatisierung von kommunalen Einrichtungen analysiert. Internationale Leasinggeschäfte bei der Wasserversorgung deutscher Städte – spannendes journalistisches Neuland.

Magazinjournalismus ist oft deckungsgleich mit Meinungsfreude, was ich nicht verdächtig finde, solange dem Zuschauer klar ist, wer was warum sagt und solange die Tatsachen sauber gesammelt wurden. MONITOR versucht, allen politischen Parteien gegenüber gleichermaßen distanziert zu bleiben, ihnen zunächst mit grundsätzlicher Skepsis zu begegnen. Und unsere besten Sendungen sind die, in der wir zu allen gleich grausam waren. Doch am allerwichtigsten ist das Handwerkszeug. Das gründliche Vermitteln von Sachverhalten, die überprüft wurden. Recherche und Fähigkeit zur Kritik – die Fundamente für Qualitätsjournalismus.

Kritischer Journalismus ist dazu da, »die Demokratie zu beatmen« (Thomas Leif). Wir Magazin-Macher sehen uns als Anwalt der Bürger, als unabhängige Kontrolleure der Machtstrukturen. Wir sind keine Richter, aber Augenzeugen. Unser Blick auf die Wirklichkeit ist sachlich, aber nicht »objektiv« im engen Sinne. Objektivität gibt es nicht im Magazinjournalismus. Jedem Bild, jeder Aussage, jedem Text geht die Auswahl voraus. Wen interviewen? Wen nicht? Welche Fakten, welche Zitate? Wir können nicht *die* Wirklichkeit abbilden, sondern nur einen Ausschnitt.

Ich finde den kritischen Journalismus, immer noch, aufregend. Er kann nicht light daherkommen. Wahrheitssucher sind mir im Zweifel lieber als leichte Kaliber, die nichts außer ihrer Karriere umtreibt, die im Quotenmahlwerk zu runden, glatten Kieseln gemahlen werden, die nie anecken.

Über unser Berufsethos reden wir oft bei MONITOR, und das hilft angesichts der Themenflut. So vieles drängt danach, den Menschen erzählt zu werden. Die Geschichte über abgeschobene Tschetschenen, aber auch die miserablen Aussichten von Ghetto-Kindern in Köln-Ossendorf. Müll-

Skandal der SPD gegen Spendenskandal der FDP gegen Datenschutzskandal der CDU. Was zuerst? Wie viel davon? Es gibt keinen »Wert-o-meter« für die Relevanz von Themen, das macht die Sache schwierig. Klar. Da ist der journalistische »mainstream«, der festlegt, was gerade recherchierenswert ist. Da sind die mächtigen Presseagenturen, die vorgeben, worüber in den nächsten Tagen berichtet wird. Und natürlich die großen Ereignisse wie Katastrophen, Rücktritte, Skandale, die alle anderen Themen wegfegen. Letztendlich wissen wir erst nach der Sendung, ob unsere Themen wirklich nötig waren und unser Publikum »aufklären« konnten.

Wir setzen die Mächtigen in Politik, Wirtschaft, Kultur unter Erklärungsdruck.

Wenn wir gut arbeiten, dann helfen wir unseren Zuschauern, bei gesellschaftlichen Entwicklungen aufgeklärt mitzumachen. Und: wir setzen die Mächtigen in der Politik, Wirtschaft oder Kultur unter Erklärungs- und Rechtfertigungsdruck. Sie sollen sich äußern zu ihren Entscheidungen und Handlungen. Sie sollen an ihre Versprechen von vorgestern erinnert werden. Dahinter steht eine idealtypische Vorstellung von Gesellschaft, die auf Kräfte- und Arbeitsteilung beruht. Hier die politische, wirtschaftliche und soziale Elite, da die mündigen Bürger mit den unabhängigen Medien.

Aber: viele Journalisten sind mehr und mehr zu Teilhabern der politischen Elite geworden und reichen Informationen nach unten weiter. Konform zu sein mit dieser Elite trägt Privilegien und Prestige ein, Dissidenten und Kritiker spüren dagegen irgendwann die gläserne Decke. Querdenker werden in Sonntagsreden gerühmt, aber nicht wirklich gewollt.

Was ich mich in meiner Arbeit also regelmäßig frage: Wer möchte, dass ich das glaube, und warum? Es gibt viele Wahrheiten, wir müssen zu unterscheiden lernen, welche unserer Aufmerksamkeit wert sind und welche nicht. Meine Idealvorstellung vom Journalisten: ein Detektiv, ein Augenzeuge, ein Humanist. Ich selbst bin aus sehr idealistischen Gründen Journalistin geworden und wusste als Volontärin genau: Die Welt kann besser werden, und ich will dazu beitragen. Bis heute ist dies der schönste Beruf der Welt und ein relevanter dazu. Ein Beruf, bei dem Kopf und Herz gleichermaßen herausgefordert sind. Für mich ist kritischer Journalismus nichts weniger als Aufklärung und Veränderung, immer noch.

Veränderung? An grauen Tagen im Büro mit Blick auf den Kölner Dom scheinen die hehren Ideen Lichtjahre entfernt. Es herrscht müde Realität, alle haben sich irgendwie eingerichtet. Alle beschwören die Politik der Mitte, und der Konsens ist wichtige Vorgabe geworden. Ein typischer Satz: »Das muss doch über dem Parteiengezänk stehen.« Stimmt nicht unbedingt. Kontroversen zu führen, Alternativen zu benennen halte ich für einen Beitrag zur Hygiene der Gesellschaft.

Welcher Untersuchungsausschuss war wirklich aufklärerisch? Wann deckte das Parlament selbst Skandale auf? Und wenn die Opposition es nicht schafft, echte Kritik zu üben – dann sind die Medien erst recht gefordert. Wir weisen immer wieder auf Schwachpunkte, Unrecht oder Lügerei hin. Nicht aus Sensationalismus. Und auch nicht, weil wir die Schmuddelecken des Lebens besonders lieben. Aber wenn wir unsere Arbeit nicht machen, dann bleiben Konflikte unerkannt und ungeregelt.

Umso ärgerlicher eine andere Begleiterscheinung unserer Themenkonferenzen: Frage: Und – kriegst du die Stellungnahme vom Minister?

Antwort: Nein. Er hat alles dazu in der Pressekonferenz gesagt.

Nein. Er hat keinen Termin frei.

Nein. Er verweist auf ein Schreiben / seinen Referenten / seine Nichtzuständigkeit …

Nein. Er hat noch nicht einmal unsere Anfrage beantwortet.

Manchmal auch: Ja, er würde gern. Aber erst nächste Woche. Nach der Sendung.

Als würden wir einem Pitbull den entzündeten Backenzahn ohne Betäubung ziehen wollen, so unwillig reagieren inzwischen fast alle Spitzenpolitiker auf Interviewwünsche. Warum? Sie wissen natürlich, dass sie wenig Möglichkeit haben, mit einem einminütigen Statement zu einem kontroversen Sachverhalt eine gute Figur zu machen. Es fehlt ihnen oft an Detailkenntnis, und dementsprechend sind sie überfordert, wenn sie mehr als Allgemeinplätze formulieren sollen. Und sie haben – anders als in Großbritannien – keinen sportiven Ehrgeiz, sich einem kritischen Programm zu stellen. Da sie in den vielen Talk-Shows genug Gelegenheit haben, ihre Politik und Personality ausführlich und beredt darzustellen, sind unsere Fragen für sie lästig und ohne »Medien-Ertrag«. Deswegen: Absage. Also erzählen wir im Film – meistens auf Außeneinstellungen des jeweiligen

Ministeriums / der Parteizentrale / des Hauptquartiers: »XY war nicht bereit zu einer Stellungnahme«. Ein Mantra in unserem Arbeitsalltag.

Die Sendung rückt näher. 48 Stunden vor der Ausstrahlung die Frage, ob wir noch einen Bericht stemmen können zum Thema Pockenschutz. Ja. Zwei klare Fragen sollen so anschaulich wie möglich beantwortet werden. Wie realistisch ist ein terroristischer Anschlag mit Pocken? Welche Vorkehrungen gibt es? Die MONITOR-Maschine läuft an. Mehrere Mitarbeiter teilen sich die Arbeitsschritte: Archivbilder aus den sechziger Jahren suchen, Interviews mit Gesundheitsbehörden und Experten vorbereiten, neue Aufnahmen aus Labors besorgen, Statistiken lesen, Grafiken in Auftrag geben. Diese unmodische Gründlichkeit befindet sich in stetem Wettlauf mit dem Geschwindigkeitsdruck. Wenn in den nächsten Stunden irgendeine neue Erkenntnis gemeldet wird, muss der ganze Film umgestrickt werden. Wir sind der Tyrannei der Aktualität unterworfen. Wir haben kaum Zeit zu zweifeln, aber gleichzeitig können wir uns wegen der Supergeschwindigkeit moderner Kommunikationstechnologie rechtzeitig zum Schnittbeginn ein Experten-Interview aus Kalifornien besorgen.

Dann eine kleine, interne Erfolgsgeschichte: eine Bürgerinitiative, auf deren Kampf MONITOR vor einem Jahr aufmerksam machte, bekam jetzt vor Gericht endgültig Recht. Sie schickt uns einen Brief und einen kleinen Artikel aus der Lokalzeitung. Wir freuen uns, geben ein bisschen untereinander an und loben den Rechtsstaat. Oft kommt das nicht vor. Oft haben wir das Gefühl, großes Unrecht zu thematisieren, doch niemand muss den Hut nehmen, kein Gesetz wird geändert, kaum jemand regt sich mit uns auf. Doch dann tröstet einer aus der Runde: wer, wenn nicht wir? Die Erkenntnis aus 38-jähriger Magazintradition.

Die Politmagazine – Dinosaurier aus einem Fernsehzeitalter, wo Ansprüche wichtiger waren als Quoten? Wir Öffentlich-Rechtlichen sind privilegiert, wir können – dafür werden wir mit Gebühren bezahlt – ein gutes, aufklärerisches Programm machen. Verständlich, anregend, auch polarisierend. Für viele. Im letzten Jahr stiegen die Zuschauerzahlen bei den Magazinen spürbar, an den meisten Sendeabenden schauen drei bis vier Millionen Menschen MONITOR zu. Wer wollte verhehlen, dass sich jeder Magazin-Macher darüber freut. Aber es dürfen auch weniger Zuschauer sein, Quoten dürfen nicht zur Geisel werden. Denn wer auf die Quote schielt, wird schnell ängstlich. Können wir dieses komplizierte Thema den Zuschauern zumuten? Im Zweifel immer ja. Wir sollten nie deren Informationsstand überschätzen, aber gewiss auch nicht ihre Urteilsfähigkeit unterschätzen. Wenn ich die Zuschauerpost lese, weiß ich: Je entschlossener wir Dummheit und Desinteresse widerstehen, desto glaubwürdiger sind wir für unser Publikum. Ansprüche formulieren, was das Zeug hergibt, und Abgebrühtheit nicht einfach hinnehmen.

Der Sendetag ist da. Die Filme sind so gut wie fertig, Texte müssen noch verbessert werden, hier und da ein juristischer Rat eingeholt werden für einzelne Formulierungen. Und bis zum letzten Augenblick korrigieren. »Das Bessere ist der Feind des Guten«, murmele ich. Ein tückischer Spruch, der bei übermüdeten Cutterinnen und ausgelaugten Redakteuren immer gut ankommt, besonders wenn sie dachten, gerade fertig zu sein. Der Augenblick der »Abnahme« kommt. Zwei vorgesetzte Kollegen schauen sich die Produkte an, fragen nach Details, helfen, Missverständliches zu klären. Machen Vorschläge, die wir befolgen können, aber nicht müssen. Kaum eine Sendung erlebt so viel Rückhalt durch die TV-Hierarchen wie MONITOR.

Dann ab in die Maske, während die Studiokollegen alles für die Live-Sendung fertig machen. Ich lese meine Moderation zum zehnten Mal, korrigiere beim Lockenwickler-Entfernen, zähle alles auf, was schief gehen könnte, und weiß, dass nichts davon eintreten wird. Dazu sind alle anderen viel zu eingeübt.

Auch alte Traditionssendungen wie das Politmagazin MONITOR können Höhenflüge bescheren: Unsere Ausgabe wird hier und da in der Presse aufgegriffen, von der Konkurrenz gelobt und von weit über vier Millionen Menschen gesehen. Wir werden von Briefen und Telefonaten überschüttet. Das Gefühl, sinnvolle Arbeit zu machen, ist wie eine Glücksdroge. Wen interessiert in diesem Augenblick, dass ein Minister wieder eine arrogante Absage gefaxt hat oder dass ein Lobbyist beleidigt mit einer Programmbeschwerde droht?

Beflügelt geht das ganze Team in die Nacht hinaus, zum Stammlokal. Fünf Redakteure, viele freie Autoren, Sekretärinnen, Rechercheure, studentische Hilfskräfte und Freunde von der MONITOR-Manie. Ja, wir sind ein bisschen Abenteuerspielplatz, Operationssaal und Basisgruppe Humanismus. Das Refugium der beschwingten Dinosaurier.

Hans Leyendecker

Der Journalist als Detektiv

Skandale und Recherchen

»Sind Sie Detektiv oder Journalist?«, wollte vor ein paar Jahren eine Talk-show-Moderatorin von mir wissen. Die Frage ist eine Zustandsbeschreibung meines Gewerbes. Seit gut dreißig Jahren sammle ich Informationen und schreibe auf, was ich für wichtig halte. Ich recherchiere gern, Pressekonferenzen interessieren mich nicht sonderlich. Ich möchte Vorgänge, die öffentlich nicht zugänglich sind, öffentlich machen. Warum soll ich deshalb kein Journalist sein? Vor einigen Jahren erschien eine Studie, der zufolge in Deutschland nur zwanzig Prozent der Journalisten ausführliche eigene Recherchen zur Grundlage ihrer Berichterstattung machen. In Großbritannien sind es gut vierzig Prozent, in Amerika knapp fünfzig Prozent.

Die Deutschen sind Meister im Meinungsjournalismus. Wer den Leitartikel schreiben darf, im Presseclub sitzt, hat den Ausweis höchster Kompetenz erreicht. Am liebsten bewegt man sich in Augenhöhe mit den Mächtigen. Rechercheure, die Enthüllungsstorys liefern können, werden von Zeitungen und Sendern nur wenig beschäftigt. Als ein angesehener freier Journalist einem TV-Studioleiter eine exklusive Geschichte anbot, wurde er abgewiesen: »Darüber liegt mir keine Meldung vor«, sagte der TV-Mann. Deshalb bringe er die Geschichte nicht. Er ruiniere sich »wegen so was« doch nicht seine Karriere.

Ein freier Autor wird sich dreimal überlegen, ob er dem Fernsehen eine rechercheintensive Geschichte anbietet. In der Regel wird die Recherche nicht bezahlt, und was ist, wenn am Ende keine Story dabei herauskommt, was durchaus passieren kann?

Recherchen kosten viel Geld und Zeit, und die Quote ist auch nicht garantiert. Wer trotzdem die Recherche pflegen möchte, muss sich diesen

Luxus oft mit Brot-und-Butter-Geschichten finanzieren. Es ist viel einfacher, Pressemeldungen filmisch zu übersetzen, als komplizierte Geschichten anzubieten, die auch noch Ärger machen können. Dabei fehlt es an recherchierendem Journalismus. Welcher der großen politischen Skandale der Nachkriegszeit ist mit Hilfe des Parlaments ans Licht gekommen? Keiner. Welcher Untersuchungsausschuss war mehr als ein Kampfinstrument der Parteien? Wenige. Die demokratische Aufgabe der Kontrolle wird häufig nur zum Schein wahrgenommen, zu oft gibt es eine Kumpanei der Gegner. Scheinkämpfe werden geführt, und wenn es ernst wird, sitzen alle in einem Boot. Im Alltag versagt die parlamentarische Kontrolle, und auch das normale Regelwerk passt nicht. Es entsteht ein Machtvakuum, und in dem können sich für kurze Zeit die Medien tummeln.

Meist im Team, manchmal allein habe ich geholfen, einige Skandale ans Licht zu befördern – Korruption, Waffenhandel, Geheimdienste, Steueraffären. Dem Rausch des manchmal nur scheinbaren Erfolges folgte nicht selten der Katzenjammer. Was beim Recherchieren und Schreiben noch Vergnügen war, kann nach dem Erscheinen des Textes eine Qual sein. Was richtet man mit seiner Arbeit an?

Unvergessen ist der hochrangige Wirtschaftsführer, der bei einer zufälligen Begegnung aus seiner Anzugtasche einen schon vergilbten Zeitungsausschnitt kramte. Warum ich das damals über ihn geschrieben hätte, wollte er wissen. Ich konnte mich kaum erinnern, dass ich über ihn geschrieben hatte. Details waren mir völlig entfallen. Oder die Affäre des Lothar Späth: Im Team waren wir ihm nachgestiegen, als er noch Ministerpräsident von Baden-Württemberg war. Er hatte sich von Firmen, denen er behilflich war, zu Reisen einladen lassen, und die journalistische Meute setzte ihm nach. Was er gemacht hatte, war nicht in Ordnung, doch die Vorwürfe berührten auch sehr private Dinge. Er trat rasch zurück, und manchmal habe ich Zweifel, ob die Vorwürfe es wert waren, dass er ging.

Mein journalistischer Gau war die Berichterstattung über den Zugriff einer Einsatzgruppe des Bundeskriminalamts und der GSG-9 am 27. Juni 1993 auf dem Bahnhof der Provinzstadt Bad Kleinen. Gegen 15.17 Uhr fielen Schüsse. Zwei Männer blieben tödlich getroffen liegen, der Grenzschutzbeamte Michael Newrzella und der als Terrorist gesuchte Wolfgang Grams. Früh stand fest: Der Terrorist hatte den Polizisten erschossen.

Ungeklärt war, ob sich Grams den tödlichen Kopfschuss selbst zugefügt oder aus nächster Nähe von Polizeibeamten getötet worden war. Ich bekam Kontakt mit einem am Einsatz beteiligten Beamten, und der behauptete, dass Grams im Affekt von zwei Kollegen getötet worden sei. Er sei auch bereit, diese Aussage vor der Staatsanwaltschaft zu wiederholen.

Die Aussagen dieses Mannes, der darauf bestanden hatte, anonym zu bleiben, wurden in einer »Spiegel«-Titelgeschichte über den Fall Grams wiedergegeben, die ich angeregt hatte. Zwar benannte der »Spiegel« auch Zeugen, die Gegenteiliges gesehen haben wollten, Schlagzeilen aber machte der anonyme Beamte.

Kurz darauf trat der damalige Bundesinnenminister Rudolf Seiters zurück, und Generalbundesanwalt Alexander von Stahl musste gehen. Das Problem war nur: Bei der Staatsanwaltschaft gab sich der Beamte nicht zu erkennen, damit konnte seine Aussage auch nicht vor den Strafverfolgern wiederholt werden. Weil ich voreilig diesen Zeugen (der in privaten Gesprächen bei seiner Aussage blieb) präsentiert hatte, geriet der »Spiegel« unter Druck. Es war mein Fehler, diese Titelgeschichte auf den Weg gebracht zu haben. Eine zweite unabhängige Quelle, die die Aussagen meines Zeugen hätte bestätigen können, fehlte. Der »Spiegel« war fortan bei den Nachforschungen, was in Bad Kleinen wirklich passiert war, gehandicapt.

Recherchierende Journalisten haben in der Regel ein Netzwerk von Informanten. Diese sitzen meist in Behörden, Unternehmen oder Verbänden und arbeiten aus unterschiedlichen Gründen mit Journalisten zusammen. Manchmal aus Eitelkeit, Profilierungssucht oder Berechnung, manchmal auch aus selbstlosen Gründen. Nur in seltenen Fällen spielt Geld eine Rolle. Scheckbuchjournalismus ist in Deutschland die Ausnahme. Aber es gibt Affären, die ohne Geld nie ans Tageslicht gekommen wären. Der Skandal um das Gewerkschaftsunternehmen Neue Heimat oder die Barschel-Affäre beispielsweise. In diesen Fällen war es richtig zu zahlen.

Ich habe nie Geld einsetzen müssen. Ich hatte Glück. Meine erste große Affäre war der Flick-Skandal Anfang der achtziger Jahre, und da wurde kein Geld eingesetzt. Fortan konnte ich es mir erlauben, Geschichten abzulehnen, wenn Informanten Geld verlangten.

Die journalistische Aufdeckung der Flick-Affäre wäre eine Menge wert gewesen. Ein Konzern hatte die Republik vereinnahmt, um eine Steuerbefreiung um 840 Millionen Mark zu bekommen. Politiker und Parteien waren dafür von der Firma mit mindestens 26 Millionen Mark bedacht worden. Ein regelrechter Bargeldporno. Das viele Geld war vom Konzern eingesetzt worden, um – so stellte das Gericht später fest – »in die politische und parlamentarische Willensbildung einzugreifen«. Flick wurde zum Synonym für die »gekaufte Republik«.

Die Flick-Affäre machte auf ein Geflecht illegaler Parteienfinanzierung von erheblichem Ausmaß aufmerksam. Schwarze Kassen, Scheinberatungsverträge, »Umschläge«, die diskret an einzelne Politiker weitergereicht worden waren, sicherten kapitalkräftigen Finanziers steuersparend politischen Einfluss. Die Strafverfolger wickelten in dieser Zeit rund 1800 weitere Parteispendenverfahren ab. Es gab Hinweise und Nachweise, dass Industriebarone durch planmäßig betriebenen Steuerbetrug mit Millionensummen Parteikassen gefüllt und Politiker ausgestattet hatten. Allein über eine Geldwaschanlage waren mehr als 200 Millionen Mark schwarz ge-

schleust worden. Politische Korruption erwies sich als Teil der gesellschaftlichen Normalverfassung.

Journalisten recherchierten jahrelang den schweren Fall. Manchmal
hechelten sie den staatsanwaltlichen Ermittlungen hinterher, manchmal
waren sie auch voraus. Die Flick-Affäre war für
meine journalistische Arbeit eine Zäsur. Warum
haben staatstragende Parteien am Staat vorbei die
Gesetze gebrochen? Warum haben die Betroffenen, als sie erwischt wurden – in einer Art Staats-

Wer sich lange mit Affären beschäftigt hat, wird bescheiden.

streich von oben –, versucht, sich mit einer Amnestie Straffreiheit zu verschaffen? Warum fanden die in den Skandal verwickelten Politiker und
Industriellen es »ungeheuerlich«, dass Justizbeamte auch ihnen gegenüber
unsere Gesetze ernst nehmen wollten? Was zeigt das an rechtsstaatlichem
Bewusstsein?

Doch staatsgefährdendes Handeln mochten viele konservative Zeitungen nicht in der kriminellen Energie von Korrumpierenden und Kor-
rumpierten, sondern nur bei den ermittelnden Staatsdienern erkennen. Der
damalige Kanzler Helmut Kohl machte eine Kloake aus – nicht in den Rie-
selfeldern zwischen Kiel und Konstanz, sondern in den Redaktionsstuben
der »linken Kampfpresse«. »Wir« gegen »die«. Seitdem habe ich mich
immer wieder für das Themenfeld politischer Korruption interessiert – für
deren Täter wie Opfer.

Skandale gibt es nicht nur in Deutschland: Auch Japan und Italien
haben ihre großen Parteispendenaffären gehabt. Auch Richter in Frankreich
versuchten, den Finanzsumpf der sozialistischen Machthaber trockenzule-
gen. Entscheidend für den Sittenbefund ist die gesellschaftliche Verarbei-
tung der Affären. Von Aufdeckung und Aufklärung kann eine reinigende
Wirkung ausgehen. Wer sich lange mit Affären beschäftigt hat, wird bescheiden. Der Journalist, der bei der Aufdeckung hilft, ändert nicht die
Welt. Vielleicht besteht seine wichtigste Aufgabe darin, die dunkle Seite der
Macht auszuleuchten und den Mächtigen das Gefühl zu geben, dass der
Missbrauch nicht völlig gefahrlos ist.

Der recherchierende Journalist muss sich auf Gebiete spezialisieren, er
muss geduldig sein und ergebnisoffen bleiben. Er muss sammeln, auswer-
ten, immer wieder Gespräche führen. Dass Journalismus objektiv sein

könnte, halte ich für eine Mär. Aber er sollte fair und nach Möglichkeit nachprüfbar sein.

Lebt ein recherchierender Journalist, der sich auch um Mafia und Terrorismus kümmert und Verbindungen zu Geheimdiensten hat, eigentlich gefährlich? In Deutschland droht ihm keine Gefahr. Es kann zwar passieren, dass ein Beamter des Bundesnachrichtendienstes, wie geschehen, einen Journalisten auf den Rechercheur ansetzt, um die Kanäle seiner Informationsbeschaffung herauszufinden, doch solche Spurensuche bleibt meist vergeblich. Ein paar Drohungen hat es gegeben. Als ich mit Kollegen den Steuerfall Steffi Graf recherchierte, riefen Fans an und drohten mit einem Anschlag. Ernst zu nehmen waren sie nicht.

Geträumt habe ich stets davon, wie amerikanische Journalisten arbeiten zu dürfen. Mein Vorbild ist Seymour Hersh, der vielleicht größte Enthüllungsreporter der Welt, der heute fast siebzig ist. Ein Einzelgänger, der stets den Mächtigen misstraut hat. Als junger Reporter hat er 1968 das Massaker amerikanischer Soldaten an den Bewohnern des vietnamesischen Dorfes My Lai publik gemacht. Er riecht es, wenn an einer Sache etwas faul ist. Er hat beste Verbindungen, und das Weiße Haus würde ihn am liebsten auf den Mond schießen. Kürzlich hat ihn Richard Perle, Ex-Berater von US-Präsident George W. Bush, in die Nähe von Terroristen gerückt. Das war wie eine Auszeichnung.

Hersh hat sich das Privileg erarbeitet, von Buchverlagen gigantische Vorschüsse zu bekommen, die ihm Zeit lassen, einer Sache wirklich auf den Grund zu gehen. Monatelang, manchmal jahrelang bleibt er an Geschichten dran. Für seinen Artikel »Overwhelming Force«, den er für die berühmte amerikanische Zeitschrift »New Yorker« über die Kriegsgräuel im Golfkrieg von 1991 schrieb, hat er mehr als 300 Personen interviewt und Dutzende von Akten gelesen. Er hat – und das unterscheidet ihn von deutschen Journalisten – nahezu alle seine Quellen namentlich benannt und ihnen seine Zitate zur Autorisierung vorgelegt. Der »New Yorker« stellte drei Leute dafür ab, die in wochenlanger Arbeit seinen Text überprüft haben. Das ist recherchierender Journalismus! So etwas wäre bei uns nicht vorstellbar: Hierzulande gibt es keine Verleger, die solche Arbeit schätzen und bezahlen.

Wir leben in einer aufgeregten Zeit, in einer permanenten Gegenwart ohne Vergangenheit, ohne Zukunft. Ständig wird eine neue Sau durchs Dorf

getrieben. In den vergangenen Jahren hat sich die Lage nicht zum Besseren geändert, im Gegenteil: Viele neue Medien sind auf den Markt gekommen, der Konkurrenzdruck hat zu einer Enthüllungsmanie geführt. Fortwährend und bis zur Besinnungslosigkeit wird enthüllt. Eine ganze Gastronomiebranche lebt davon. Mittags kann man in den Restaurants der gehobenen Preisklasse rund um den Berliner Gendarmenmarkt an den Tischen lauter investigative Journalisten entdecken, die verzweifelt Beamte füttern, um denen irgendetwas zu entlocken, was nach Enthüllung klingt. Diese Enthüllungsindustrie wird auch von den Mächtigen genährt. Belanglose Papiere werden in die Öffentlichkeit lanciert, indem man sie für »vertraulich« erklärt. Mit dem Etikett »vertraulich«, »geheim« oder »exklusiv« lässt sich alles verkaufen.

Recherchierender Journalismus kam zu keiner Zeit ohne begründete Mutmaßungen und Verdachtsmomente aus. Aber die Recherchen müssen einen aussagekräftigen Mindestbestand an Beweistatsachen ergeben. Darauf scheint es nicht mehr anzukommen. Doch die alltägliche Hysterie kann blind machen. Ein wilder Verfolger ist kein besserer Journalist als ein rasender Mitläufer. Da ist schon eher die Kombinationsgabe des Detektivs Sherlock Holmes zu loben, der fast immer die richtige Witterung hatte. Sherlock Holmes, der Detektiv aller Detektive, kniet im Schnee und betrachtet durch seine Lupe die Fußspur eines Riesen. Sein charakteristisches Profil mit Doppelschirmmütze ist nicht zu verkennen. An seiner Seite John Watson, der Militärarzt in Afghanistan gewesen war, aber wegen einer Verwundung den Militärdienst quittieren musste. Die ersten Worte, die Holmes zu Watson sprach, lauteten übrigens: »Sie waren in Afghanistan, wie ich sehe.« Da war auch früher schon Krieg.

Jürgen Todenhöfer

Kämpferische **Toleranz**
Politik **und** Journalismus

Politik und Journalismus – zwei verschiedene Welten? Als ich 1990 aus dem Bundestag ausschied, um mich meinem neuen Beruf als Medienmanager zu widmen, fiel ich erst einmal in ein tiefes Loch. Zwanzig Jahre Politik lagen hinter mir, zwanzig Jahre leidenschaftlicher Kämpfe, zwanzig Jahre Höhen und Tiefen als entwicklungspolitischer und rüstungskontrollpolitischer Sprecher der CDU/CSU. Es waren schwierige, aber auch spannende Jahre.

Politik kann süchtig machen, und so litt ich zwei Jahre unter schwersten Entzugserscheinungen. Es gibt eine Faszination des Politischen, die schwer zu beschreiben ist. Ein englischer Staatsmann hat einmal gesagt, Politik sei der härteste Sport, den es gebe. Ich glaube, dass das recht gut den Wettbewerbscharakter, das tägliche Ringen um die besseren politischen Lösungen, die Herausforderung politischen Lebens beschreibt.

Mir jedenfalls fehlte die Politik in meinem neuen Beruf anfangs sehr, bis mir klar wurde, dass ich die politische Welt, die mich so in ihren Bann gezogen hatte, gar nicht verlassen hatte. Heute trage ich als Stellvertretender Vorsitzender und Verlagsvorstand des Burda-Konzerns Mitverantwortung für 250 nationale und internationale Zeitschriften und Zeitungen – politische und unpolitische. Aber selbst die unpolitischsten unserer Publikationen beeinflussen das Denken, die Stimmungslage der Menschen und damit die öffentliche Meinung. Auch unpolitische Medien sind letztlich »politisch«, sie tangieren die Polis, das Gemeinwesen.

Verantwortungsvoll entscheidende Politiker und verantwortungsvoll schreibende Journalisten sind die tragenden Säulen einer demokratischen Gesellschaft. Zu Recht ist die Freiheit beider bei uns im Grundgesetz verankert. Beide brauchen sich, beide ergänzen sich, beide sind aufeinander angewiesen.

Während meiner politischen Arbeit waren einige junge Journalisten für mich vom ersten Tag an zentrale Bezugspersonen – als Gesprächspartner, als Punktrichter, Schiedsrichter und Kritiker. Sie standen verschiedenen Parteien nahe, manche gehörten wie ich der CDU an, andere der SPD, der FDP oder den Grünen, manche gar keiner Partei. Die Parteinähe war mir egal. Entscheidend waren Kompetenz und Charakter.

Einige von ihnen haben mich während meiner politischen Zeit gelegentlich hart kritisiert, aber ihre Kritik war meistens fair. Ich habe daraus gelernt, und sie vielleicht auch von mir. Sie machten ihren Job, ich machte meinen.

Bewusst verletzt haben mich nur wenige Journalisten. So wie manche Politiker das Recht auf Kritik mit einem Recht auf Verleumdung verwechseln, gibt es auch Journalisten, die mit ihrer Arbeit nur dann zufrieden scheinen, wenn sie andere niedermachen können. Das kann für den betroffenen Politiker ganz schön hart sein. Manchmal habe ich bis fünf Uhr morgens senkrecht im Bett gesessen und nicht gewusst, wie es weitergehen sollte. Es gab Artikel, die mich sehr trafen. In diesen Momenten war meine einzige Hoffnung, dass meine Freunde, meine Eltern und meine Familie sie nicht in die Finger bekamen. Eine Meinungsänderung haben solche Artikel bei mir nie bewirkt. Angriffe, die in der Sache hart, pointiert und trotzdem fair waren, haben mich viel mehr zum Nachdenken veranlasst.

An vielen Auseinandersetzungen um meine Person war ich selbst nicht ganz unschuldig. Wenn Politik die Kunst des Möglichen ist, war ich eigentlich gar kein Politiker. Ich wollte immer auch das Unmögliche. Vor allem als junger Politiker hielt ich es für meine Pflicht, unabhängig von Zeitgeist und Mehrheit offen und klar meine Meinung zu sagen – für viele ein völlig unpolitisches Verhalten.

Als die CDU/CSU-Opposition unter Helmut Kohl wieder einmal in ihren traditionellen Sommerschlaf gefallen war, teilte ich dem späteren Bundeskanzler über die »Bild«-Zeitung mit, »im Schlafwagen komme man nicht an die Macht«. Durfte ich mich da wundern, dass die Sympathien der Parteiführung und der ihr nahe stehenden Medien für mich von diesem Tag an unterkühlt waren?

Auf dem Rückflug von einer Kubareise traf ich mich, ohne vorher irgendjemanden informiert zu haben, mit Chiles neuem Diktator Pinochet,

um mit ihm über die Freilassung von 4500 politischen Gefangenen zu ver-
handeln. Durfte ich mich da wundern, dass sich nach meiner Rückkehr fast
die gesamte linke und linksliberale Presse auf
mich einschoss, die gar nicht wissen konnte,
worüber ich mit dem Mann verhandelt hatte,
der Salvador Allende in den Tod getrieben
hatte? Woher sollten meine Kritiker wissen, dass dieses Treffen der Beginn
von monatelangen, verbissen geführten Verhandlungen war, an deren Ende
die Freilassung zahlloser Sozialisten und Kommunisten stand?

Ich dachte, die Wahrheit brauche keine Mehrheit.

Nicht viel anders erging es mir, als ich auf dem Höhepunkt der Ent-
spannungspolitik sehr zum Unwillen Moskaus mit afghanischen Freiheits-
kämpfern in das von den Sowjets besetzte Afghanistan reiste, als ich auf
dem Höhepunkt der Nachrüstungsdebatte, sehr zur Verärgerung des damaligen CDU-Verteidigungsministers Manfred Wörner, eine Halbierung aller
strategischen Atomwaffen forderte, oder als ich auf dem Höhepunkt der
europapolitischen Bemühungen Bundeskanzler Kohls eine aktive Wieder-
vereinigungspolitik forderte.

All das waren Positionen, die ich für richtig und wichtig hielt, für die es
aber in Deutschland keine Mehrheit gab. Ich hätte viel mehr Zeit darauf
verwenden müssen, innerhalb meiner Partei und innerhalb der Medien Ver-
bündete zu suchen. Ich dachte, die Wahrheit brauche keine Mehrheit. Ich
war jung, und vieles, was ich heute weiß, wusste ich damals nicht – oder es
war mir egal. Das war vielleicht der größte politische Fehler meines Lebens.
Man sollte nie ohne Truppen in die Schlacht ziehen.

Ich schildere das so ausführlich, weil es Mode geworden ist, als Politiker die Schuld für schwierige Auseinandersetzungen und politische
Niederlagen bei seinen politischen Konkurrenten und bei den Medien zu
suchen. Ich suche die Schuld für meine Blessuren aus dieser Zeit nicht bei
anderen. Wer austeilt, muss auch einstecken können.

Rückblickend glaube ich, dass wir Deutschen mit unseren Politikern
und unseren Medien recht zufrieden sein können. Trotzdem ist manches
verbesserungsfähig. Wenn ich einen »Jahrhundertwunsch« frei hätte, würde
ich mir sowohl von unseren Politikern als auch von unseren Journalisten
mehr Mut zu klaren Positionen und gleichzeitig mehr Toleranz gegenüber
Andersdenkenden wünschen. Warum?

Politik gilt zunehmend als schmutziges, korruptes Geschäft. Dieses Bild ist zumindest in Deutschland falsch und ungerecht. Die meisten deutschen Politiker arbeiten äußerst ehrenhaft bis an die Grenzen der physischen Belastbarkeit für ihren Wahlkreis und ihr Land – für ein Einkommen, das keiner unserer Spitzenmanager akzeptieren würde. Aber sie sind selbstverständlich keine unfehlbaren Helden. Im Deutschen Bundestag sitzt – wie der Sozialdemokrat Herbert Wehner einst zu Recht feststellte – nicht die Elite, sondern ein Querschnitt Deutschlands. Für Länder und Kommunalparlamente gilt das Gleiche. Das muss jedoch kein Nachteil sein.

Das Problem, an dem die deutsche Politik krankt, ist nicht die Mittelmäßigkeit, sondern der fehlende Mut, den Menschen die Wahrheit zu sagen und klare Positionen zu beziehen. Statt die Probleme des Landes beim Namen zu nennen und mutig Wege zu ihrer Lösung zu beschreiten, präsentieren die großen deutschen Parteien dem verzweifelten Wähler einen grauen Einheitsbrei, der Unterschiede und Alternativen nur schwer

Das war vielleicht der größte politische Fehler meines Lebens.

erkennen lässt. So weiß der Wähler kaum noch, was er wählen soll, und bleibt gelangweilt, irritiert und verdrossen zu Hause. Die mangelnde Zivilcourage der deutschen Parteien ist das Kernproblem der deutschen Demokratie.

Neben mehr Mut zu klaren Positionen wünsche ich mir von unseren Politikern mehr Fairness und Toleranz gegenüber Andersdenkenden. Als junger Abgeordneter bin ich einmal bei einer Attacke auf die SPD-Regierung kräftig über das Ziel hinausgeschossen. Ein älterer Fraktionskollege erklärte mir daraufhin lachend: »Suaviter in modo, fortiter in re!« Seien Sie hart in der Sache, aber fair in der Form! Auch ich musste Toleranz, souveräne Kritik erst lernen.

Man kommt damit auch viel weiter. Ein Beispiel: Während der Nachrüstungsdebatte Anfang der 80er Jahre, als in Deutschland amerikanische Atomraketen stationiert werden sollten, schlugen die Wogen der Erregung hoch. Wie die gesamte CDU/CSU hielt ich die von Helmut Schmidt geforderte Stationierung für richtig und musste zu diesem Thema zahllose Veranstaltungen abhalten. Nach einer besonders hitzigen Diskussion stand ein junger Mann, der mich kurz zuvor noch heftig kritisiert hatte, einsam vor dem Veranstaltungssaal und wusste nicht, wie er nach Hause kommen sollte. Ich fragte ihn, ob ich ihn mitnehmen dürfe. Er nickte erstaunt.

Lange saß er schweigend neben mir. Dann fragte er mich, ob ich mir vorstellen könne, was er in seiner Hosentasche habe. Als ich den Kopf schüttelte, holte er ein großes Messer aus der Tasche und klappte es auf. Mit hochrotem Kopf erzählte er mir, er habe gelesen, dass Kritiker in meinen Veranstaltungen mit allem rechnen müssten. Deshalb habe er sich entsprechend bewaffnet. Dann öffnete er das Autofenster und warf das Messer hinaus. Ich habe den jungen Mann auf meiner Fahrt nicht von der Richtigkeit meiner Position überzeugen können, er hat mich vielleicht auch nie gewählt – und trotzdem waren wir fast Freunde geworden.

Als ich 1990 den deutschen Bundestag verließ, hatte ich in der SPD und bei den Grünen genauso viele Freunde wie in meiner eigenen Partei. Vielleicht braucht man einige Jahre, bis man zu derartigen Freundschaften fähig ist und es nicht mehr für ehrenrührig hält, sich nach einer harten Redeschlacht zu einem Glas Bier zusammenzusetzen.

Klare und engagierte Positionen statt grauem Einheitsbrei, Fairness statt Fanatismus – ich nenne das »kämpferische Toleranz«, mein Schlüsselbegriff für den politischen Wettstreit. Die größten Katastrophen der Menschheit sind durch Intoleranz entstanden – und durch Gleichgültigkeit gegenüber der Intoleranz. Kämpferische Toleranz bekämpft beide: den Fanatismus und die Gleichgültigkeit.

Mein Wunschzettel an die Adresse der deutschen Medien sieht ähnlich aus. Auch hier wünsche ich mir mehr Mut zu klaren Positionen und mehr Fairness und Objektivität – auch wenn sich unsere Medien schon heute wohltuend von denen einiger anderer Länder abheben. Der »Spiegel« beispielsweise ist in den letzten Jahren erheblich glaubwürdiger und überzeugender geworden, seit er weniger hämisch und zynisch argumentiert. Der Erfolg von »Focus« hat hier offenbar einen äußerst positiven Einfluss gehabt.

Nach dem 11. September befürwortete Europas größte Tageszeitung »Bild« die amerikanisch-britischen Bombenangriffe auf die Städte Afghanistans und gab mir trotzdem Gelegenheit, Kommentare dagegen zu schreiben. Das wäre in anderen Ländern undenkbar. Ähnliches gilt für andere Printmedien. All das sind Zeichen gewachsener Souveränität und Toleranz der deutschen Medien gegenüber abweichenden Positionen. Mir gefällt das.

Ich halte es ferner für einen Glücksfall, dass uns in den deutschen Medien meist klare Standpunkte und nicht das in der Politik übliche Sowohl-als-auch-Wischiwaschi präsentiert werden. Die deutschen Medien sollten diesen Weg ruhig noch mutiger weitergehen. Wer als Journalist liberale Konzepte für richtig hält und den Markt und die Menschen von staatlicher Bevormundung befreien will, sollte dies noch deutlicher aussprechen; wer sozialdemokratische Lösungen vorzieht und den Staat möglichst vieles regeln lassen will, sollte dies in aller Klarheit schreiben; wer grüne Ideen hat, sollte sich kämpferisch zu ihnen bekennen. Solange dabei Nachricht und Meinung getrennt bleiben und die Regeln der Fairness beachtet werden, profitieren alle von klaren, gut begründeten Kommentaren. Sie bereichern unsere Streit- und Debattenkultur.

Mir gefällt es, wenn auf Seite 1 des politischen Buchs der »Frankfurter Allgemeinen Zeitung« eine proamerikanische Position formuliert wird, auf der letzten Seite differenziert muslimische Gegenargumente zu Wort kommen und beide im Feuilleton kräftig in Frage gestellt werden. Genauso fasziniert bin ich, wenn im Feuilleton der »Süddeutschen Zeitung« eine andere Meinung vertreten wird als im politischen Teil, oder wenn Oskar Lafontaine und Peter Gauweiler in »Bild« ihre politischen Duelle austragen. Kämpferische Toleranz ist auch im Journalismus das Schlüsselwort.

Nach zwanzig Jahren Politik und sechzehn Jahren Medien kann ich nicht sagen, wo es schöner und spannender war und ist. Ich möchte keines meiner politischen Jahre missen. Politik, die Möglichkeit, die Geschicke eines Landes, einer Gemeinde mitzugestalten, ist faszinierend. Aber auch dieses bunte Zirkusvölkchen, das sich Journalisten nennt, hat mich immer angezogen. Ich glaube, ich hatte das Glück, in den zwei spannendsten Berufen unserer Zeit zu arbeiten – zwei Berufen, die enger miteinander verwandt sind, als den meisten bewusst ist.

So fiel es mir nach dem 11. September auch nicht wirklich schwer, nach mehr als zehnjährigem Schweigen erneut zur Feder zu greifen. Heute wie damals mit »kämpferischer Toleranz«. Aber diesmal nicht als Politiker, sondern als Publizist. Aber wo lag da noch mal der Unterschied?

Hans-Ulrich Jörges

Barfuß
bis zum Rubikon

Politischer Journalismus auf Abwegen

Politischer Journalismus ist eine Charakterfrage. Denn an der Fähigkeit und Entschlossenheit, unter allen Umständen und jeder Pression oder Verlockung zum Trotz die eigene Unabhängigkeit zu verteidigen, entscheidet sich alles. Ein ganzes Berufsleben.

Schwache oder wankelmütige Charaktere, und die sind leider – wie überall – in der Mehrheit, reihen sich ein in die Fußtruppen des Berufs, in die willigen Gefolgschaften der politischen Heerführer. Verbreiten deren Parolen, singen ihre Schlachtenlieder, preisen ihre Genialität, folgen all ihren taktischen Winkelzügen, vermögen auch in den skurrilsten Irrungen und Wirrungen noch einen strategischen Plan zu erkennen. Und begreifen nicht, dass sie dafür von den Objekten ihrer Anbetung häufig – und zu Recht! – auch noch verachtet werden; heimlich zumeist, mitunter aber sogar in aller demütigenden Offenheit.

Unvergesslich ist mir eine Szene auf einer Pressekonferenz des damaligen bayerischen Innenministers Gerold Tandler, in der ein besonders kriecherischer Kollege des Bayerischen Rundfunks seinem vermeintlichen Gönner in schwieriger Lage mit einer Hilfsfrage eine Brücke zu bauen versuchte – und dafür vor der versammelten Branche verbal schallend geohrfeigt wurde. Er lief dunkelrot an und schwieg fortan. Wer sich selbst in den Staub wirft, dem wird auch der Stiefel in den Nacken gesetzt. Kreaturen sind nützlich – geschätzt werden sie nicht. Sie haben im Stillen zu funktionieren. Offenbaren sie ihre Erbärmlichkeit, werden sie wie Rotz vom Ärmel gewischt.

Starke Charaktere sind die Einzelgänger des Berufs. Solche Kollegen verweigern sich Kampagnen, misstrauen ausgegebenen Parolen, ringen ums eigene Urteil – und sind sogar in der Lage, das im Falle des Irrtums unter den Augen des Publikums zu korrigieren. Sie versammeln sich hinter keiner Fahne. Denn wo die Fahne knattert, ist der Verstand in der Trompete.

Solche Charakterfestigkeit allerdings ist kein Spaziergang über eine duftende Sommerwiese. Sie gleicht einer Barfuß-Expedition durch steiniges Gelände. Sie muss erstritten, verteidigt und bezahlt werden: mit Repression, mit Ausgrenzung, mit Einsamkeit – zuweilen sogar mit dem Versuch der beruflichen Vernichtung. Aber sie findet auch ihren Lohn: Kein Urteil wird so beachtet wie das des unberechenbar Unabhängigen. Von der Politik selbst, noch mehr aber vom Leser, Hörer oder Zuschauer. Denn die Menschen misstrauen ja selbst immer mehr den vorgegebenen Lesarten.

Hier sind wir am harten Kern des Themas: Was ist die Aufgabe, was die Chance des politischen Journalisten? Und wo liegt seine Gefährdung? Selbst Orientierung suchen und damit anderen Orientierung geben in einer immer unübersichtlicheren, schnelllebigeren und durch gerissene Medien-Kampagnen verfremdeten Welt – wenn man so will: Vertrauen vermitteln in einer Landschaft der Verdrehung, Entstellung und Täuschung –, das ist die erste und wichtigste Pflicht des Berufs.

Das heißt: Abschied nehmen von allen Illusionen. Die Parteipolitik der westlichen Demokratien folgt nicht dem hehren Ziel der Aufklärung, sie wird getrieben von den Instinkten der Eroberung oder der Sicherung von Macht. Der Politiker ist daher immer Gegner des politischen Journalisten; und der muss lernen, mit dem schroffen Gegensatz von Nähe und Distanz zu leben. Politische Prozesse transparent machen, die Akteure in ihren Widersprüchen und Motiven auf Augenhöhe heranrücken, aber auch urteilen (und verurteilen), Einfluss nehmen mit den Instrumenten der Meinungsbildung, ja zuweilen sogar gezielt einwirken auf politische Entscheidungen – darum geht es.

Und hier sind wir mitten im Terrain der Gefährdungen. Denn Journalisten sind als Meinungsmacher – oder in der Perversion des Berufs: als Manipulateure – selbst Teil der so genannten politischen Klasse. Objektiv. Subjektiv sind sie der Versuchung ausgesetzt, sich selbst als Politiker zu begreifen – ja mehr noch: als die besseren natürlich – und damit die Distanz zur Politik zu verlieren. Sich ihr hinzugeben, ihren Rankünen anzuschließen, im negativen Wortsinn Partei zu ergreifen, mitzukämpfen für die eine oder

die andere Sache. Ist diese Grenze überschritten, gehört der Journalist nicht mehr dem Leser, Hörer oder Zuschauer; er gehört einer Partei, einer Sache, einem politischen Führungsoffizier. Mit einem Wort: Der Journalist wechselt die Seite, wird zum Diener. Ja, er verrät den Leser, Hörer oder Zuschauer, er betrügt ihn, weil er ihm im zivilen Gewande gegenübertritt, in Wahrheit aber eine unsichtbare fremde Uniform trägt.

Ob er sich diese Uniform anlegt (oder anlegen lässt), entscheidet sich in der Regel schon nach wenigen Berufsjahren. Diese Jahre braucht der Berufsanfänger, um seine Naivität abzustreifen, die Mechanismen des politischen Betriebs zu durchschauen, wenn man so will: desillusioniert und ganz auf das eigene Urteil zurückgeworfen zu werden.

Dann stellt sich die Charakterfrage: Auf welcher Seite stehst du? Welchem Pfad folgst du – dem des Journalismus oder dem der Politik? Keiner kommt an dieser Weggabelung vorbei. Viele, vermutlich die meisten, versuchen, der Entscheidung auszuweichen, beide Wege gleichzeitig zu gehen, hin- und herzuspringen. Es wird der opportunistische Schlingerkurs, der die Medien in ihrer Mehrzahl prägt – und der das öffentliche Ansehen von Journalisten in jene Tiefen drückt, welche die Meinungsforscher seit vielen Jahren messen. Darunter rangieren nur noch Politiker. Die Menschen haben ein feines Gespür dafür, wenn etwas nicht stimmt; sie wissen häufig nicht exakt, warum – aber sie wittern Täuschung und Tarnung. Dieser demokratische Instinkt ist, nebenbei bemerkt, das zuverlässige Fundament unserer politischen Ordnung. Wer erwischt wird, hat es sich verscherzt – in der Politik nicht anders als in den Medien.

Hochexplosiv, ja fast kriminell wird der politische Journalismus, wenn charakterschwache Medienleute in die Hände von »Spin Doctors« fallen. Bei jener Spezies handelt es sich um professionelle Täuscher, Strippenzieher und Intriganten, die ihre Aufgabe darin sehen, Halbwahres oder möglichst gut Erfundenes durch einen raffinierten Dreh (»Spin«) so geschickt in die Medien zu pflanzen, dass Gegner ihres Herrn innerhalb oder außerhalb des eigenen Lagers in Schwierigkeiten geraten. Gottlob ist diese Art von Brunnenvergiftern in unseren Breiten noch ausgesprochen selten, denn man muss als Lustlügner geboren sein.

Ich möchte von einer besonders eindrücklichen Erfahrung berichten: Am Tag nach der Bundestagswahl 1998 war ich mit einem Kollegen in Bonn zum Interview mit dem Sieger Gerhard Schröder verabredet. Smalltalk mit einem »Spin Doctor« vertrieb uns die Zeit. Plötzlich begann der herumzudrucksen, warf zweifelnd die Frage auf, ob er uns das Folgende, das doch auf Anhieb so unwahrscheinlich klinge, überhaupt erzählen solle, aber er habe es selbst nachzuprüfen versucht, und sein Test sei positiv ausgegangen ... Dann platzte er heraus: »Oskar will Bundespräsident werden.« Nun war jedem halbwegs vernunftbegabten Journalisten in diesen Tagen klar, dass Oskar Lafontaine sicher eine große Nummer in der neuen rot-grünen Koalition zu werden gedachte – eine möglichst noch größere als sein Rivale, der neue Kanzler Gerhard Schröder –, ganz gewiss aber nicht im Präsidialamt endgelagert werden wollte. Der »Spin« war auf den ersten Blick erkennbar: Lafontaine sollte durch eine gerissen platzierte Medien-Spekulation gegen seinen engsten innerparteilichen Verbündeten, den damaligen Düsseldorfer Regierungschef Johannes Rau, ausgespielt werden. Denn der *wollte* Bundespräsident werden. Misstrauen zwischen Lafontaine und Rau säen und damit dem neuen Kanzler dienen, das war die Absicht. Wir haben anschließend über die dreiste Inszenierung gelacht. Wenig später nistete die Ente aber in einem hochseriösen Blatt, mit dessen Korrespondenten unser Lügen-Doktor übrigens gerade duzend telefoniert hatte, als wir den Raum betraten.

Der hochklassige angloamerikanische Journalismus von BBC, »New York Times« und »Washington Post« ist die geistige Schule für das, was politischen Journalismus auszeichnen sollte: die unbedingte Trennung von persönlicher politischer Überzeugung und journalistischem Auftrag. Will heißen: einen politischen Skandal genauso unerbittlich zu verfolgen, wenn er im Bereich der eigenen Sympathien wuchert, wie wenn er in der »gegnerischen« Welt entdeckt wird. Nach diesem Verständnis wird das strikt aufklärerische Ethos zur einzigen Richtschnur des Journalisten. Gleichgültig, wen es trifft. »Suche nach Wahrheit« ist wegen subjektiver Fehlbarkeit wohl ein zu anspruchsvoller Begriff für diese Haltung; »Streben nach Wahrhaftigkeit« halte ich für den treffenderen.

Und: Neben der reportierenden und meinungsbildenden Aufgabe hat in der angloamerikanischen Schule der investigative, aufdeckende Journalismus große Bedeutung. In Deutschland nicht. Hier überwölbt der abbildende, bestenfalls noch kritisch kommentierende Part des Berufs alles andere. Investigativer Journalismus wird gerne als »Scheckbuch-Journalismus« stigmatisiert: Ein Informant betritt das Büro eines zahlungskräftigen Magazins, so lautet die gängige These, öffnet den Aktenkoffer, kippt ganze Ordner mit Belastungsmaterial gegen seinen früheren Arbeitgeber auf den Tisch, lässt sich dafür eine Traumsumme vertraglich zusichern und tritt damit eine republik-erschütternde Affäre los. In Einzelfällen ist das gewiss so ähnlich gewesen – wobei der Kauf von Informations- und Beweismaterial erst der Beginn einer umfangreichen Recherche ist –, doch Zahlungen an Informanten bestimmen längst nicht den Alltag des investigativen Journalismus. Das »Netzwerk Recherche«, ein loser Zusammenschluss von Kollegen, die ihre Aufgabe vor allem im investigativen Journalismus sehen, versucht, dem entgegenzuwirken. Tapfer kämpft der Sisyphus. Denn gelehrt werden solches Berufsverständnis und sein Handwerkszeug nicht an den

deutschen Journalistenschulen. Schön schreiben, lautet das Motto, nicht: geschickt, sauber und juristisch unanfechtbar recherchieren.

Hinzu kommt eine deutsche Besonderheit, die es in anderen Ländern derart ausgeprägt nicht gibt: die Teilung des politischen Journalismus in konservative bzw. linke und liberale Medien. Zwei »Lager« stehen sich hier gegenüber. Sie werden durch ideologische Differenzen wirksamer separiert als durch berufsethische Gemeinsamkeiten angezogen.

Ein einziges Mal hatte ich die Hoffnung, dass sich dies auflösen und kreativ neu mischen würde: während der Recherchen zur Spendenaffäre Helmut Kohls, in dem Sumpf illegaler Spenden-Akquisitionen und Schwarzgeldkonten der CDU. Die

Blätter des Springer-Verlages nahmen an diesen Recherchen so intensiv teil, dass die alten politischen Gräben plötzlich von investigativen Brücken überspannt wurden. Von Dauer war das freilich nicht – heute herrschen die alten Zustände. Mit einer gravierenden Veränderung: Nicht mehr der »Spiegel« ist das politische Leitorgan der Republik, sondern die aggressiv und kampagnenartig zuspitzende »Bild«-Zeitung. Sie setzt unablässig neue Themen und zerstört alte. Die sehr diskussionswürdige Idee, die Riester-Rente obligatorisch einzuführen, war an dem Tag erledigt, als »Bild« dies als »Zwangsrente« niedermachte. Freilich gehören dazu auch Politiker, die sich so einfach niedermachen lassen.

Pressionsversuche gibt es tagtäglich im Geschäft mit Informationen.

Druck und Hingabe, Einschüchterung und Verlockung – zwischen diesen Polen hat sich der Journalist im politischen Minenfeld zu behaupten. Besichtigen wir zunächst das Instrumentarium der Repression – es ist vielfältig und wird täglich eingesetzt. Ein Modellfall ist der Bundesminister, der vor Auslandsreisen in seinem Vorzimmer die Pässe der Journalisten, die eine Mitreise beantragt haben, höchstpersönlich in genehme und nicht genehme Kandidaten sortiert. Derselbe Minister erzählt frei heraus, dass es ihm gelungen sei, den Korrespondenten eines sehr bedeutenden Blattes, der ihm nicht passte, von seiner Chefredaktion durch einen Geschmeidigen ersetzen zu lassen.

Hier sind wir übrigens an einem ganz sensiblen Punkt: Von politischen Journalisten Charakter und Standfestigkeit zu verlangen ist nur dann fair, wenn auch die Vorgesetzten und Chefredakteure solche Charakterstärke an den Tag legen und ihm den Rücken stärken. Der eben erwähnte Minister hat übrigens noch mindestens ein weiteres Mal versucht, einen unliebsamen Pressemann zu entfernen. Er verweigerte ihm über Monate – grob unhöflich – jedes Gespräch; erst als er begriff, dass das nichts fruchtete, lenkte er ein. Weil das Blatt für ihn wichtiger war als der Mann. Man muss bedenken, was hier hätte geschehen können: im Extremfall die Beschädigung oder gar Vernichtung einer beruflichen Existenz, mindestens aber die dauerhafte Verbiegung eines Rückgrats.

Solche Pressionen und Pressionsversuche gibt es natürlich auf harmloserer Ebene tagtäglich im Geschäft mit Informationen. Ein Journalist, der nichts anschleppt – möglichst exklusiv –, der taugt auf Dauer nichts. Die Lancierung oder Verweigerung von Informationen wird damit zum Instrument, um Journalisten gefügig zu machen. Der wichtigste Ansatzpunkt für dieses Brecheisen ist die Eitelkeit, besser gesagt: die nicht selten grenzenlose Eitelkeit von Medienleuten. Mit dem Kanzler, einem Minister, Fraktionschef oder Parteivorsitzenden engen und vertrauten Umgang zu haben, das verspricht Exklusives – und kitzelt das Ego.

Daraus erwachsen Gefolgschaften – und die schlimmsten Entartungen des Berufs. Ganze Blätter geraten auf solchem Wege in Abhängigkeit – sie werden zu Regierungsanzeigern oder Oppositionspostillen. Wer seine Pappenheimer kennt, von den persönlichen Verbindungen der maßgeblichen Journalisten weiß, der wird in einer Zeitung deren Spuren lesen.

Das geht bis in die Sprachregelungen: Von »militärisch gestützter Politik« las ich einmal in einem Dreispalter ungefähr ein Dutzend Mal – erst ganz am Ende wurde der Dreh enthüllt: Krieg war gemeint. Man sah förmlich den Informanten jenes Schreibers am Morgen der Veröffentlichung im Auswärtigen Amt zum Telefon greifen und sein Helferlein anrufen: Endlich einmal eine differenzierte Darstellung, die hat uns allen hier sehr gut gefallen. Vermutlich ist der Gelobte vor Eifer rosarot angelaufen und hat am Abend seiner Freundin stolz davon berichtet, welche Bedeutung er im Auswärtigen Amt hat.

Dies alles ist aber erst der Aufgalopp zu den wirklich haarsträubenden Verirrungen. Politiker zu duzen, sie zu Geburtstagen einzuladen, sich umgekehrt von ihnen zu privaten Feierlichkeiten einladen zu lassen markiert den Beginn der Grenzüberschreitung. Gerhard Schröder hatte gleich einige Chefredakteure – mit allen war er per Du – zu seiner Hochzeit mit Doris Köpf eingeladen. Ist einer von denen anschließend noch in der Lage, in einem Leitartikel den Rücktritt des Freundes zu fordern? Theoretisch: gewiss. Praktisch? Das brauchte schon einen bärenstarken Charakter.

Einer, der den Außenminister zu einem runden Geburtstag eingeladen hatte und des öfteren auch zum Wein beim Kanzler gebeten wird, interviewte nach den Auseinandersetzungen zwischen Gerhard Schröder und Joschka Fischer über die Irak-Politik den Minister des Äußeren. Viel geopolitisches Theoretisieren – aber nicht eine einzige Frage zu diesem Thema. Man rieb sich die Augen.

Den Rubikon überschreiten in der Regel auch Kollegen, die Biografien jener Politiker verfassen, für die sie journalistisch zuständig sind. Da der Biograf auf die Kooperation des Porträtierten angewiesen ist und der Verkauf des Buches dann besonders gut läuft, wenn der Held einen Teil der Bücher abnimmt und im Wahlkampf oder bei anderer Gelegenheit verteilt, wandelt sich der natürliche Interessengegensatz von Journalist und Politiker zu Interessenidentität. Unbefangen kritisch, womöglich gar scharf kritisch über den Helden des Buches zu schreiben ist später kaum mehr möglich. Der schriftstellernde Journalist gleicht einer Katze, der die Krallen gezogen wurden, um das schöne Ledersofa im Wohnzimmer nicht zu zerkratzen. Sie rutscht überall ab, findet nirgends mehr Halt.

Noch eine Stufe höher auf der Eskalationsstufe des Schreckens kampieren jene Medienleute, die ihren Beruf in Wahrheit längst aufgegeben haben und zu Beratern von Politikern mutiert sind. Es gibt mehrere bedeutende Blätter, die solche Mutanden lange in ihrer Redaktion geduldet haben. In der Erwartung, man sei »ganz nah dran«. Ganz weit drin in der Redaktion hatte dagegen umgekehrt der Politiker sein hilfreiches Ohr. Will heißen: Für das Blatt fiel so gut wie nichts an Information ab – wie denn auch: alles Sensible muss doch gerade vom Freund gehütet werden! –, dafür finanzierte der Verlag dem Politiker einen Medienberater.

Der organisiert Hintergrundkreise von Souffleuren und Unterstützern, rapportiert, was er im Kollegenkreis hört, und gibt viele mehr oder weniger gute Ratschläge, wie man eine Wahl gewinnt oder dem Publikum Sand in die Augen streut. Ach ja: Gelegentlich gibt er auch seiner Redaktion einen ganz heißen Tipp, welche anrührend menschliche Geschichte gerade jetzt über das Objekt der Beobachtung geschrieben werden sollte. Einer dieser Berater brachte es sogar fertig, dem Kanzler im Wahlkampf in seine Irak-Politik hineinzureden und ihn anschließend in einer Kolumne für den Friedensnobelpreis vorzuschlagen.

Wie ist solchen Zuständen zu begegnen? Die »New York Times« hat unlängst für ihre Leute einen neuen Ehrenkodex verfasst. 53 Seiten ist er stark und enthält unter anderem den Satz: »Journalisten haben nichts auf dem Spielfeld der Politik zu suchen.« Sogar Aufkleber auf dem Auto sind untersagt oder die Begleitung des Ehepartners auf einer Demonstration.

So weit brauchen wir vielleicht nicht zu gehen. Aber ein Ehrenkodex für den politischen Journalismus ist auch in Deutschland überfällig. Kein Duzen, keine Biografien, keine Beratung für Politiker müsste mindestens darin stehen. Und: Wenn private Beziehungen unterhalten werden, dann darf der Journalist über den Betreffenden nicht mehr berichten. In keinem Zusammenhang und mit keiner Zeile. Das könnte die Antwort auf die Charakterfrage wesentlich erleichtern.

Patricia Riekel

Die Sympathiefalle

Nähe und Distanz im
Boulevardjournalismus

Das Interview war ausführlich gewesen, und die berühmte Schauspielerin hatte mir ihr Herz geöffnet, als wäre ich ihre beste Freundin. Am Ende strahlte sie mich an und sagte: »Das war ein wunderbares Gespräch, aber Sie verstehen sicherlich, dass dies alles unter uns bleiben muss…«

Nein, das verstand ich überhaupt nicht. Nicht schreiben zu dürfen, was man weiß…? Das ist so ziemlich das Schlimmste, was einem Journalisten passieren kann. Im Besitz einer tollen Geschichte zu sein, über exklusive Informationen zu verfügen – und nichts davon veröffentlichen zu dürfen. Das ist, als würde man hungrig und mit gefesselten Händen vor einem vollen Teller sitzen.

Es gibt viele Gründe, warum eine gute Geschichte oft in der Schublade bleiben muss, und einer davon ist die Sympathiefalle, vor der man sich gerade im Boulevard-Journalismus hüten sollte. Im sensiblen Soziotop von Stars und Medien kann es gefährlich sein, die Grenzen zwischen professioneller Neugier und privater Vertrautheit zu überschreiten. Es geht ja fast immer um sehr persönliche Themen, die man bei einem Prominenten recherchieren und abfragen will. Und das funktioniert in der Regel nur über ein besonderes Vertrauensverhältnis, das man zu dem Star aufbaut. Genau das strebt man als Journalist auch an, man wünscht sich Offenheit vom

Gesprächspartner, hofft, dass er private Details preisgibt, über die er noch nie gesprochen hat. Aber das Vertrauen, das man vielleicht gewinnt, kann auch Ballast werden. Oft ist es anschließend sehr schwer, wieder die nötige Distanz herzustellen, die man zum Schreiben braucht. Bei Antoine de Saint-

Exupéry sagt der Fuchs zum kleinen Prinzen: »Du bist zeitlebens für das verantwortlich, was du dir vertraut gemacht hast«.

Die menschliche Nähe ist das schwierigste Kapitel im Beruf des Journalisten, speziell, wenn er über Boulevardthemen, über Herz- und Schmerzgeschichten schreiben möchte. Wie aber menschliche Nähe zum Star aufbauen und dabei trotzdem professionell bleiben? Wie zum Beispiel damit umgehen, wenn der Star, mit dem man fast befreundet ist und dem man viele exklusive Geschichten verdankt, plötzlich in eine Affäre verwickelt ist und dich bittet, nichts darüber zu berichten? Die Story trotzdem schreiben? Kurzfristig betrachtet, hat man vielleicht einen Auflagenerfolg, aber langfristig gesehen ist der Kontakt zum Star zerstört.

Von Informanten hatte ich erfahren, dass die Frau eines bekannten TV-Moderators in einen Drogenskandal verwickelt war. Ich kannte ihn gut, wir duzten uns. Ich rief ihn also an, bat ihn um Einzelheiten. »Bitte, schreib nichts«, stöhnte er, »meine Frau leidet furchtbar unter dieser Sache, und was sollen meine Kinder in der Schule sagen, wenn diese Sache publik wird? Gerade du musst das doch verstehen.« Er appellierte an meine Fairness, und ich veröffentlichte die Geschichte nicht. Tage später stand sie mit allen delikaten Einzelheiten in einer großen Tageszeitung, wo die Kollegen weniger Hemmungen hatten als ich. Und natürlich hatte der Moderator sich dann doch zu einem Interview erweichen lassen. Bei Gerichtsvollziehern gibt es eine ganz gute Regelung: Sie werden nach einigen Jahren immer wieder in ein anderes Revier versetzt, damit sie zu ihren »Kunden« keine Beziehungen aufbauen, die zu Sentimentalitäten führen und sie daran hindern könnten, ihrer Aufgabe nachzukommen, statt sich durch Vertrautheiten daran hindern zu lassen.

Nicht nur im Klatschjournalismus ist man gezwungen, immer wieder Nähe und Distanz zu den Stars zu überprüfen. Das geht dem Kollegen im Politikressort genauso, der stolz darauf ist, dass er einen wichtigen Politiker duzt und zu dessen Hochzeit eingeladen ist. In guten Zeiten verfügt er über beste Informationen, aber wie geht er in schlechten Zeiten mit dieser Freundschaft um, wenn seine wichtige Quelle zum Beispiel in einen privaten Skandal verwickelt ist? Auf seine journalistische Unabhängigkeit pochen, dem Leser die Story liefern und die Quelle für immer zuschütten? Gute Journalisten werden immer mit diesem Zwiespalt zwischen menschlicher Nähe und kritischer Distanz zu kämpfen haben.

Das Geschäft mit den Stars

Gerade wenn man über Prominente schreibt, sollte man sich darüber im Klaren sein, dass das Star-System auf einem ausgeklügelten Geben und Nehmen beruht. Aufmerksamkeit ist die neue Währung unserer Gesellschaft, wie Georg Franck in seinem Buch »Ökonomie der Aufmerksamkeit« sie beschreibt: »Kein Geldregen kommt dem Zauber gleich, der von der

Bewunderung anderer Menschen ausgeht. Darum steht der Ruhm über der Macht, verblasst der Reichtum neben der Prominenz.« Prominente sind Einkommensmillionäre in Sachen Aufmerksamkeit. Aber erst Zeitschriften wie BUNTE ermöglichen ihnen diese. Ohne Medien gäbe es keinen Star-Kult. Aber ohne Stars auch keine Auflagenhöhen.

Star und Journalist gehören zusammen wie Hefe und Malz. Nur durch den Mix beider entsteht ein berauschender Cocktail. 1. Akt: Ein Nobody möchte berühmt werden und biedert sich Journalisten regelrecht an, um

aufzufallen. Der Journalist ist ungeheuer wichtig, er hält den Schlüssel für eine Karriere in der Hand. 2. Akt: Aus dem Niemand wird ein Sternchen, das noch immer alles mitmacht, jede Fotoproduktion, jede Umfrage, nur um mit Bild und Namen in der Zeitschrift zu erscheinen. Der Journalist als Helfer ist immer noch wichtig. 3. Akt: Aus dem Sternchen wird ein Star, der plötzlich wählerisch wird und nicht mehr zurückruft, wenn man auf seine Mailbox gesprochen hat. Der Journalist fühlt, dass er

nicht mehr so wichtig ist. 4. Akt: Aus dem Star wird ein Superstar, der so wichtig geworden ist, dass er den Journalisten nicht mehr braucht und ihn das auch spüren lässt.

Natürlich träumen die meisten jungen Journalisten vom großen, finalen Interview, das sie mit einem Star führen wollen. Aber wenn ein Star es so weit gebracht hat, dann ist das ehrliche Porträt so ziemlich das Allerletzte, was sich PR-Berater und Manager für ihre Schützlinge wünschen. In Amerika haben Star-Agenten inzwischen eine ungeheure Macht und verbinden jeden Kontakt zu ihren Stars mit einem knallharten Forderungskatalog. Da werden nicht nur Texte und Bilder kontrolliert, auch Schlagzeilen und Bildunterschriften müssen Gnade vor ihren Augen finden. So werden Interviews Teil einer Image-Kampagne, ein Trend, der sich leider auch immer mehr in Europa durchsetzt. Wer sich als Journalist gegen den wachsenden Einfluss der PR-Agenten wehrt, und das mit Recht, landet unter Umständen auf schwarzen Listen und wird zu keinem Interview mehr zugelassen. Das kann fast einem Berufsverbot gleichkommen, denn viele der einflussreichen Agenten haben natürlich mehrere Stars unter ihren Fittichen.

In einem Punkt allerdings kann man die Vorbehalte der Stars und ihrer Betreuer verstehen: Gerade der Klatschjournalismus hat bei Sendern und Blättern oft die schlechtesten Journalisten und Schreiber angezogen, nicht die besten. Dabei steckt das Showbusiness voller spannender Themen, die auf gute Autoren warten. Geschichten über Stars, die aus dem Nichts kommen, sich fast umgebracht haben für den Erfolg und ihn um alles in der Welt erhalten wollen.

Eine Lanze für die Diskretion

Zeitschriften dürfen kein Streichelzoo für Prominente sein, andererseits haben die Menschen, über die Journalisten berichten, das Recht auf Diskretion. Diskretion ist mein Lieblingswort im People-Journalismus, obwohl das viele für einen Widerspruch zu unserer Arbeit halten.

Wie kann man diskret sein, wenn man über das Privatleben anderer berichtet? Indem man abwägt, was für die Öffentlichkeit geeignet ist und was nicht. Ein Beispiel ist der Seitensprung eines bekannten Fußballers: der Fall des Torwarts Oliver Kahn. Ganz München tuschelte, aber keine Zeitschrift, keine Zeitung berichtete darüber – weil die Ehefrau von Oliver Kahn schwanger war. Auch weil weder Torwart noch Geliebte dazu Stellung nehmen wollten. Eine Illustrierte wagte dann trotzdem die Veröffentlichung – zwei Wochen vor dem erwarteten Geburtstermin. Das löste ein ungeheures Presseecho aus. Ich bin immer noch der Meinung, man hätte die Geburt abwarten müssen. Was, wenn Simone Kahn vor lauter Aufregung Probleme während der Geburt bekommen hätte? Enthüllungsgeschichten behandeln wir bei BUNTE nach dem Motto: Wir wollen keine Katastrophen auslösen, wir berichten aber über Katastrophen.

Journalisten fungieren nicht als Schutzheilige für Prominente. Wenn ein bekannter Politiker damit einverstanden ist, dass von ihm und seiner neuen Lebenspartnerin Fotos im Pool erscheinen, ist er für die Folgen selbst verantwortlich. Andererseits müssen Journalisten mit ihrem Wissen sehr verantwortungsvoll umgehen. Viele Geschichten lagern bei BUNTE im so genannten »Giftschrank« (alle guten Zeitungen und Zeitschriften haben so etwas). Wir haben diese Geschichten recherchiert und sind zu dem Schluss gekommen, dass der Schaden, den sie anrichten könnten, größer ist als ihr Informations- oder Unterhaltungswert. Manchmal hilft bei der Beurteilung schon die Frage an sich selbst: Würde ich das über mich lesen wollen? Auch ein Folgenszenario kann helfen, wenn es darum geht, ob man eine Story veröffentlicht oder nicht. Es kann nicht schaden, als Journalist an die Folgen für Kinder, Familie oder den Arbeitsplatz zu denken.

Gerade der People-Journalismus verlangt von dem Redakteur einen hohen Grad sozialer Kompetenz und Verantwortung. Ein ständiges Kontrollieren seiner Macht, die ihm sein Wissen verleiht. Ein andauerndes Überprüfen seiner Nähe zu den Protagonisten. Am besten sucht er sich seine Freunde nicht in den Kreisen, in denen er recherchiert und über die er schreibt. Dann hat der Journalist auch das Problem gelöst, dass er sich eines Tages selbst für einen Star hält.

Christine Westermann

Ein schmaler Grat

Talkshow mit
unberechenbaren Gästen

Der Mann sitzt da und sagt nichts. Er guckt nur böse. Das wäre an sich nicht weiter schlimm. Das Problem ist nur, dass der Mann im Fernsehstudio einer *Talk*show sitzt und es eigentlich im Rahmen des Üblichen und keine unbillige Erwartung ist, dass er spricht. Egal was, Hauptsache, er spricht. Statt seiner aber redet nur die Moderatorin. Aus lauter Nervosität, weil der Typ den Mund nicht aufkriegt. Sie guckt ihn, innerlich bereits die Zähne zusammenbeißend, weiterhin freundlich an und beschließt, den nächsten Frageversuch mit einem leichten Körperkontakt zu verbinden. Sie berührt ihn am Arm. Der Mann zeigt Wirkung. Er brüllt. »Fass mich nicht an«, schreit er, »fass mich ja nicht an!«. Polternd steht er auf, schnappt seinen Stuhl und verzieht sich in die hinterste Ecke des Studios. Dort, wo es dunkel ist und ihn keiner sieht.

Spannend, wenn so etwas in einer Talkshow passiert und man Zuschauer ist und sich amüsiert zurücklehnen kann. Ziemlich unangenehm allerdings, wenn man die Moderatorin ist. Der Mann war Rolf Zacher, Schauspieler und bekanntes Talkshow-Ekelpaket. Ich dagegen war Talkshow-Neuling, es war meine dritte »Zimmer frei«-Sendung. Ich hatte null Erfahrung mit renitenten Gästen, kein Gefühl für schwierige Situationen, keine Gelassenheit und innere Ruhe, nur blanke Hilflosigkeit, die sich bis zur Panik steigern konnte.

Götz Alsmann, mein Mit-Moderator, hat diesen Mann dann irgendwie wieder an den Tisch zurückgebracht. Damit sich die Gemüter wieder beruhigen konnten, wurde der Einspielfilm über Zachers Zuhause in Berlin vorgezogen. Und während dieses Drei-Minuten-Stück lief, beugte sich der Mann jovial zu mir rüber, tätschelte meinen Arm, grinste mich an und sagte ganz freundlich: »Reg dich nicht auf, du bist in Ordnung, aber bei mir muss immer was passieren, ein bisschen Show muss sein.« Das Wesen der Talk-show ist, dass etwas passiert. Die Frage ist nur, was?

Was passiert, kann man nach meiner Erfahrung bei einer Talkshow wie »Zimmer frei« nur schwer vorhersagen. Das hat mindestens zwei Gründe. Erstens ist eine Stunde eine sehr lange Zeitspanne. Auch für die Moderatoren, aber vor allem für den Gast. In anderen Talkshows ist für den einzelnen Promi eine maximale Redezeit von zwanzig Minuten eingeplant.

Bei uns fängt es dann erst an, spannend zu werden. In sechzig Minuten bei gutem Essen und Trinken kann man sich Zeit lassen, einander näher zu kommen, andere als die immer wieder verbreiteten Geschichten zu erzählen. Denn – das ist der zweite Grund – es ist von Anfang an klar, dass die üblichen Gepflogenheiten bei uns nicht zulässig sind. Kein Hinweis auf das neueste Buch, die letzte CD, die Filmpremiere am Wochenende. Wir reden über das Leben. Und wie gut das gelingt, hat tatsächlich etwas mit dem wirklichen Leben zu tun. Mit der Chemie, die entsteht, wenn Menschen, die sich nicht kennen, zum ersten Mal zusammensitzen. Manchmal kann man sich auf Anhieb gut leiden, manchmal ist man eher neutral, und in seltenen Fällen entwickelt man Aggressionen, weil man sein Gegenüber gar zu blöd findet. Das gilt natürlich auch für andere Talkshows, aber bei uns werden Nähe oder Distanz durch zwei Dinge beschleunigt: durch kontrolliertes Chaos und behütetes Blamieren.

Kontrolliertes Chaos: die Redaktion plant mit dem Autorenteam, den Rechercheuren und den Moderatoren die Sendung. Die Spiele, das Bilderrätsel, die Hausmusik, das Thema des Kabarettisten, alles wird auf den Gast zugeschnitten. Wie der darauf reagieren wird, kann keiner vorhersagen. Denn nichts wird mit dem Gast geprobt. Er hat keinen blassen Schimmer davon, was man sich für ihn ausgedacht hat.

Und da greift der zweite Grundsatz: behütetes Blamieren. Die Moderatoren machen alles mit, was sie ihrem Gast zumuten: So setze ich in einer Sendung mit Ulrich Wickert genau wie er eine Bademütze auf, um mit ihm zusammen ein imaginäres Wasserballett zu tanzen, wohl wissend, dass weder die Nase von Wickert noch die von Westermann durch eine rosa Badekappe gewinnt. Oder: Wir versauen uns gemeinsam Klamotten und Make-up, wenn es – wie in der Sendung mit Oliver Kalkofe – einen Sprühsahnewettbewerb gibt. Wer sich am schnellsten die größte Menge Sprühsahne in den Mund spritzt, der sieht zwar ekelhaft und bescheuert aus, aber er hat gewonnen. »Zimmer frei« ist wie Kindergeburtstag, und da machen ja auch alle mit.

Und was hat eine seriöse Journalistin in einer Sendung verloren, in der sie mit Otto Sander unterm Küchentisch sitzt und mit Salatgurken, die Torpedos darstellen, eine Szene aus dem berühmten Film »Das Boot« nachspielt? Jede Menge, denn die Sendung steht für die Mischung zwischen Spaß und Ernst. Zwischen Quatsch mit Sprühsahne und Gesprächen über Leben und Tod.

Als »Zimmer frei« 1996 überraschend ins Sommerprogramm kam, war die Sendung als so genannter Bildschirmschoner gedacht. Sechs Wochen, also Augen zu und durch. Dass sich die verwegene Idee, einen WG-Mitbewohner zu suchen, mittlerweile zu einer Kultsendung mit hoher Einschaltquote entwickelt hat, konnte damals keiner ahnen.

Mit dem Beginn der Talkshow »Zimmer frei« hatte ich schon fast fünfundzwanzig Jahre Radio- und Fernsehsendungen hinter mir. Aber dass es ein großer Unterschied ist, ob man eine aktuelle Magazinsendung mit kurzen Zwei-Minuten-Interviews macht, oder eine Talkshow mit nicht berechenbaren Gästen, das habe ich erst mühsam – siehe Zacher – gelernt.

Wie man Moderatorin wird? Eine Frage, die mich auf die Palme bringt. Eine gute Moderatorin ist zuallererst eine gute Journalistin. Und das heißt nichts anderes, als Dinge beim Beschreiben auf den Punkt zu bringen, einen eigenen Stil zu haben, aber sich trotzdem durch eine klare Sprache auszu-

zeichnen. »Sie reden ja wie wir«, ist ein schönes Kompliment, das mir Zuschauer häufig machen. Man muss vor allem Interesse für die Menschen und die Dinge des Lebens haben und nicht heucheln. »Sie stellen Fragen, die ich auch stellen würde«, wird mir gesagt – und das ist auch schon der ganze Trick. Bei sich selbst bleiben, wahrhaftig sein, so dass der Mensch, der

vor einem sitzt, merkt, dass er einem trauen kann. Nur dann vertraut er einem auch die kleinen Geheimnisse seines Alltags an. Das ist jedenfalls meine Erfahrung.

Ich habe gelernt, dass es ein schmaler Grat ist, auf dem man sich bewegt. Die Grenze, an der man jemandem zu nahe kommt, ist unsichtbar, aber schnell überschritten. Ich habe nie jene Talkshow vergessen, in der der damalige niedersächsische Ministerpräsident Gerhard Schröder zu seiner Ehekrise und seinem späteren Scheidungsgrund Doris Köpf befragt wurde. Schröder gab geduldig Auskunft, doch der Moderator hatte sich festgebissen, wollte mehr, ehe ihn Schröder mit den klaren Worten zurechtwies: »Ich habe mehr gesagt, als Sie Anspruch hatten zu erfahren«. Das saß.

Eine wichtige Sache, die man als Journalist lernen muss, heißt: warten können. Aushalten, wenn der Gesprächspartner zögert, sich sortieren muss, Zeit braucht, um zu entscheiden, ob und wie er eine Frage beantworten will. Und sich auf seine Spontaneität verlassen. Wie bei unserem Gast Mathieu Carriere. Von dem wusste ich aus der Vorbereitung zur Sendung, dass er sein Selbstbewusstsein als sehr klein einschätzt. Also fragte ich ihn, als die Gelegenheit günstig schien: »Wie groß ist eigentlich Ihr Selbstbewusstsein?«

Er hatte schon die ganze Zeit versucht, vor den Augen der Kamera mit mir zu flirten und dabei auch die eine oder andere Zweideutigkeit fallen lassen. Die Antwort kam jetzt wie aus der Pistole geschossen: »So groß wie mein Schwanz«, sagte er und zeigte eine kleine Spanne zwischen Daumen und Zeigefinger. Und jetzt? Was sage ich jetzt? Lache ich mit dem Publikum und sage nichts weiter? Darf ein »Schwanz« im öffentlich-rechtlichen Fernsehen einfach so stehen bleiben? Muss ich oder soll ich reagieren? Und wenn ja, wie um Himmels willen? Diese Fragen schossen mir durch den Kopf.

Meine Reaktion war nicht überlegt, sondern einfach spontan: »Kann ich das noch mal sehen?«, habe ich ihn gefragt und dabei (s)eine kleine Spanne zwischen Daumen und Zeigefinger gezeigt. Es kam ein verlegenes Lachen von seiner Seite, und im weiteren Gespräch über die Größe seines Selbstvertrauens spielte der Vergleich dann keine Rolle mehr.

Ich weiß heute, dass schnelles Reagieren auch eine Frage der Erfahrung ist. Man lernt mit der Zeit, abzuwägen, schnell zu entscheiden, was man sich zutrauen kann und was nicht. Das setzt allerdings immer voraus, dass man gut vorbereitet ist, sofort die wichtigen Fakten abrufen und in einen entsprechenden Zusammenhang bringen kann.

Die Vorbereitung bei »Zimmer frei« besteht aus dem Lesen von umfangreichem Presse- und Archivmaterial. Ich schaue mir auch immer Videos der Talkshows an, in denen der jeweilige Gast früher schon mal aufgetreten ist. Einfach um zu sehen, wie er reagiert, wo er aufmacht oder bei welchen Gelegenheiten er dichtmacht.

Unverzichtbar für die Vorbereitung ist ein Rechercheur, der den Gast vor der Sendung besucht und ein ausführliches Vorgespräch führt. Danach erstellt er ein Dossier mit seiner persönlichen Einschätzung. Das ist wichtig, denn da erfährt der Moderator, was ihm der Gast vorher nicht freiwillig erzählen würde. Zum Beispiel über die große Nervosität, die viele Talkshowgäste vor einer Sendung haben. Es hilft ungemein zu wissen, dass die Tatort-Kommissarin Ulrike Folkerts nicht maulfaul ist, nur weil sie die ersten zehn Minuten kaum antwortet. Die Nervo-

sität schnürt ihr die Kehle zu, und man muss ihr nur freundlich über die ersten Hürden hinweghelfen, damit sie in die Gänge kommt.

Ich bin auch nicht immer so professionell, wie der Job es gebietet. Wenn zum Beispiel eine Schauspielerin vom Kaliber einer Katharina Thalbach in die Sendung kommt, dann besteht die Gefahr, dass ich in Bewunderung versinke. Oder auch bei Fernsehlegenden wie Freddy Quinn oder den Kessler-Zwillingen, die ich schon als Achtjährige daheim vor der Kiste erlebt habe. Dann muss ich mich regelrecht ermahnen, auf Augenhöhe zu bleiben. In solchen Momenten denke ich an den guten Journalisten Hanns Joachim Friedrichs, von dem ich in meiner Zeit als ZDF-Volontärin viel gelernt habe: Man darf sich niemals mit einer Sache gemein machen – auch nicht mit einer guten.

> **Man darf sich niemals mit einer Sache gemein machen – auch nicht mit einer guten.**

Das heißt für mich, dass ich bei aller Nähe und Sympathie, die ich einem Gast gegenüber verspüre, eine respektvolle Distanz wahren muss. »Zimmer frei« lebt von der Nähe zu den Gästen. Aber man darf nicht leichtfertig damit umgehen, indem man zum Beispiel zu schnell ein angebotenes »Du« akzeptiert. Es passiert mir öfter, dass ich während der Sendung dann unbemerkt wieder zum »Sie« wechsle, weil mir mein Gegenüber eben doch noch zu fremd ist. Das sind die Fälle, in denen der Regieassistent eine Pappe hochhält, auf der nur steht: Ihr duzt euch bereits.

Aller Anfang ist schwer, für mich auch bei »Zimmer frei«. Neben einem Bühnenprofi wie Götz Alsmann vor einem Publikum zu stehen war für mich zunächst die Hölle. Ich, die aktuelle Journalistin, die 25 Jahre lang mit einem Pult vor dem Bauch in einem keimfreien Studio moderiert hatte, sollte plötzlich eleganten und leichten Schrittes wie mein Co-Moderator aus der Kulisse kommen. Das hat zunächst gar nicht funktioniert. Meine Bewegungen waren steif und eckig, die Stimme schrill, weil sie versuchte, gegen den donnernden Applaus des Publikums anzukommen. Es hat eine Weile gedauert, bis ich begriffen habe, dass es nur funktionieren kann, wenn ich so bin, wie ich bin. Wer nicht zu sich steht, wer sich verstellt, wird vom Zuschauer entlarvt. Natürlich bin ich mittlerweile viel gelassener geworden, aber ich gebe ehrlich zu, die ersten Minuten, in denen man dem Saalpublikum zur Ansicht freigegeben ist, sind mir eher unangenehm.

Ich werde oft gefragt, ob ich nach über dreißig Jahren Fernseherfahrung noch nervös bin. Ehrliche Antwort: nein, kein bisschen. Ich habe vergessen, dass es Fernsehen ist. Ob eine Kamera dabei ist, nehme ich gar nicht mehr wahr, sie gehört einfach schon lange zum Leben.

Im deutschen Fernsehen – so der Journalist Roger Willemsen – kommen die Talkshows immer seriös daher, im amerikanischen Fernsehen sei viel mehr Spaß dabei. Wir, die Macher, und die Zuschauer, haben oft Spaß bei »Zimmer frei«. Und meistens gilt dann, was uns die Laudatoren bei der Verleihung des Grimme-Preises in die Urkunden geschrieben haben: »Niemand ist perfekt. Christine Westermann und Götz Alsmann setzen alles dran, das zu beweisen. Dieses so scheinbar zurückhaltende Unterhalter-Duo findet bei den potentiellen WG-Kandidaten trefflich schnell die Schwachstellen. Und schaut dann ganz neugierig, wie sie Schadensbegrenzung versuchen.«

»Zimmer frei« hat mittlerweile mehr als 250 Sendungen produziert, nur vier davon haben wir nie gesendet: Da hat es mit der Chemie bei den Leuten am Küchentisch beim

besten Willen nicht geklappt. Die Sendung mit Rolf Zacher gehörte übrigens nicht dazu. Die haben wir gesendet. Mit hoher Einschaltquote und anhaltendem Erfolg. Denn noch heute, acht Jahre später, sprechen mich Zuschauer auf genau diese Sendung an: »Wissen Sie noch, damals, mit Rolf Zacher…?« Ja, ich weiß das noch gut. So gut, dass ich mir diese Sendung noch nicht mal später auf Kassette angeschaut habe. Ich brauche nämlich nur daran zu denken, dann weiß ich sofort wieder, wie ich mich damals gefühlt habe. Um es vorsichtig zu sagen: schrecklich.

Herlinde Koelbl
Sehen, was andere nicht sehen
Über die Arbeit des Bildjournalisten

Als Zuschauer sieht man sie häufig rennen und im Pulk der Journalisten Stars, Politiker oder andere Prominente bedrängen: die Pressefotografen mit ihren Kameras und Blitzlichtgewittern. Was macht diesen Beruf so faszinierend, dass sich ganze Heerscharen diesem Stress, Wettbewerb oder Wettkampf aussetzen?

Ein Motiv ist vermutlich der Wunsch, ganz nah dran, am Geschehen beteiligt zu sein. Das Treffen der Mächtigen und Wichtigen physisch mitzuerleben. Für Sekunden Macht über die Mächtigen zu haben. Der Kick, vielleicht mit einem Klick das Foto zu schießen, das nachher um die Welt geht, vielleicht World-Press-Foto-Gewinner wird. Und manchmal ist das Motiv auch nichts anderes als Broterwerb.

Ein legendäres Bild

Zwanzig Fotografen nehmen dieselbe Szene auf, aber immer wieder gelingt es einem von ihnen – trotz gleicher äußerer Voraussetzungen aller –, etwas zu sehen, was andere nicht sehen, ein Bild zu erstellen, das mehr als eine Nachricht ist, das über den besonderen Augenblick hinaus Bestand hat, das Komposition und Inhalt auf eine Weise miteinander verbindet, die einzigartig ist. Einem gelingt es, mit einem Bild Geschichte zu schreiben.

Jeder kennt das berühmte Bild von Che Guevara, auf dem er mit Barett auf dem Kopf in die Ferne blickt. Dieser außergewöhnliche Schnappschuss gelang dem kubanischen Fotograf Alberto Korda am 5. März 1960 auf einer Trauerfeier für die Opfer eines Anschlags im Hafen von Havanna. Er war sehr sparsam mit seinem Filmmaterial und verschoss nur einen Film. 14-mal ist Fidel Castro darauf zu sehen und nur zweimal Che Guevara. Einmal im Hoch- und einmal im Querformat. Korda vermied jeden gegenständlichen Bezug in diesem legendären Motiv, entfernte die Person an dem seitlichen Rand des Bildes und die Palme, die auf dem Kontaktbogen noch zu sehen sind, isolierte und abstrahierte den Menschen Che Guevara, verdichtete und vereinfachte zugleich. Nur so konnte das Foto zur Chiffre für eine ganze Bewegung und Che zur Ikone werden.

Lügen Bilder?

Gibt es die »reine« Wahrheit im Bildjournalismus? Meine Antwort lautet: Nein. Zu viele Personen sind involviert, bis ein Bild das Licht der Öffentlichkeit erblickt – der Fotograf, der Bildredakteur, der Redakteur, der Chefredakteur.

Die Wahrheitsfrage beginnt für den Fotografen schon mit der Entscheidung, wie er ein Geschehen darstellt. Zeigt er den Ort des Geschehens, fotografiert er alle Personen des Ereignisses oder konzentriert er sich auf die eigentlichen Hauptpersonen? Zeigt er nur die Gesichter und nicht die Körper? Nur den Anfang einer Situation, den Höhepunkt oder das Ende? Wählt er für sein Bild die Anspannung vor dem Wahlergebnis oder das fassungslose Gesicht bei dem katastrophalen Abschneiden? Fotografiert er den Kampf vor dem Fußballtor oder den Jubelschrei nach dem gewonnenen Spiel?

Alle Bilder, die der Fotograf dem Bildredakteur schickt, sind wahr, und doch ist es *seine* Wahrheit. Der Bildredakteur selektiert dann nach *seinen* jeweiligen Gesichtspunkten, meist in Hektik, und gibt seine Auswahlwahrheit an den Redakteur weiter. Dieser wiederum ist formalen Zwängen ausgesetzt. Fotos müssen in Spalten passen, Personen werden weggeschnitten. Und die letzte Entscheidung trifft der Chefredakteur. Vielleicht passt ihm der emotionale Ausdruck eines Fotos nicht, und er sucht ein anderes aus. Das fotografierte Ereignis hat dann plötzlich eine andere Aussage, eben eine andere Wahrheit. Und doch bleibt es ein und dasselbe Ereignis.

Nehmen wir ein alltägliches Beispiel. Die Fotoberichterstattung über den Parteitag der Grünen in Bremen im Oktober 2002. Die Parteiführung schei-

terte. Die »Süddeutsche Zeitung« publizierte dazu ein Bild auf der ersten Seite, auf dem Joschka Fischer sich mit väterlichem Zuspruch zu den Unterlegenen Fritz Kuhn und Claudia Roth beugt. Die »Frankfurter Allgemeine« dagegen druckte ein Bild, wo Joschka Fischer enttäuscht und müde im Vordergrund sitzt, und sieben Mitglieder der Parteispitze stehen mit ernsten Mienen um ihn herum, auf ihn konzentriert, wie beim letzten Abendmahl. Die »taz« veröffentlichte ebenfalls ein Bild mit dem verstimmten Joschka Fischer, bei dem Claudia Roth und Fritz Kuhn Zuspruch zu suchen scheinen. Seitlich im Bild ist noch Trittin zu erkennen. Schwarze große Schatten sind im Hintergrund zu sehen und dominieren bedrohlich das Bild.

Jede Zeitung lenkt den Leser durch die Auswahl des Bildes. Einmal war Joschka Fischer der Starke, einmal der Gebrochene, einmal der Mürrische. Drei verschiedene Perspektiven zu dem Thema Fischer und der Parteitag.

Fotos können auch benutzt werden, um Menschen zu diskreditieren. Ein abwertender Artikel, ein Verriss wird über eine Person geschrieben. Beim Fotografen oder aus dem Archiv wird dann ein Foto geordert, auf dem der Mensch unsympathisch wirkt, das Gesicht verzieht, traurig oder wütend blickt. So wird eine negative Stimmung erzeugt.

Ich lese oft verschiedene Zeitungen, um gezielt zu vergleichen, welches Gewicht einem Thema gegeben wird. Ist es auf der ersten Seite ganz groß oder ganz klein als Spalte? Wird ein Foto dazugestellt, und wenn ja welches, und dann vergleiche ich. Die emotionale Wirkung von Fotos wird oft unterschätzt: Ein Bild geht meist – anders als ein Text – ohne Kontrolle des Intellekts sofort ins Unterbewusstsein.

Die Wahrheit in Zeiten der Digitalisierung

In der digitalen Welt ohne bleibende Negative gibt es keine nachweisbare Wahrheit mehr. Was bleibt, ist nur die subjektive Wahrheit des Fotografen, und die richtet sich nach seinem Wertesystem. Deshalb ist es wichtig, einen eigenen Standpunkt zu finden, diesen ständig zu überprüfen und von ihm aus die Dinge einzuordnen und zu beurteilen.

Natürlich wurde auch früher schon gemogelt, ganz ohne Computer, nur war es schwieriger. Immer schon wurde Geschichte in Bildern verändert und korrigiert. Wenn in der Sowjetunion unter Stalin Politiker in Ungnade fielen, wurden sie einfach per Retusche entfernt.

In der Mode- und Beautyfotografie wurde die digitale Retusche gar zur Kunst erhoben. Models werden gestreckt, Taillen verschmälert, Busen gerundet, Kleider geschönt, Hintergründe ausgetauscht und Perspektiven verschoben. Es gibt kaum noch ein Bild, das nicht bearbeitet wurde. Eine artifizielle Wirklichkeit wird kreiert.

Und natürlich erscheint auch in der Dokumentarfotografie die Welt nicht mehr, wie sie wirklich ist. Es ist ein schleichender Vorgang, störende Elemente werden wegretuschiert, manchmal sogar Situationen verfälscht. Die Spezialisten für Composing und Retusche, die einst mit Pinsel, Farben und Schere Hand anlegen mussten, arbeiten heute am Computer. Die Veränderung eines Bildes, die früher Stunden oder Tage dauerte, ist jetzt mit wenigen Mausklicks möglich.

Auch Fotografen müssen heute technisch versiert sein. Sie sind mit Kameras, Laptop und Handy unterwegs, um ihre Bilder sofort bearbeiten und elektronisch verschicken zu können.

Dienstleistung und Passion

Bildjournalisten müssen belastbar sein und zeitliche und berufliche Stresssituationen bewältigen können. Der Konkurrenzdruck hat sich verschärft. In den Zentralen der Fotoagenturen wird täglich eine Erfolgsbilanz erstellt und genau gezählt, wie viele Bilder von welcher Agentur gedruckt worden sind. Fotografen müssen sich heute auch als Dienstleister verstehen, denn wie eine einflussreiche Bildredakteurin einmal sagte: »Wir wünschen uns natürlich pflichtbewusste, eilfertige, serviceorientierte Fotografen. Die Jungen machen uns das Leben einfacher, sie beschriften ihre Bilder und können digital übertragen. Sie haben keine Staralüren und machen alles, was man will.« Es ist sicherlich gut, sich diese Erwartungen vor Augen zu halten, denn Bildredakteure sind treulos – »wir können engagieren, wen immer wir wollen«.

Ein Bildjournalist muss bereit sein, auf Abruf Termine wahrzunehmen, Reisen anzutreten, Freunde wieder auszuladen, den Kinobesuch abzusagen, das Wochenende mit der Freundin zu verschieben. Er bezahlt einen gewissen Preis in seinem eigenen Leben, um mit seiner Kamera aus nächster Nähe an dem Leben anderer teilzuhaben. Dieser Beruf ist wie eine Liebe, die fordert, für sie da zu sein. Für andere Lieben bleibt da nicht mehr viel Raum.

Die Passion für gute Bilder darf der Fotograf all diesen widrigen Umständen zum Trotz dennoch nie verlieren. Ein Kameramann hat mir einmal erklärt: »Wir sind auswechselbar, wir sind Söldner. Die tägliche Berichterstattung hat keine ausgeprägte Bildsprache mehr.« Sie solle heute glatter, einfacher, eingängiger sein, auf den ersten Blick erfassbar, nicht so subtil, dass sie eines zweiten Blickes bedürfe. Die Gefahr, dadurch in eine Alltagsgleichgültigkeit zu verfallen, ist groß – es nicht mehr wissen zu wollen, abzustumpfen und sich mit Mittelmaß zu bescheiden. Es gibt viele langweilige Tage, an denen nichts Besonderes passiert. Ein kleiner Fototermin reiht sich an den anderen, bei denen es nur darum zu gehen scheint, die Wünsche des Auftraggebers zu erfüllen. Aber selbst in solchen Momenten sollte der Fotograf wach für seine eigenen Bilder sein. In jeder noch so normalen Situation gibt es vielleicht jenen skurrilen, traurigen, witzigen, komischen Moment, aus dem er etwas Eigenes gestalten kann. Es geht darum, immer wieder hinausgetragen zu werden über die bloße Pflichterfüllung und seinen eigenen Anspruch zu verfolgen, *außer-gewöhnliche* Bilder zu kreieren.

Schein und Sein

Lange bevor ich Fotografin wurde, habe ich mich mit Verhaltensforschung und Körpersprache beschäftigt. Die nonverbalen Signale, die wir ausstrahlen, werden sehr viel stärker vom Gegenüber wahrgenommen, als den meisten Menschen bewusst ist. Mehr als uns lieb ist, zeigen wir immer noch viel von dem atavistischen Verhalten der Tierwelt. Man erkennt, wer der Oberpavian ist. Er verlangt Respekt. Er hat Präsenz und strahlt Souveränität aus.

Manch Untergebener reagiert mit Angst oder Unterwerfungsgesten oder versucht, mit forschem Auftreten seine Unsicherheit zu kaschieren.

Dieses Wissen hat mir in meinem Beruf als Fotografin häufig genützt. Oft konnte ich erkennen, dass der Mensch mir mit seinem Körper etwas anderes erzählte als mit seinen Worten. Einmal musste ich Vater und Sohn fotografieren. Sie waren Geschäftspartner und erzählten, es gäbe keine Rivalität zwischen ihnen. Ihre nonverbale Sprache drückte genau das Gegenteil aus. Und in meinen Fotos trat diese Spannung auch deutlich zu Tage. Bei manchen Bildreportagen konnte ich aus dem Verlauf der Körpersprache schon die kommende Geste erahnen und somit Sekundenbruchteile, bevor sie tatsächlich stattfand, mit meiner Kamera reagieren.

Personen, die im öffentlichen Leben stehen, werden heute von Medienberatern geschult und darauf trainiert, ihre Körpersprache zu kontrollieren und ein bestimmtes Image über die öffentlich kursierenden Bilder auszustrahlen – Kleider machen Leute, Gesten werden eingeübt und ganz unverzichtbar: das sympathische, allzeit bereite Lächeln.

Als ich Ende 1998 für mein Projekt »Spuren der Macht«, bei dem ich Personen des öffentlichen Lebens über acht Jahre fotografiert, gefilmt und interviewt hatte, Gerhard Schröder nach seiner Wahl zum Bundeskanzler porträtierte, trug er einen eleganten, dreiteiligen Anzug aus dunklem, gutem Tuch. Für einige Bilder posierte er mit seiner geliebten Zigarre, die er mit der rechten Hand an den Kopf hob, die andere Hand blieb in der Hosentasche. Er zeigte sich mit einem gewissen Stolz. Die Botschaft, die er vermittelte, lautete: Ich bin angekommen. Heute lässt er sich nicht mehr mit Zigarre fotografieren, ein solches Accessoire würde vermutlich zu sehr für Großspurigkeit und Luxus stehen und passt nicht zu einem Kanzler, der in schwierigen Zeiten Verantwortung trägt.

Die Gretchenfrage stellt sich jedem Fotografen: Wie weit will ich gehen, um das Gesicht eines Menschen hinter der Maske zu finden, und wie gelingt mir das? Erkenne ich das antrainierte Verhalten? Und kann ich das mit der Kamera durchdringen? In Stresssituationen funktioniert die erlernte Körpersprache meist nicht mehr, und die eigene bricht wieder durch. Ich bin immer wieder fasziniert von Fotografien, die in brutaler Offenheit Schein und Sein offen legen.

Niemals aufgeben

Stundenlanges, vielleicht vergebliches Warten gehört zum Alltag des Bildjournalisten. Die Zeit, in der die eigentlichen Fotos entstehen, ist meist verschwindend klein im Verhältnis zur Vor- und Nachbereitung einer Geschichte.

Wenn die Bilder dann gut geprintet und gerahmt in einer Ausstellung hängen, sieht alles so leicht und schön aus. Oft höre ich dann, ich würde auch gerne Fotograf werden. Es ist schick, in der Welt umherzureisen, interessante Leute zu treffen, Zugang zu Mächtigen zu haben. Das muss doch ein faszinierender Beruf sein. In Wirklichkeit bedeutet es Arbeit, Arbeit und noch mal Arbeit.

Als die Intifada in Israel begann, war ich dort, um für ein Hamburger Magazin zu fotografieren. Nach ein paar Wochen wurden die Flüchtlingslager für die Presse abgeriegelt. Trotzdem sollten wir aktuell und mit Fotos über die Situation berichten. Unser palästinensischer Begleiter fuhr uns, alle Militärposten vermeidend, auf Feldwegen und Umwegen in eines der Lager zu einer Familie, die bereit war, sich mit uns zu treffen und über ihre

schwierige Lage zu reden. Dabei horchten sie immer wieder, ob die Militärstreife durch die Straßen fuhr. Nach Stunden lebhafter Gespräche und zahlreicher Fotos machten wir uns mit unserem Begleiter in seinem VW Käfer
auf den Heimweg. Eine Militärstreife kam uns entgegen. Ein Schreck
durchfuhr mich, Gott sei Dank hatte ich vorher noch den Rat befolgt, mir
ein Kopftuch umzubinden, und unser Fahrer reagierte schnell und bog
gleich in eine Seitenstraße ab. So entgingen wir unserer Verhaftung oder
sogar Ausweisung. Die Filme wurden gleich am nächsten Tag nach Hamburg geschickt. Das Ergebnis im nächsten Heft des Magazins war ein kleines Foto. Meine Enttäuschung und meine Wut waren groß. Als ich nach-
fragte, hieß es, wegen der Mischung der Themen im Heft sei unser Bericht
ganz nach hinten gerutscht und so klein geworden.

Solche Enttäuschungen erlebt der Fotograf nicht nur einmal, und trotzdem muss er bereit sein, immer wieder einen neuen Anfang zu wagen, als
gälte es, die Welt zum ersten Mal zu erobern. Denn es gibt fast nichts Beglü-
ckenderes als ein wirklich gelungenes Foto, ein Foto, das etwas erzählt und
so verdichtet, dass es Bestand haben wird. Vielleicht ein Jahrhundertfoto.

Jürgen Leinemann

Bleib erschütterbar und widersteh

Erfahrungen eines Journalisten

Im November 2001 wurde mir der Jakob-Siebenpfeiffer-Preis verliehen, einer der wichtigsten Preise, die ich in meinem journalistischen Leben erhalten habe. Bis zur Preisverleihung wusste ich nicht, wer Siebenpfeiffer war – ein für Journalisten fast unverzeihlicher blinder Fleck, denn Menschen wie ihm verdanken wir die Pressefreiheit.

Philipp Jakob Siebenpfeiffer, 1789 geboren, Landcomissär im rheinbayerischen Homburg, wirkte im ersten Drittel des 19. Jahrhunderts, als es Goethe noch gab und schon Karl Marx. Siebenpfeiffer prangerte Missstände an und forderte Reformen von der Monarchie ein. Für das Recht, »seine Meinung in Wort, Schrift und Bild frei zu äußern und zu verbreiten«, organisierte er 1832 ein Protest-Festival auf dem Hambacher Schloss, das die Herrschenden das Fürchten lehrte. Sein Engagement für die Pressefreiheit bezahlte er mit Berufsverbot, Gefängnis und der Flucht ins Exil, bis er 1845 einsam in einem Schweizer Irrenhaus endete.

Zwischen seinen und meinen journalistischen Lebensumständen und politischen Verhältnissen liegen Welten. Was habe ich als gutbezahlter »Spiegel«-Reporter – mit steuerlich absetzbarer Gewinnbeteiligung und tariflich abgesicherten 34 Urlaubstagen – seinem existenziellen Einsatz entgegenzusetzen? Wofür Siebenpfeiffer noch sein Leben aufs Spiel setzte, wird jedem von uns heute durch das Grundgesetz garantiert. Für uns ist das selbstverständlich geworden, die Meinungsfreiheit. Aber ist es das? Selbstverständlich?

Siebenpfeiffers »schöner Traum« von einem »ächt republikanischen Gemeinwesen« handelte nicht nur von der Pressefreiheit, obwohl die unverzichtbar dazugehörte. Er träumte von der Demokratie. Sein Vorbild dafür

war auf der anderen Seite des Atlantiks zu finden. »Wir beneiden den Nord-
amerikaner um sein glückliches Los, das er sich mutvoll selbst erschaffen«,
rief er am 27. Mai 1832 beim Hambacher Fest den 30 000 Bürgern zu, die
dort unter schwarzrotgoldenen Fahnen die Absetzung der Könige und die
»Proklamation der deutschen Republic« forderten.

Nicht, dass der Freiheitskämpfer und Bürgerrechtler Philipp Jakob
Siebenpfeiffer viel wusste über die Lebenswirklichkeit im fernen Westen. Das
Amerika, das es laut Goethe bes-
ser hatte als das alte Europa, war
ein utopisches Wunschbild, auf
das sich wunderbar verweisen
ließ, um die Reformpolitik im
eigenen Lande anzutreiben. Diese
Rolle sollte das demokratische
Musterland Amerika selbst noch
113 Jahre später auch in meinem
Leben spielen. Die USA, das Vorbild schlechthin für Demokratie,
Menschenrechte und Meinungsfreiheit, waren das hoch ideali-
sierte Staats- und Gesellschafts-
modell meiner Schüler- und Studentenzeit, vorzüglich geeignet als mentale
Waffe gegen Nazi-Vergangenheit und Obrigkeitsdenken der Älteren.

In mein Leben waren die Amerikaner als Sieger gekommen, wie aus
einer anderen Welt. Es war ein sonniger Apriltag 1945, gegen Mittag, als sie
sich auf unser Haus in Burgdorf – einer kleinen Stadt nahe Hannover –
zubewegten, vorsichtig und doch lässig, Soldaten auf Gummisohlen, die
Kaugummi verteilten und lachen konnten.

Sah so der Feind aus? Ich hatte mit der »Kriegsbücherei der Deutschen
Jugend« lesen gelernt. In den Groschenheften, in denen deutsche Panzer
unaufhaltsam in Afrika vorrollten, Fallschirmjäger die Hakenkreuzfahne
über Narvik hissten und kernige Landser singend durch Russlands Steppe
marschierten, hieß das zentrale Wort »Jawoll«. Dazu: Hacken knallen,
stramme Haltung, grader Blick, zackige Bewegungen. Und nun diese lässi-
gen Amis, schwarze sogar. Sie brachten uns nicht nur das Ende der Bom-

bennächte, sondern auch Schokolade, Maisbrot und Jazz. Ihre Musik und ihre Schokolade nahmen mich damals für die Demokratie intensiver ein als die Pressefreiheit, das will ich gestehen – ich war acht Jahre alt.

Mein Vater verachtete das, den Jazz wie die Demokratie. Wenige Tage zuvor hatte er noch bang geseufzt, nun werde es aber langsam Zeit, dass der Führer die Wunderwaffen endlich auspacke, worauf meine Mutter höhnisch auffuhr: »Ja, glaubst du denn immer noch an den Quatsch?« Das war das einzige politische Gespräch zwischen meinen Eltern während der Nazi-Zeit, an das ich mich erinnern kann. Und die Antwort war leider: Ja. Mein Vater, der ein unpolitischer und argloser Mensch war, hatte daran geglaubt.

Es folgten fast zwei Jahrzehnte bitterer Sprachlosigkeit zwischen Vater und Sohn, notdürftig überbrückt durch Fachsimpeleien über Fußball. Meine Pubertät mit ihren vielen ausgesprochenen und unausgesprochenen Fragen und Vaters schweigende Verdrängung, sein Rückzug auf die Untertanen-Idylle der Kleinstadt und meine unsicheren Suchexpeditionen nach einem Leben jenseits des Immergleichen erstickten jedes Gespräch. Wir wahrten die Form, aber wir lebten in verschiedenen Welten. Je mehr die Erwachsenen – meine Lehrer, die Eltern – in Arbeit und Erinnerungslosigkeit Zuflucht vor der Auseinandersetzung über die Nazi-Vergangenheit suchten, desto traumhaftere Züge nahm meine demokratische Gegenwelt an: Amerika wurde zum Inbegriff von Freiheit.

Bis ich dort hinkam. 1968 trat ich meinen Job als Auslandskorrespondent der Deutschen Presse-Agentur in Washington an, wo noch die Ghettos nach dem Attentat auf den führenden Kopf der schwarzen Befreiungsbewegung Martin Luther King brannten. Der spätere Friedensnobelpreisträger King, ein damals 34 Jahre alter Baptistenprediger, hatte am 28. August 1963 einen gewaltlosen Zug von einer Viertelmillion Menschen, schwarzen und weißen, auf Washington angeführt, um die Nation gegen Rassenhass und wirtschaftliche Diskriminierung aufzurütteln. Zwar hatte Präsident John F. Kennedy schon begonnen, die Rassentrennung an den Schulen des Südens gewaltsam zu unterbinden, aber erst 1965 wurden Bundesbehörden ermächtigt, den Schwarzen zur Not auch mit Gewalt ihr Wahlrecht zu ermöglichen. Nachdem Martin Luther King ermordet worden war, brachen in den amerikanischen Großstädten in jedem Sommer blutige Rassenkrawalle aus.

Sieben Jahre blieb ich mit meiner Familie in den USA. Es war eine Zeit des Aufruhrs. Den Rassenauseinandersetzungen folgten die Proteste gegen den Vietnamkrieg. Der amerikanische Justizminister Robert Kennedy wurde wenige Jahre nach seinem Bruder, dem Präsidenten John F. Kennedy, ermordet; Präsident Richard Nixon, der der Republikanischen Partei an-

gehörte, wurde vom Kongress 1974 zum Rücktritt gezwungen. Das war eine Folge des Watergate-Skandals, der meinen Glauben an die Vortrefflichkeit der amerikanischen Demokratie heftig erschütterte. Einbrecher waren von der Polizei in einer Juninacht des Jahres 1972 im Hauptquartier der Demokratischen Partei dabei erwischt worden, wie sie Abhörmikrofone installierten und Dokumente ablichteten. Im Verlauf von langjährigen, vom Wei-

ßen Haus systematisch behinderten Ermittlungen stellte sich heraus, dass die Bande nicht nur im Auftrag der regierenden Republikanischen Partei gehandelt, sondern dass Präsident Nixon selbst die Angelegenheit zu vertuschen versucht hatte. Nein, mit dem demokratischen Traumland meiner Kinder- und Pubertätsjahre hatte dieses Amerika nun wirklich keine Ähnlichkeit mehr. Es war eine quälende, aufregende und heilsame Lehrzeit für mich, als Journalist und als Deutscher, als Demokrat und als Mensch.

Journalist war ich geworden, weil ich beobachten wollte, wie Geschichte entsteht. Ich hatte vergeblich versucht, von meinen Eltern, meinen Lehrern, meinen Professoren zu erfahren, wie es zu dem Unheil der Nazi-Zeit hatte kommen können, wovon sie – angeblich – nichts gemerkt und wogegen sie – tatsächlich – so wenig getan hatten. Und warum sie so anfällig waren für Hitlers Rassenhass und seine Kriegstreibereien. Ich erfuhr wenig, gewiss auch, weil ich mehr anklagte als fragte. Die Folge war eine Art privater Stunde null. *Meine* Gesellschaft sollte auf moralischen Werten aufgebaut sein, politisches Handeln musste moralisch legitimiert sein. Demokratie – das war für mich die authentische Antwort auf das Böse.

Ich studierte Geschichte, um die Wurzeln kennen zu lernen. Aber im Grunde betrieb ich – in einem übersteigerten Reinigungsbedürfnis – meine systematische Lossagung von der deutschen Vergangenheit, vom Nationenbegriff, vom Staat. Vom »Deutschen« wollte ich nichts mehr wissen, mein Bezugspunkt war der »Westen«. Und die Kategorien »Westlichkeit« und »Demokratie« waren für mich deckungsgleich mit den USA.

Kein Wunder also, dass die amerikanische Krise zu einem ganz persönlichen Debakel für mich wurde und zu einem beruflichen dazu. Nichts stimmte mehr: Meine Rolle als Journalist hatte ich als reine Beobachtungsaufgabe verstanden – auf der Tribüne des Weltgeschehens wollte ich sitzen und Protokoll führen über die Ereignisse. So stellte ich mir Objektivität vor. Aber die Rassenkonflikte und die schrecklichen Kriegsbilder aus Vietnam konnte ich mir nicht vom Leibe halten, die gingen mich ganz persönlich an.

Ich begann, Partei zu ergreifen, und suchte nach einer journalistischen Form dafür. Fast wäre ich daran gescheitert.

Es dauerte Jahre, bis ich mich neu verortet hatte. Der Prozess der Ernüchterung und Entzauberung tat weh. Am Ende hatte ich akzeptiert, dass die demokratische Staatsform eher institutionalisiertes Misstrauen ist als die Herrschaft hehrer Ideale. Und ich hatte viel über Menschen gelernt – über Macht und über das reale Amerika, das sich neben allem patriotischen Überschwang stets auch ein waches historisches Bewusstsein für die Unzulänglichkeiten und Schattenseiten der republikanischen Staatsform bewahrte.

Persönlich war ich – Ende der siebziger Jahre, in meinem fünften Lebensjahrzehnt – erwachsen geworden. Politisch realistischer und engagierter. Zum ersten Mal konnte ich mich selbst als Bürger sehen, als Citoyen. Und muss man das nicht sein? Auch – oder gerade – als Journalist? Ein schreibender Bürger? Leben kann eine Demokratie nur, wenn sie Demokraten hat. Sie braucht den »Bürger«, wie Bundestagspräsident Wolfgang Thierse unlängst gesagt hat, »der informiert ist und bereit ist, sich zu engagieren, der auch andere Werte kennt als das Geld und den jeweils eigenen Gewinn, der fähig ist zu Mitmenschlichkeit, zu Toleranz, zu Solidarität«. Bürgerliche Tugenden und journalistisches Ethos scheinen mir weitgehend identisch.

Um diesen Zusammenhang als Auftrag für unseren Beruf wieder nachdrücklich ins Bewusstsein zu rufen, bedurfte es schon eines so dramatischen Einbruchs von Wirklichkeit wie am 11. September in New York und Washington. Als die Türme des World Trade Center einstürzten, war nichts mehr wie zuvor. Dieser Einbruch kam daher wie ein Computerspiel, aber der Einsatz und der Preis waren Menschenleben. Bis in unseren Alltag hinein spürten wir, dass die Welt mehr ist als eine bloße Bildergeschichte, die uns durch schrille Reize in Erregung zu versetzen vermag. Gewalt ist real, Gegengewalt auch. Darüber öffentlich zu streiten, das ist Politik. Und die war plötzlich wieder mehr als Talkshow-Geschwätz.

Ich erinnere mich noch gut an die ebenso wohltuende wie befremdliche Ruhe im Berliner Kanzleramt, wo Gerhard Schröder einen Tag später das Bild des entschlossenen Staatsmannes abgab, den die Bürger von ihm in dieser Krisensituation wohl auch erwarteten. Erst Wochen später, als er am New Yorker Ground Zero mit eigenen Augen auf die bizarren Trümmer der eingestürzten Türme starrte, übermannte ihn die Bewegung. Mit tränenerstickter Stimme verweigerte er einen ersten Kommentar. »Lass mal«, sagte er und schob das Mikrofon zur Seite. Auch die drei Dutzend mitgereisten deutschen Journalisten, fast alles hartgesottene Profis, kämpften mit den Tränen. Alle hatten wir Dutzende von Malen das grausige Geschehen auf dem Fernsehschirm gesehen und bewegende Fotos in den Zeitungen. Aber die Medienbilder hatten nicht den gleichen Kontakt zur eigenen Gefühlswelt herstellen können wie jetzt der unmittelbare Anblick, womöglich hatten sie ihn durch ständige Wiederholung der Schreckensbilder sogar eher verhindert.

Was gesellschaftliche und politische Realität ist, erfährt man durch Medien offenbar nur unzulänglich. Erst in eigener Anschauung und im direkten Gespräch erschließt sich ein Bild von Wirklichkeit, das man mit der eigenen Lebenswelt verknüpfen kann. Wir hatten uns wohl ein bisschen zu sehr darauf verlassen, dass die Realität auflösbar sei in austauschbare Bilder und Zeichen. Waren in unserer Medienwelt die Konturen der Welt nicht tatsächlich verschwommen im beliebigen Nebeneinander von Facts und Fiction, Vergangenheit und Zukunft, Pop und Papst?

Siebenpfeiffers Wirklichkeit war härter, aber auch übersichtlicher und eindeutiger gewesen. »Die öffentliche Freiheit«, hieß es im Gründungsaufruf zum »Deutschen Preß- und Vaterlandsverein« aus dem Jahr 1832, »findet ihre Garantie nur in der Freiheit der Presse, die Freiheit der Presse nur in der der Journale, die Freiheit der Journale nur in dem persönlichen Muth und der Hingebung der Journalisten«. Was das zu seinen Zeiten hieß, können wir aus Siebenpfeiffers Lebensweg lernen. Was aber kann »persönlicher Muth und Hingebung« heute noch bedeuten? Über den kommoden Verhältnissen, die wir hier haben, sollten wir nicht vergessen, dass es ebendieses journalistische Heldentum tatsächlich noch gibt. Dutzende von Journalisten müssen jedes Jahr ihr Leben lassen, mehr als 1000 sitzen in Gefängnissen: Sie wurden in Kriegssituationen, im politischen Kampf gegen totalitäre Regime, Korruption oder Verbrechersyndikate von ihren Feinden als Bedrohung gesehen. Sie waren durch »Muth und Hingebung« kenntlich und damit verwundbar geworden.

Im Journalismus bei uns ist solche Kenntlichkeit eher ehrenvoll und einträglich als riskant oder gar lebensbedrohlich. Unbequem wird ein Journalist bei uns weniger dann, wenn er sich als Kritiker gegen die Mächtigen der Regierung hervortut, als dann, wenn er den politischen und wirtschaftlichen Interessen seines Arbeitgebers und dessen Freunden schadet. Und unbequem kann es auch sein, die eigenen Freunde zu enttäuschen, von Gegnern Applaus zu bekommen oder aus konkreten Gründen gegen allgemeine hehre Prinzipien zu verstoßen. »Muth und Hingebung« in unserem Beruf werden in der Bundesrepublik heute viel weniger durch obrigkeitsstaatliche Pressionen bedroht als vielmehr durch die »weiche Knechtschaft« einer eitlen Selbstverliebtheit. György Konrad, der vor dem Fall des Eisernen Vorhangs als ungarischer Dissident Jahrzehnte unter staatlicher Bevormundung gelitten hat, später Präsident der Akademie der Künste in Berlin war, behauptet: »Jetzt ist es

nicht mehr die Geheimpolizei, die bei den Bürgern Gehirnwäsche betreibt, sondern die als Abfolgen von Moden dahinwogende Oberflächlichkeit.«

Wer sich dagegen schützen will, der braucht ein reflektiertes Verhältnis zu sich selbst, einen verantwortlichen, bewussten Umgang mit der eigenen Subjektivität. Erfahrung zählt, Erfahrung verändert. Sie bewahrt uns davor, so hat der französische Intellektuelle Michel Foucault einmal gesagt, dieselben zu bleiben. Sich dem Leben zu öffnen und Erfahrungen zu sammeln wird nicht auf Universitäten und Journalistenschulen gelehrt, es wird aber auch nicht offiziell behindert. Und so wie jeder Mensch die Möglichkeit dazu hat, so sollte es für jeden Journalisten selbst auferlegte Pflicht sein, sich durch reflektierte Erinnerung eine Haltung zu erwerben, eine für ihn ganz persönlich charakteristische bewegliche Beharrlichkeit im Umgang mit dem Leben.

Der 11. September 2001 war so ein Erfahrungs-Schlüsseltag für mich wie Jahrzehnte vorher der Einmarsch der Amerikaner in Burgdorf am Ende des Zweiten Weltkrieges oder wie der Tag der Währungsreform oder die Ermordung von John F. Kennedy, die Mondlandung, die Wahl Willy Brandts zum Bundeskanzler, die Friedensdemonstration im Bonner Hofgarten gegen die Stationierung amerikanischer Raketen in Deutschland, Helmut Kohls Amtsantritt als Kanzler, der Fall der Mauer. Und natürlich private Daten.

Wie ein Journalist auf Ereignisse und auf Menschen reagiert, wie er sich zur Macht und gegenüber Mächtigen verhält, das ist nicht nur individuell relevant, sondern das hat auch politische Folgen. In seiner Haltung hat die Freiheit des Journalisten ihren Rückhalt. Für mich sind dabei zwei Sätze leitmotivisch geworden: Wirklichkeit ist alles, wo man durchmuss. Und eine Gedichtzeile von Peter Rühmkorff: »Bleib erschütterbar und widersteh«.

Gewiss, ich rede aus eigener Erfahrung, aber ich spreche nicht nur von mir. Durch die anfangs angesprochene persönliche Krise, die ich zugleich als eine politische und journalistische Krise erlebt habe, war ich genötigt, mich intensiv mit mir selbst, meinen Prägungen, Gefühlen und Erfahrungen zu befassen und habe dabei viel auch über andere gelernt. Der Gewinn ist Menschenkenntnis.

Das hat nicht nur mein Schreiben verändert, sondern auch meinen Blick auf die Politik. Als Journalist habe ich mich auf Porträts spezialisiert, freilich nicht, weil ich glaube, dass große Männer Geschichte machten. Im Gegenteil: Ich möchte damit komplexen Sachverhalten ein Gesicht geben und Repräsentanten von Staat und Parteien persönlich in Haftung nehmen. Personalisierung? Aber sicher. Ich fühle mich durch politische Inszenierungen auch nicht zwangsläufig entmündigt oder als Bürger missachtet. Anstatt darüber zu lamentieren, dass Politik in der Mediengesellschaft inszeniert wird, hieße Aufklärung heute, für diese Mediengesellschaft neue Kriterien bereitzustellen. Wir brauchten ein Erkennungssystem, mit dessen Hilfe die Öffentlichkeit Macht und Machart der medial vermittelten Bilder zu durchschauen lernt.

Mediale Inszenierungen sind in der Kommunikationswelt von heute auch für die Politik einfach unumgänglich. Denn wie sonst könnten die Verantwortlichen für die hoch-komplexen und weitgehend unsichtbaren Prozesse der Politik sichtbar gemacht werden, die das Leben der Bürger entscheidend verändern? Wie anders können Politiker die Bürger wenigstens zu einer minimalen Teilhabe an der Demokratie stimulieren? Haben nicht die Zuschauer durch solche Inszenierungen überhaupt erst die Möglichkeit, Personen der Zeitgeschichte gewissermaßen aus nächster Nähe zu betrachten und sich selbst ein Bild von ihnen zu machen?

Schauspielerei, Starrummel, Wichtigtuerei, alles wahr. Doch auch das Gegenteil ist möglich: Fernsehen kann entzaubern. Als Medienstars setzen sich Politiker der besonderen Aufmerksamkeit einer Öffentlichkeit aus. Und wie die Bürger urteilen, dessen können die Politiker sich keineswegs sicher sein. Als sich zu

Beginn des aufgeklärten 18. Jahrhunderts eine Öffentlichkeit der gebildeten Bürger entfaltete, wurde – in Opposition zu der Willkür und Machtanmaßung der Fürsten und Monarchen – zum ersten Mal persönliche und menschliche Ehrenhaftigkeit zum öffentlichen Maßstab. Philipp Jakob Siebenpfeiffer machte sie zum Kern seiner Forderungen nach Freiheitsrechten. Im Verlauf des 19. Jahrhunderts verlor sich das wieder, die persönliche Verantwortung schien hinter den Herrschaftsapparaten zu verschwinden. Die Bürokratie übernahm die Macht, später kamen dann die Medien dazu. Der Effekt war der gleiche: Alles wurde undurchsichtiger. Die Bürger blickten nicht mehr durch. Bis heute hat sich daran nichts wesentlich geändert. Es ist eher schlimmer geworden. Auf die Bilderfluten, die täglich über sie hereinbrechen, auf die Wortlawinen und Papiermassen, die Datenströme und die Bücherstapel reagieren die Bürger offenkundig mit einer wachsenden inneren Müdigkeit. Viele schalten ab. Oder sie lassen den Informationsstrom durch sich hindurchrauschen.

Journalisten, die es in dieser Situation als ihre Aufgabe ansehen, durch sinnvolle Auswahl und Aufbereitung von Informationen Orientierungsangebote zu machen und Anstöße zur öffentlichen Diskussion zu geben, müssen über die Fähigkeit verfügen, zu erkennen, was einzigartig und vorher noch nie da gewesen ist, sie müssen einen Blick haben für die besondere Verkettung von Umständen, für die einzigartigen Kombinationen von Eigenschaften, welche einer Person, einer Situation, einer Kultur, einer Epoche ihren besonderen Stempel aufdrücken. Um das zu können, müssen sie das entwickeln, was der britische Philosoph Isaiah Berlin »Wirklichkeitssinn« genannt hat. Sie müssen nicht nur *wissen*, sondern sie müssen auch *verstehen*, »erschütterbar« bleiben und dennoch »widerstehen« können. Die Fähigkeit zur genauen Beobachtung, Wissen, vor allem aber Erfahrung sind unerlässliche Bestandteile, um solches »Menschenwissen« zu erwerben.

Alfred Roesler-Kleint
Schmerzgrenzen
Das DDR-Fernsehen auf dem Weg in eine neue Zeit

Ich bin kein Journalist. Ich wollte auch nie einer werden. Nie! Der Wunsch verflüchtigte sich spätestens an dem Tag, als anderthalb Jahre vor meinem Abitur Mitte der sechziger Jahre im Rahmen der »Studienplatzlenkung« *(Wir befinden uns in der DDR. Mitte der sechziger Jahre.)* eine ehemalige Schülerin vor uns Elftklässler trat, um uns über Sinn und Sein des Journalistikstudiums aufzuklären. »Ganz wichtig ist: Russisch! Und natürlich ML!« *(Marxismus-Leninismus)*

Ich hatte damals Wichtigeres zu tun. Ich übersetzte Beatles-Texte aus geschmuggelten BRAVO-Heften, schlug in einer Band das Tamburin und röhrte vor kreischenden Mädchen die dritte Stimme von »Time Is On My Side«. Da war »Ganz wichtig: Russisch!« so ziemlich das Letzte, was ich mir antun mochte. Außerdem wollte ich Filmregisseur werden. Bis mir meine Farbenblindheit – eine Rotschwäche – ärztlich attestiert wurde. Und eben war das Farbfernsehen erfunden worden!

Nachdem ich mich durch verschiedene Tests für Regievolontäre gekämpft hatte, teilten mir zwei Herren von der »Betriebsakademie des Deutschen Fernsehfunks« kurz vor Dienstantritt mit: »Das war's!« Ich schwor den

Fernsehsäcken bittere Rache. Zwanzig Jahre später sollte ich Gelegenheit dazu haben.

Was man an Ostdeutschlands einziger Lehranstalt für Journalisten in Leipzig neben den erwähnten Russisch-Kenntnissen noch erwerben konnte, verbarg sich für mich, der nie dort studierte, stets hinter dem Kürzel: ML! Ich hatte nichts gegen Marx oder Lenin. Aber dass man ihren Lehren biblische Unfehlbarkeit zubilligte, ging mir schon damals zu weit. Hätte es sich um John Lennon und Paul McCartney gehandelt – ich hätte vielleicht mit mir reden lassen. Aber die kamen im ND, dem Zentralorgan der Sozialistischen Einheitspartei Deutschlands, zu meiner Zeit nur ein einziges Mal vor. Auf der letzten Seite! All das verzapften so genannte Journalisten! Nein, ich wollte bestimmt keiner von denen sein.

> **Ich hatte nichts gegen Marx oder Lenin. Aber dass man ihren Lehren biblische Unfehlbarkeit zubilligte, ging mir schon damals zu weit.**

Aber ich war sechzehn, siebzehn, achtzehn, und das Leben war viel zu schön, um zu verzweifeln. Außerdem lebte ich in einem Gesellschaftssystem, das sich als das künftige ausgab. Dass alte Männer dummes Zeug erzählten, an ihren Sesseln klebten und jeden Gedanken an Veränderung jähzornig abwehrten, war ärgerlich, aber kein Grund zur Hoffnungslosigkeit. Wenn die erst mal weg waren! Ja, dann …! Das Problem der immer schnelleren Vergreisung der jeweils nachfolgenden Generation war mir damals noch nicht aufgegangen. Ich war froh, dass jenseits der Grenze einer von uns den westdeutschen Mief aufmischte: der Exil-Ossi Rudi Dutschke. Dass unsere Jugendfreundin Tamara Bunke mit Che Guevara durch den bolivianischen Busch streifte. Wir standen in Vietnam auf der richtigen Seite. Und als wir die schwarze Bürgerrechtlerin Angela Davis mit Protestpostkarten aus dem Knast von San Quentin holten, waren wir fast noch hipper als die Blumenkinder von San Francisco, die zu der Zeit schon nichts anderes mehr taten, als ihre Pot-Pfeifchen zu rauchen.

Bis in die frühen Siebziger glich mein DDR-Leben dem vieler Altersgenossen. Ich verlor anderthalb wertvolle Jahre im Filzgrau der Nationalen Volksarmee. Wehrpflicht. Ich heiratete viel zu früh. Und weil's so schön war, gleich noch einmal. Statt Regie studierte ich Kulturwissenschaft und Ästhetik. Und lange vorm Staatsexamen war ich Vater und wusch Windeln. Dass meine Lebensbahn mich eines Tages zurück zu den »Massenmedien« führen würde, war nicht abzusehen. Doch das sollte sich ändern.

Im Sommer 1973 war – laut FDJ-Slogan – die Jugend der Welt in Berlin zu Gast. Während rings die X. Weltfestspiele tobten, applizierte mitten auf dem sonnigen Rasen des Rosa-Luxemburg-Platzes eine Studentenbrigade unter meiner Anleitung rote Sterne und Friedenstauben auf Feinripp-Unterwäsche. Die wir dann als T-Shirts zum Solidaritätspreis vertrieben, eine Spende für den antiimperialistischen Befreiungskampf. Auf diese elegante Art drückten wir uns um das ansonsten obligatorische »Studentenlager für Militärausbildung und Zivilverteidigung«.

Direkt hinter unserer Wäschedruckerei, in der Volksbühne, fand das »Festival des Politischen Liedes« statt. Eigentlich nicht ganz meine Musik. Aber ich kam in Kontakt mit den Veranstaltern, und ein halbes Jahr später gab ich das Programmheft des nächsten Festivals heraus. Ein Jahr darauf, im Herbst 1975, war ich Kulturredakteur beim Fernsehen der DDR. Eine Seiteneinsteigerkarriere, die mich bis heute sprachlos macht. Denn eigentlich war es kaum möglich, ohne den Journalisten-Freibrief der Leipziger Karl-Marx-Uni beim DDR-Fernsehen anzutreten. Zumal mir fundamentale Einsichten fehlten: »Ganz wichtig: Russisch! Und natürlich: ML!«

Ich, ein farbenblinder Nichtregisseur, durfte fortan Kameraleute und Cutterinnen anweisen: »Und hier bitte: Schnitt!« Es war wie im Paradies! Zumal der vier Jahre zuvor angetretene Staats- und Parteilenker Erich Honecker gerade übermütig verkündet hatte, dass es in der Kultur künftig »keine Tabus« mehr geben solle. Ein Anfängerfehler, den er schnell revidierte. Aber meine Kollegen vom »Kulturmagazin« und ich, alle etwa Mitte zwanzig, nahmen ihn ernst. Selbst im Jahr der Ausbürgerung des Liedermachers Wolf Biermann,

1976, als im Fernsehfunk Ergebenheitserklärungen und rigide Abstrafungen auf der Tagesordnung standen, dachten wir nicht ans Aufgeben. Oder ans Auswandern. Unsere Euphorie verpuffte zwar langsam, die Lust am »Trotzdem« aber blieb.

Wir entwickelten einen geradezu sportlichen Ehrgeiz, immer wieder Beiträge ins Programm zu schmuggeln, in denen in Ungnade gefallene Künstler auftraten, die der Protest gegen Biermanns Ausbürgerung die Karriere gekostet hatte. Oder wir ließen mit diebischer Freude einen alten »Zuchthäusler« durchs Bild laufen: den Verlagslektor Ralf Schröder, der in den fünfziger Jahren genau wie Walter Janka und Wolfgang Harich wegen angeblicher Umsturzpläne verurteilt worden war. Mit seiner Hilfe holten wir unbotmäßige russische Schriftsteller vor die Kamera, Juri Trifonow und Walentin Rasputin, Vorboten von Glasnost. Einige dieser Filmchen haben die DDR überlebt. Ich mag sie noch immer. Trotz der Tatsache, dass am Ende kein Bild unkontrolliert auf den Bildschirm kam und kein Ton unzensiert über den Lautsprecher. Aber unser Versuch, in dieser »Sklavensprache« so etwas wie einen persönlichen Stil zu finden, war schon spannend.

Allerdings nur bis zum Winter 1978. An einem Donnerstag im Dezember setzte der Intendant eine Ausgabe des »Kulturmagazins« wenige Stunden vor Ausstrahlung ab! Die Beiträge wurden als »subversiv und schädlich« klassifiziert. Ein eifriger Redakteur der »Aktuellen Kamera« schusterte in wenigen Stunden eine Ersatzsendung aus archiviertem Jubelmaterial zusammen. Es folgte die Abrechnung mit der vom Kurs abgekommenen »Magazin«-Mannschaft. Einzeln wurden die Kollegen in die Chefetage bestellt. Einige krochen zu Kreuze, andere mogelten sich durch. Ich ließ mich für die nächsten sechs Wochen krankschreiben und bekam eine Rüge, weil ich mir erlaubte, unsere Parteisekretärin eine »blöde Kuh« zu nennen.

Fortan wurde jeder unserer Beiträge von einem Mitglied des »Staatlichen Komitees für Fernsehen« abgenommen. Einige dieser Zensoren entwickelten eine wahre Leidenschaft, die Machwerke der sowieso schon angststarren Journalisten noch weiter zu verstümmeln. Sie diktierten der Cutterin die verlangten Änderungen direkt in die Schere. Einspruch zwecklos. Anderthalb Jahre später endete mein erstes Fernsehgastspiel. Ich kündigte. »The dream is over!«, sang John Lennon.

In dieser Zeit dachte ich zum ersten Mal ernsthaft übers Weggehen nach. Ein fingierter Auftrag des Norddeutschen Rundfunks, von einem Freund aus Hamburg beschafft, sollte mir die Tür nach Westen öffnen. Doch ich ging nie hindurch. Ich lernte eine Frau kennen. Auch sie war im DDR-Fernsehen als »politisch unzuverlässig« eingestuft worden. Ich heiratete zum dritten Mal, und fortan schlugen wir uns gemeinsam durch. Freunde und Bekannte veröffentlichten unsere unter Pseudonym geschriebenen Texte. Unsere »Klarnamen« wirkten noch

Im beschriebenen Fall hatte sich die Schmerzgrenze jäh verschoben: Was gestern strafbar war, war heute willkommen!

lange auftragshemmend. Doch irgendwann geschah ein Wunder: Die von uns geschriebenen Songs für die Rockband CITY und deren LP »Casablanca« kamen in Rundfunk und Fernsehen zwar überwiegend auf den Index und durften nicht gespielt werden, beim Publikum in der untergehenden DDR aber erlangten sie Kultstatus: »An manchen Tagen sage ich mir / die Hälfte ist rum, und du bist immer noch hier…«

Es war im Sommer 1989, als meine Frau und ich nach Potsdam-Babelsberg gebeten wurden. Die Chefs der staatseigenen und parteigelenkten Filmgesellschaft DEFA wollten mit uns über ein Skript reden, das wir ohne die leiseste Hoffnung geschrieben hatten, dass je ein Film draus werden könnte. Aber wir hatten einem Regisseur davon erzählt, und eine Dramaturgin hatte das Drehbuch tapfer weitergereicht. Nun erwarteten wir das Urteil.

Drei Herren empfingen uns hinter verschlossener Tür. Ihr erster Kommentar war: »Für dieses Buch wären Sie vor zwanzig Jahren im Zuchthaus gelandet!« Kurzer Schreck. Dann raunte der Chef der Runde mit Verschwörermiene: »Aber es kann gut sein, dass wir Ihr Manuskript bald brauchen werden. Die Zeiten ändern sich.«

Was war los mit den Herren in den grauen Anzügen? Hatten sie ihren Schwur auf Partei und Regierung vergessen? Unsere Drehbuchstory erzählte von den politischen Schauprozessen der fünfziger Jahre und vom russischen Einmarsch in Prag 1968. Und plötzlich rückversicherten sich »führende Genossen« des Filmwesens ausgerechnet bei uns wegen der sich möglicherweise ändernden Zeiten? Wir waren ja einiges gewohnt, aber das war sensationell! Noch vor der großen Ausreisewelle, noch ohne offene Mauer dachten wetterfühlige Funktionäre über sich drehende Winde nach! Trotzdem bestätigte das Treffen eigentlich nur, was wir längst wussten: Wir lebten in einem Land, in dem die Feigheit grassierte! Nicht nur bei denen »da unten«! Auch ganz weit oben! Und wie überall auf der Welt stand man auch hier immer mal wieder vor der Wahl: sich mit jeder Scheiße abzufinden oder wenigstens ein einziges Mal zu testen, wo die Schmerzgrenze liegt.

Wir gingen friedlich in die Einheit. Wie die Lämmer.

Im beschriebenen Fall hatte sich die Schmerzgrenze jäh verschoben: Was gestern strafbar war, war heute willkommen! Und deshalb steht für mich unterm Strich der DDR-Geschichte: Was haben wir uns eigentlich, jeder Einzelne, getraut? Und was haben wir uns selbst verboten? Klar, dass man mit einem Protestplakat vorm Bauch abgeführt, eingebuchtet und ausgewiesen wurde. Aber ging ein Friedensgottesdienst durch? Eine private Galerie unabhängiger Künstler? Ein Bildband, in dem die DDR so hässlich aussah, wie sie wirklich war? Durften Rocksänger von der »zerschnittenen Stadt« singen und »Berlin« meinen? Wurde jeder Punk weggefangen? Jeder Skin? Musste man im Osten wirklich nur zittern?

Nein: Wir hätten weit mehr wagen können! Doch als alles anders kam, hatten wir weder Ideen noch Pläne und schon gar keine Molotowcocktails unter unseren Ostdielen versteckt. Wir gingen friedlich in die Einheit. Wie die Lämmer. Und mit ziemlich leeren Händen!

Irgendwann im Frühjahr 1990 stand ein alter Freund vor unserer Tür und sagte: »Ich werde Intendant.« Michael Albrecht war Kameramann beim DDR-Fernsehen gewesen und dort unangenehm aufgefallen, weil er sich geweigert hatte, für die »Aktuelle Kamera« zu drehen. Jetzt gehörte er zu einer Bürgerrechts-Gruppe, die im Herbst '89 über ein freies DDR-Mediengesetz diskutierte.

Die Debatte wurde bei uns am Küchentisch fortgesetzt. Wir waren uns einig in dem Verdacht, dass im Ostfernsehen allzu viel beim Alten bleiben könnte. Zwar hatten die Nachrücker aus der zweiten Reihe im heißen Herbst 1989 die »alten Männer« nach Hause geschickt. Aber am Ruder saßen nun die karrierebewussten, auf Selbsterhaltung gepolten Genossen Stellvertreter, die, knapp unterhalb der Götterebene, gerade noch so durch die Vertrauensabstimmungen der Belegschaften gerutscht waren. Sie zimmerten schon an ihren Rettungsbooten in die neue Zeit.

Der Chef der berüchtigten »Aktuellen Kamera« war in Hamburg von den Chefs von »ARD-Aktuell« empfangen und hofiert worden. Die eilig konvertierte Nomenklatura Ost verstand sich prächtig mit den öffentlich-rechtlichen Gewohnheitsdemokraten. Man redete von Kooperation und Austausch. Der einstige Chef der »DDR-Redaktion«, eben noch verantwortlich für die vom Politbüro geforderten Sendungen zur täglichen Erfolgsbilanz, peppte derweil das zuvor weitgehend unbeachtete 2. DFF-Programm mit der Jugendsendung »Elf 99« und der Reihe »Klartext« auf und versprach sich und seinen Getreuen eine Zukunft in der künftigen Medienwelt.

Michael Albrecht aber, rotbärtig und in Jeans, durfte im Auftrag des Generalintendanten von einer Sitzung zur nächsten Konferenz jagen, um die demokratische DFF-Wende zu verkörpern. Im Mai 1990 kehrte ich auf seine Bitte hin in den Sender zurück. Für die einen war ich ein dahergelaufener Pseudorebell, für andere ein revanchelüsterner Rächer.

Im Juli war die Zeit der Vermutungen vorbei. Michael Albrecht wurde tatsächlich Intendant, und wir übernahmen (mit wenigen Mitstreitern) den vor sich hin dümpelnden Dampfer DFF. Auch in der Hoffnung, Regisseure, Kameraleute, Cutterinnen und Journalisten würden endlich begreifen, dass sie mitreden durften. Aber weit gefehlt. Den einstigen Angestellten des Parteifunks, den Duldern und Exekutoren der Bevormundung reichte es, sich in der ihnen ohne eigenes Zutun zugefallenen Freiheit endlich ohne Zensur und Verbot ausprobieren zu dürfen. Mutige Fünf-Minuten-Filme

Die eilig konvertierte Nomenklatura Ost verstand sich prächtig mit den öffentlich-rechtlichen Gewohnheitsdemokraten.

oder gar eine Halbstundenreportage drehen – ja, das war's! Doch Verantwortung übernehmen? Eine Redaktion leiten? Eine Abteilung führen? »Ich häng mir doch so eine Scheiße nicht ans Bein!« Diese Aufgaben überließ man dann doch lieber denen, die man gleichzeitig dafür beschimpfte, dass sie ihre ersten Karriereschritte auf den Wandelgängen von SED-Parteischulen absolviert hatten. Die Feigheit zeigte sich wieder. Die Feigheit vor der eigenen Courage!

So kam es, dass der zufällige Kulturjournalist und spätere Rockpoet Roesler-Kleint zum Chefredakteur für Politik und Zeitgeschehen und zum stellvertretenden Intendanten des DFF aufstieg. Es fand sich kein anderer. Die bittere Rache, die ich einst geschworen hatte, wurde nun mein bitteres Los. Im Herbst 1990 schaltete ich die »Aktuelle Kamera« ab. Ich schickte langjährige Redakteure, Korrespondenten, Nachrichtensprecher, Scharfmacher, Einpeitscher und Wiederkäuer nach Hause oder in untergeordnete Funktionen. »Das werden Sie bereuen!«, war noch die harmloseste Androhung. Aber fortan erschien keins der alten Gesichter mehr auf dem Bildschirm. Dafür bekamen junge Journalisten und Moderatoren ihre Chance. Einige von ihnen sind inzwischen Stars geworden, und ich nenne sie nach drei Gläsern Wein anmaßend meine Entdeckungen.

Im Oktober 1990 war der Aufbruch auch schon wieder vorbei. Rudolf Mühlfenzl, Kanzler-Kohl-Vertrauter und Vorreiter des werbefinanzierten Kommerzfernsehens, wurde als Abwickler des ehemaligen DDR-Rundfunks eingesetzt. Der cholerische Bayer brachte eine Reihe Berater mit, die überwiegend dem Umfeld Leo Kirchs entstammten. Die Abzocker gingen ans Werk. Darüber hinaus entwickelte Mühlfenzl den Ehrgeiz, dem zentralistischen Monstrum DFF mal so richtig zu zeigen, was Zentralismus ist! »Hier hat nur einer das Sagen! Und das bin ich!« Ich werde nie vergessen, wie der Bayer DFF-Mitarbeitern per Maulkorberlass kritische Meinungsäußerungen zu seiner Amtsführung untersagte. Wie er reglementierend Einfluss auf unsere Sendungen zu nehmen versuchte. Und wie wir das verhinderten. Ebenso unvergesslich sein dilettantischer Versuch, per Fragebogenaktion Stasi-Mitarbeiter dingfest zu machen. Als hätten die gesuchten IM das dringende Bedürfnis verspürt, sich durch Selbstanzeige zu outen. Viel effektiver war ein lange vor Mühlfenzls Zeiten von uns vorgenommener Datenabgleich des DFF-Personalbestands mit den Gehaltslisten des Ministeriums für Staatssicherheit. Vierzig Offiziere im besonderen Einsatz, auch OibE genannt, wurden dingfest gemacht und fristlos entlassen. Als ich Mühlfenzl auf die Schwächen seiner Aktion hinwies, reagierte er allergisch. Widerspruch war nicht sein Ding. Ich habe nie in meinem Leben jemanden so brüllen hören wie den »Retter des Sandmännchens«.

Dass er uns regierte, sah man dem Programm gottlob nicht an. Der DFF verabschiedete sich ehrenvoll. Die Kollegen hielten tapfer aus. Bis zur letzten Sekunde wurde mit immer dünnerer Personaldecke und mit immer weniger Geld ein anständiges, sehenswertes Programm produziert. In der Neujahrsnacht von 1991 auf 1992 gingen im Sendezentrum Berlin-Adlershof die Lichter aus. Sämtliche »Fernsehsäcke« waren entlassen worden. Auch ich.

Es folgte ein Ausflug zu den Öffentlich-Rechtlichen, in die ARD. Ich habe sie erlebt, die Schalt- und Programmkonferenzen, Postenvergaben und Politikspielchen. Dafür muss man geboren sein. Oder lange trainieren. Dann wächst einem vielleicht diese zähe, geschmeidige Haifischhaut, die man wegen ihres geringen Widerstandes fürs schnelle Vorankommen braucht. Mir wollte sie nicht wachsen.

Wer sich in dieses Geschäft begibt, muss auf einiges gefasst sein. Was man am schnellsten verliert, ist der Charakter! Ich war nie Journalist. Ich will auch keiner werden. Es mag ein verlockender, vielleicht befriedigender Beruf sein. Aber ich habe gelernt, wie eng die Grenzen gesteckt sind. Denn eigentlich ist überall und immer DDR. Stets finden sich Gründe zu kneifen, lieber das Gängige, das Verlangte und Verkaufbare aufzutischen und ja keinem wehzutun. Vor allem nicht sich selbst! Sender brauchen Quoten, Verleger Auflage, Werber Kunden.

Außerdem gibt es Politiker, Parteien und die so genannte öffentliche Meinung (die wiederum von Journalisten gemacht wird, die ihrerseits in Abhängigkeiten stecken). Und jeder dieser Mächtigen verlangt Respekt. Demut. Tribut. Wer das nicht bringt, kann tief fallen. Manchmal genügt ein falscher Satz. Und trotzdem oder gerade deshalb: Ein Journalist, der nie in seinem Leben gefeuert wurde, weil er widersprochen hätte, hat ganz bestimmt seinen Beruf verfehlt!

Als es den DFF noch gab, habe ich »Mister Tagesthemen«, Hanns Joachim Friedrichs, zu uns in den Osten eingeladen. Er kam. Er war brillant! Er rauchte zuviel, aber ansonsten war er genau der Mann, den wir alle erwartet hatten. Der Anchorman! Und dann sagte er jenen Satz, den jeder Journalismus-Eleve wahrscheinlich schon im Erstsemester verinnerlicht. »Distanz halten, sich nicht gemein machen mit einer Sache. Nur so schafft man Vertrauen!« Mag sein, er hatte Recht. Aber ich hätte ihm in diesem Moment am liebsten an den Kopf geknallt: »He, Mann – vor dir sitzen Leute, die gerade aufrecht gehen lernen, die endlich ihren Verstand und ihr Gewissen befragen und auch mal Stellung beziehen sollen! Bis jetzt haben die nämlich nur dumm nachgeplappert! ›Ganz wichtig ist: Russisch!‹ Also, erzähl denen nichts von ›Distanz‹, sondern was von Mut und Zivilcourage! Oder ist das Schnee von gestern?« Ich war natürlich höflich und hab die Schnauze gehalten. Dafür schäme ich mich noch heute.

Eduard Heußen

Die **Macht** des **Geschichten-erzählers** Der Sprecher

Hatte er sich nur vertan? Einen kapitalen Bock geschossen? Oder war es
kühle Berechnung?

9. November 1989: Pressekonferenz in der Berliner Mohrenstraße. Die
Welt befand sich in Aufruhr. In der Sowjetunion versuchte Gorbatschow
einen Neubeginn. Die Bürger der DDR, des anderen deutschen Staates,
fuhren nach Ungarn oder in die Tschechoslowakei, von wo aus sie hofften,
in den verbotenen Westen zu gelangen. Über die deutsch-deutsche Grenze
hätten sie nicht gehen können. Die Berliner Mauer stand noch und teilte
Berlin wie das übrige Deutschland.

Günter Schabowski, Sprecher des Zentralkomitees der Sozialistischen
Einheitspartei Deutschlands (SED), berichtete aus einer der vielen Sitzungen, die auch ein Jahr vor Ende der DDR eine echte Spaßbremse waren.
Und dann habe er noch etwas als Regierungsbeschluss weiterzugeben,
teilte er den bis dahin wie üblich gelangweilten Journalisten mit: Der
Reiseverkehr für die Bürger der DDR werde neu geregelt, die Staatsgrenze
könne fortan ohne Einschränkungen passiert werden, auch nach Berlin
(West). Immer noch unsicher, was das zu bedeuten habe, fragte ein Journalist nach, wann diese Regelung in Kraft trete. Schabowski fummelte nach
seinen Notizen, schaute auf seinen Zettel, schaute auf und sagte: »Ab
sofort.«

Hatte Schabowski korrekt berichtet, was das Zentralkomitee beschlossen hatte? Oder hatte er diesmal versucht, kurzen Prozess mit dem ewig
unklaren Hin und Her und den Langweilern im Zentralkomitee zu machen?
Wenige Stunden später stellte Tagesthemenmoderator Hajo Friedrichs fest,

die Mauer sei nun offen. Da war es geschehen. Schabowskis Mitteilung hatte ein historisches Erdbeben ausgelöst.

Selbst Historiker wissen bis heute nicht, wer was genau beschlossen und was Schabowski tatsächlich vorliegen hatte. Er selbst sprach von einem »Regierungsbeschluss«, aber als Regierungssprecher war er eigentlich nicht autorisiert. Hatte er Instruktionen oder hat er auf eigene Faust gehandelt? Von einem Sprecher wird erwartet, dass er das vermittelt, was ihm aufgetragen ist. Vielleicht ist Schabowski über das Ziel hinausgeschossen. Im Ergebnis hat er die Welt verändert. Und das kommt im Leben eines Pressesprechers höchst selten vor.

Ein Pressesprecher hat kein festes Berufsbild. Er ist Auskunftgeber, Mitteiler, Erklärer, er handelt im Auftrag. Er hat keine eigene Entscheidungsbefugnis, er spricht für jemand anders. Zum Beispiel der Sprecher der Bundesregierung. Die Parteien haben Sprecher, die Fraktionen, die Ministerien. Viele öffentliche Einrichtungen haben Sprecher. Vom Sprecher der Polizei hat man den Satz im Ohr, vom Täter fehle leider jede Spur. Der Sprecher des Bundesverfassungsgerichts erläutert, warum es so lange dauert, bis über die Rentenansprüche der Witwer entschieden wird. Es gibt aber auch Sprecher von großen Organisationen (Greenpeace), Unternehmen, Atomkraftwerken (»Es bestand zu keiner Zeit Gefahr für die Bevölkerung«). Die Queen hat einen Sprecher (»She was not amused«), und Präsident Bush hat Ari Fleischer (»The President is very concerned«).

Natürlich antwortet der Bundeskanzler oder der amerikanische Präsident auch selbst auf Journalistenfragen. Kanzler Schröder hat das amerikanische Modell übernommen, in der Halle des Kanzleramtes kurze »Presse-Briefings« abzuhalten. Dann erzählt er den wartenden Journalisten, was seiner Meinung nach Sache ist. Doch tagelang sieht man ihn nicht, und dann spricht der Sprecher. Der Sprecher des früheren Bundeskanzlers Willy Brandt, Conrad Ahlers, hat einmal umrissen, was seine Aufgabe gewöhnlich sei, nämlich »das Kanzlerbild zu polieren, die Regierungsparteien zu loben und zu beschwichtigen, die Journalisten satt und faul zu machen, die Wähler zu hypnotisieren und selbst den kleinen Mann zu spielen«. Das Letzte ist ihm am schwersten gefallen.

Der Sprecher informiert über Absichten, Meinungen und Beschlüsse, die für die Öffentlichkeit bestimmt sind. Vor ihm sitzen die Journalisten, schauen auf ihr Bandgerät, ob der Ton auch mitläuft, und lassen ihn meistens ausreden. Sie warten auf den springenden Punkt, der sie interessiert. Der muss nicht immer deckungsgleich mit den Einschätzungen und Absichten des Sprechers sein. Haben sie den gefunden, erhoffen sich die einen noch mehr Information durch vertiefendes Nachfragen, die anderen laufen bereits davon, denn sie haben genug gehört und die Nachricht im Kasten.

Die Radioleute warten auf einen prägnanten Originalton, den O-Ton. Damit klingt die Berichterstattung authentischer. Geübte Pressesprecher liefern den selbst im Laufe ihres Vortrags. Das sind die Stellen, wenn der Sprecher mitten in seinem Text auf einmal in kurzen Sätzen zusammenfasst: »Ich wiederhole ...«

Und die Fotografen warten auf ein aussagekräftiges Bild, das sie den Zeitungen besser verkaufen können als die langweiligen regierungsamtlichen Mienen. Politiker und Pressesprecher wissen, wann die Kameras klacken, und haben gelernt, sich kalkulierend darauf einzustellen. Manche Pressekonferenz hat ihren Höhepunkt, wenn der Sprecher bedeutungsvoll die Brille abnimmt. Kanzler Kohl hat das ganz sparsam getan, bis er dann zu Kontaktlinsen wechselte.

Journalisten sind ein hungriges Volk. Sie geben sich, das ist Demokratie, gewöhnlich nicht mit dem zufrieden, was ihnen vorgesetzt wird. In der Mitteilung von Schabowski fehlte doch noch etwas. Für wann war die Grenzöffnung geplant? »Ab sofort« war das fehlende Zauberwort, das ihm noch zu entlocken war. Man bekommt als geübter Pressemann oder -frau ein Ohr für die Schlussworte des Sprechers. Ganz Hungrige heben dann schon die Hände. Im Presseraum des Weißen Hauses glaubt man sich zu Beginn der Fragerunde auf einer Fischauktion. Für den Sprecher beginnt dann die eigentliche Arbeit.

Pressesprecher und Journalisten sitzen auf verschiedenen Seiten der Theke. Viele Pressesprecher waren Journalisten, bevor sie Sprecher wurden. Die meisten Bundeskanzler haben bekannten Journalisten diese Aufgabe übertragen. Willy Brandt holte Conrad Ahlers vom »Spiegel«, Helmut

Pressesprecher und Journalisten sitzen auf verschiedenen Seiten der Theke.

Schmidts Sprecher Klaus Bölling war ARD-Korrespondent in Washington, Helmut Kohl verpflichtete Peter Boenisch von der »Bild«-Zeitung, und der erste Sprecher von Kanzler Schröder, Karsten Uwe Heye, war früher beim ZDF. Wenn sie in die Rolle des Sprechers schlüpfen, sind sie keine Journalisten mehr. Sie haben eine neue Aufgabe. Der erste Bundeskanzler der Bundesrepublik, Konrad Adenauer, hat sie dem damaligen Regierungssprecher Felix von Eckardt in seiner stets kölschen Färbung so aufgetragen: »Bitte, überlegen Sie doch auch einmal die Frage, was man tun kann. Ich bin manchmal entsetzt darüber, wenn ich sehen muss, dass diese Regierung, die in den Jahren ihres Bestehens doch wirklich Erstaunliches geleistet hat, so wenig Anerkennung in der Presse findet.«

In der Pressekonferenz sind die Mitteilungen des Regierungssprechers der Aufschlag für ein Spiel aus Fragen und Antworten, das sich je nach öffentlicher Kampflage bis zur Erschöpfung aller Beteiligten fortsetzen kann. Steht die Regierung unter Beschuss, kann sich das Jagdfieber der Journalisten an möglichen verschwiegenen Details entzünden, sie suchen nach Widersprüchen und kompromittierenden Zitaten, die auf tiefe Konflikte schließen lassen. Wer hat wann was gewusst. Der Sprecher wird alles mitteilen, worauf die Öffentlichkeit Anspruch hat. Soweit mindestens die Theorie.

Die Praxis kann so aussehen: Nehmen wir an, die Arbeitslosenzahlen waren wieder einmal hoch, das Kabinett hat beraten und beschlossen. Der Sprecher tritt vor die Presse und bedauert, dass die Zahl der Arbeitlosen gestiegen ist. Dennoch, so stellt er fest, lassen sich erste Erfolge der von der Bundesregierung eingeleiteten Bekämpfung der Arbeitslosigkeit bereits erkennen. Die Zahl der Arbeitslosen sei nicht so hoch, wie ohne diese Maßnahmen zu befürchten gewesen wäre. Am Schluss steht als Beweis für die Tatkraft der Regierung ein Drei-Punkte-Programm als Kabinettsbeschluss, erstens, zweitens, drittens.

Jetzt beginnt das Spiel. Der Sprecher strahlt Zuversicht aus, obwohl er weiß, dass die Situation nicht vom Feinsten ist. Zumindest die Zahlen sollten stimmen. Erste Nachfragen zeigen, sie stimmen wohl, und so werden sie noch einmal ausführlich beleuchtet. Dann wird der Drei-Punkte-Katalog ausgewalzt. Auch hier sind die Vorbereitungen aus den Ministerien fachlich einwandfrei. Gibt es noch Fragen? Selbstverständlich gibt es die: »Teilt die Bundesregierung die Auffassung, dass die vorgesehenen Maßnahmen die Arbeitslosigkeit nicht beseitigen werden?«

Hier freut sich der Pressesprecher, denn diese Frage hat er erwartet. Er kann Optimismus demonstrieren, die Schwarzseherei der Opposition zurückweisen, auf positive Erfahrungen im Ausland verweisen, und auch die Arbeitgeberverbände haben die drei Punkte schon gefordert. Der Angriff ist pariert.

Aber die nächste Frage kommt bestimmt: »Stimmt es, dass der Finanzminister im Kabinett die Wirksamkeit dieser Maßnahmen bezweifelt und aus Kostengründen zunächst gegen den Beschluss war?« – Das ist die Frage, die der Sprecher befürchtet hat. Woher weiß die fragende Kollegin das? Jetzt muss er tiefer in den Instrumentenkasten greifen. Falsch wäre es zu fragen: »Woher wissen Sie das?« Das wäre eine Bestätigung des Sachverhalts. Einfach zu antworten: »Ja, das stimmt« – geht auch nicht. Dann hätte die Presse nicht *ein*, sondern *das* Thema: Krach in der Regierung.

Also sagt der Pressesprecher, im Kabinett habe eine »lebhafte Diskussion« stattgefunden, an der sich natürlich auch der Finanzminister beteiligt habe. Jetzt geben wir dem Sprecher drei Möglichkeiten, das noch zu konkretisieren. Erstens könnte er hinzufügen: »Eine solche Äußerung des Finanzministers habe ich so nicht gehört.« Das wäre jedoch ein miserables Dementi, das ihm bestenfalls einen Aufschub verschafft, bis ein Rudel nachtelefonierender Journalisten ein Leck gefunden hat. Sie finden eins. Zweite Möglichkeit:

»So hat der Finanzminister das nicht gesagt« (entspricht der Wahrheit, da er anders formuliert hat). Damit käme der Sprecher aber nicht durch. Denn die Nachfrage lässt sich die Fragestellerin nicht entgehen: »Wie hat er es denn gesagt?« Da bleibt dem Sprecher nur die brutalst mögliche Offenheit, und er wählt als dritte Möglichkeit die Teilbestätigung, die er jedoch ins Positive wendet. Obwohl er nicht befugt sei, Einzelstimmen aus dem Kabinett zu zitieren, könne er anfängliche Skepsis beim Finanzminister bestätigen, die jedoch durch Nachbesserungen im Text beseitigt werden konnte. Am Ende hätten alle geschlossen für das Drei-Punkte-Programm gestimmt. Der Bundeskanzler habe nicht eingreifen müssen.

Dieser letzte Satz ist ihm wichtig. Er zeigt, der Kanzler hat alles im Griff. Und darauf kommt es schließlich an, selbst wenn er danach nicht gefragt worden ist. Wie sagte Ahlers – das Kanzlerbild polieren.

Der Vorsitzende der Pressekonferenz ruft das nächste Thema auf. Der Sprecher trocknet heimlich unter dem Tisch die feuchten Handflächen. Das Rollenspiel hat funktioniert. Es funktioniert, weil sich die Pressekonferenz, also der Sprecher und die Journalisten, an ihre Regeln halten, auch wenn diese nirgendwo geschrieben stehen. Journalisten, die zur Pressekonferenz eingeladen werden, wissen, dass sie einen Anspruch auf eine gewisse Qualität der Auskunft haben, auf Genauigkeit, Wahrhaftigkeit und Ausführlichkeit. Sonst fühlen sie sich verschaukelt und meutern.

Damit das Spiel funktioniert, muss der Sprecher aber auch mit der notwendigen Autorität ausgestattet sein. Das ist so selbstverständlich, dass es in der täglichen Routine keinem richtig auffällt. Einige Regierungssprecher hatten jedoch in der Vergangenheit diese Autorität nicht. Sie waren nicht ausreichend informiert oder sagten zu wenig. Dann suchen sich die Journalisten andere Quellen, zum Beispiel den Büroleiter eines Ministers oder gar den Minister selbst. Der Sprecher sieht das gar nicht gern und der Kanzler auch nicht. Denn was dabei herauskommt, nannte Kanzler Schröder »Kakophonie«. Letztlich schadet es dem Ansehen der Regierung, wenn sie mit vielen Stimmen spricht.

Der Sprecher muss also über die Autorität des Amtes und über Autorität durch Qualifikation verfügen. Dazu ist er bei einer Kabinettssitzung der Bundesregierung dabei. Er ist überhaupt bei vielen Ereignissen, Besprechungen, Telefonaten und Besuchen dabei, auch wenn er nichts darüber zu berichten hat. Er muss ständig im Bilde sein, die Diskussion, Hintergründe und Motive kennen und die Personen einschätzen und Verwertbares aufschnappen können. Das ist bei großen Ereignissen und klaren Ergebnissen nicht so schwer. Normal ist jedoch die harte Prosa des Alltags. Wenn es schlimm kommt, quälen öde Sitzungen, verdecktes Reden, keiner sagt, so ist es – basta. Was soll der Sprecher dann mitteilen? Wenn er Glück hat, gibt es einen Kanzler, Vorsitzenden, Geschäftsführer oder Generalsekretär, der »Ergebnisse« zusammenfasst. Wenn er Pech hat, wird am Ende die Parole ausgegeben: Über alles, was wir hier besprochen haben, kein Wort an die Presse. Bei Helmut Kohl soll daraus die Regel geworden sein: »Was sagen wir jetzt? – Am besten nichts.« Eine solche Situation ist für den Sprecher eine echte Herausforderung. Denn die hungrigen Journalistenmäuler sind schwer zu stopfen. Und wehe, sie kommen auf keine Zeile. Dann schreiben sie, was sie wollen.

Der Sprecher kann sein Amt also nur ausfüllen, wenn er weiß, wovon er redet und das auch darf, sonst bekommt er eine schlechte Presse. Die zweite Regel lautet: Die Antworten müssen wahrhaftig sein. Wenn er lügt, überlebt er meistens nicht lange. Natürlich wissen die journalistischen Profis vor ihm, dass er nicht immer alles sagt. Tatsächlich ist die Frage schwer zu beantworten, was zwischen Sprecher und Journalisten als wahrhaftig durchgeht. Nichts als die Wahrheit ist eine Mindestvoraussetzung, aber die *ganze* Wahrheit? Die ganze Wahrheit herauszubekommen, ist

> **Denn die hungrigen Journalistenmäuler sind schwer zu stopfen. Und wehe, sie kommen auf keine Zeile. Dann schreiben sie, was sie wollen.**

Aufgabe der Journalisten. Ihr sportlicher Ehrgeiz liegt in der Frage, die weiß, dass der Sprecher Interessen zu wahren hat, die nicht identisch mit denen der Journalisten sind. In unserem Beispiel bestand die Gefahr, dass die anfängliche Kritik des Finanzministers zur eigentlichen Botschaft wurde. Je deutlicher die Vertuschungsabsicht erkennbar wird, umso sicherer steht am nächsten Tag die unangenehme Überschrift in den Zeitungen. Da hilft nur Offenheit.

Die dritte Regel ist ganz die Regel der Journalisten. Sie fragen nach dem, worauf die Öffentlichkeit Anspruch hat. Das ist der Ausweis ihrer professionellen Ernsthaftigkeit. Sie gibt den Fragen Nachdruck und setzt ihnen Grenzen. Der Frager muss für sich entscheiden, wann er genug weiß.

Die Regeln und der routinierte Umgang mit den Gesetzmäßigkeiten des Rollenspiels bestimmen die Professionalität zwischen Sprecher und Journalisten. Beide können sich gegenseitig einschätzen. Sie wissen, wann Maßlosigkeit die Beziehungen vergiften würde. Beide Seiten wissen, dass das Spiel zwischen ihnen kein Spiel ist. Ein falsches Wort, es steht in der Zeitung und ist ab dann eine Tatsache. Damit muss der Sprecher rechnen. Aber auch die schlichteste Arbeitslosenstatistik aus dem Mund eines Regierungssprechers ist für den Journalisten noch kein objektives Faktum, das er einfach so hinnehmen wird. Er wird nie vergessen, dass der Regierungssprecher vor ihm steht, der Sachanwalt der Regierung ist, meistens ein Vertrauter des Kanzlers, und wenn er spricht, spricht er nie ohne Absicht.

Ein anderes Beispiel: Der Kanzler hat einen außenpolitischen Coup gelandet. Nehmen wir an, er hat es öffentlich für richtig gehalten, der Türkei zu helfen, drei Jahre früher der Europäischen Union beizutreten. Er wird kaum vor die Pressekonferenz treten und ungeschützt sagen: »Meine Absicht ist es, der Türkei zu helfen usw.« Vielmehr wird er Meinungen und Positionen unterstützen, die einen frühzeitigen Beitritt der Türkei für richtig halten. In diesem Beispiel sind jedoch trotz der vorsichtigen Ausdrucksweise die Wellen hochgeschlagen. Der Kanzler hatte sich am Rande einer Konferenz in Brüssel geäußert. Die üblichen diplomatischen Kreise zeigten sich »überrascht«. Sie dürfen nicht »sauer« sein, sie sind »überrascht«. Der völlig falsche Zeitpunkt für einen solchen Vorstoß, sagt dann der außenpolitische Sprecher der Oppositionsfraktion. In der eigenen Partei regt sich Widerspruch. Ehemalige Außenminister kommen in der Presse zu Wort. In den europäischen Hauptstädten schweigt man beredt. Was macht ein Pressesprecher in einem solchen Fall? Er führt Hintergrundgespräche.

Bei einem Hintergrundgespräch muss er nicht damit rechnen, mit Namen und wörtlich zitiert zu werden. Hintergrundgespräche sind eine geregelte Verabredung zwischen Journalisten und Sprecher, die beiden Seiten nützlich sein kann. Unter dem Siegel der Verschwiegenheit erzählt der Sprecher, der Kanzler habe seinen Vorstoß mit anderen Regierungschefs abgesprochen. Dieser Vorschlag entlaste die Beziehungen zu den Amerikanern.

Der Pressesprecher erzählt eine Geschichte, ergänzt durch seine eigenen internen Beobachtungen. Seine Macht ist die Macht des Erzählers. Doch ob die Geschichte »gekauft« wird, hängt gewöhnlich davon ab, ob sie überzeugt, ob sie Sinn macht und – ob sie neu ist. Sie muss neu sein, damit die Botschaft hinter der Botschaft zur Nachricht werden kann. Die bloße Wiederholung der Nachricht, dass der Kanzler für einen frühen EU-Beitritt der Türkei ist, lockt keinen Journalisten aus der Schreibstube. Er erwartet die nächste Umdrehung der Spirale der anlaufenden Auseinandersetzung. Dafür braucht er mindestens die Geschichte der Geschichte.

»Kanzler verärgert über innerparteiliche Kritiker« wäre eine solche neue Geschichte. Immerhin gibt es schon einige innerparteiliche Kritiker, und Streit in der Partei ist eine journalistische Bonanza mit vielen Folgegeschichten, Stimmen aus dem Hintergrund, Krisensitzungen und besorgten Fragen, hat er noch alles im Griff? Aber eine solche Geschichte wird der Sprecher kaum liefern. Er will eine positive Berichterstattung. »Kanzler setzt Kurswechsel durch« kommt der Sache schon näher. Das Wort »Kurswechsel« wirkt aktiv, es schafft Ordnung und bringt Struktur in die Geschichte. Der Kanzler bestimmt die Richtlinien der Politik. Er schaut nach vorne. So soll es sein.

Hat sich dieser Begriff durchgesetzt, gibt es eine Messlatte für die politische Auseinandersetzung. Jetzt wird ablesbar, wer für oder gegen einen Kurswechsel ist, wer für Neues aufgeschlossen ist, wer an alten Sichtweisen festhält. Mag die Sache dahinter, der frühe Beitritt der Türkei zur EU, fast vergessen sein. Um diese Messlatte geht es jetzt. An ihr entscheiden sich Sieg oder Niederlage.

Natürlich reichen die Hintergrundgespräche und viele Telefonanrufe nicht, um diese Geschichte durchzusetzen und die politische Auseinandersetzung zu gewinnen. Bald äußern sich die Fachleute, einige müssen dazu angestoßen werden. Im Parlament gibt es Debatten, Anträge und Gegenanträge. Der Sprecher bleibt bei seiner Geschichte und wird jede neue Runde der Auseinandersetzung zu einem neuen Kapitel ausarbeiten.

Als Geschichtenerzähler ist er Teil der Unterhaltungsindustrie, und er muss sich schon etwas einfallen lassen, um nicht zu langweilen. Schlecht für ihn ist es, wenn große Teile der Medien seine Geschichte nicht kaufen. Er glaubt dann, vor einer Barriere zu stehen, obwohl er doch eine überzeugende Geschichte vorgetragen hatte. Steht dahinter eine Verabredung oder gar eine Anweisung? Die Medienwelt ist groß und vielfältig, aber manchmal auch klein und übersichtlich. War der Chefredakteur lange nicht exklusiv in der Kanzlermaschine beim Staatsbesuch dabei, oder hat sich der Ressortchef Politik über eine Bemerkung der Kanzlergattin geärgert?

Der Sprecher hat die Macht des Erzählers, der Kanzler die Macht des handelnden Politikers. Dabei erzählt auch der Kanzler viele Geschichten, besonders wenn er von Journalisten auf langen Reisen begleitet wird. Dann ist Zeit dafür. Die Öffentlichkeit will verstehen, was er macht, aber auch warum er so handelt. Wie viel ein Politiker von sich preisgibt, das entscheidet er trotz allem Drängen selber. Es gibt Beispiele für gewährte intime Einblicke, die gründlich fehlgeschlagen sind, aber es gibt auch Beispiele für gelungene Abschottungen. Natürlich gibt es auch unerlaubte Grenzüberschreitungen der Medien. Die Grenzen zwischen privat und öffentlich sind ständig umkämpft und müssen immer wieder neu gezogen werden. Letztlich sind Politiker nicht gut beraten, wenn sie in guten Zeiten die Grenzen ins Private zu weit öffnen. Das rächt sich in schlechten Zeiten.

Der Pressesprecher ist der Vertraute des Politikers. Er wird nichts erzählen, was nicht im Sinne seines Auftraggebers ist und mit dessen Billigung geschieht. Er wird aber auch darauf achten, notfalls sogar mit juristischen Mitteln, dass die üblichen Grenzen nicht überschritten werden. Diese durchaus wechselseitige Loyalität ist die Grundlage der Beziehung zwischen Chef und Sprecher.

Und doch gibt es zuweilen den kapitalen Fehler, der ihm unterläuft, und dann hält ihn keine Macht der Welt. Es muss nicht gleich die DDR zusammenbrechen. Aber den amerikanischen Präsidenten einen »Schwachkopf« zu nennen war für die kanadische Regierungssprecherin Françoise

Ducros das vorläufige Ende ihrer Karriere. Es half ihr nicht, dass sie ihre Äußerung als rein privat bezeichnete. Auch der Premierminister versicherte, Bush sei alles andere als ein Schwachsinniger, und die Sprecherin sei sehr gut und habe ihm und der Regierung gute Dienste getan. Es half nichts. Sie musste gehen.

Peter Scholl-Latour

»Hören Sie nur auf sich selbst!«
Der Auslandskorrespondent

Für den erfolgreichen Auslandskorrespondenten – zumal wenn er in kriegerische Situationen verwickelt wird – gilt der Anspruch, den Napoleon Bonaparte und Friedrich der Große an ihre Generäle richteten: »Er muss Fortüne haben!«

Ganz ohne eigene Leistung geht es natürlich nicht. Ich war schon 36 Jahre alt, als ich zum ersten Mal »the sweet smell of success« in einem Beruf verspürte, den ich bislang mit viel Engagement und Freude, aber ohne nennenswerte Anerkennung ausgeübt hatte. In den frühen Nachkriegsjahren gab es noch keine Journalisten-Schulen, und so absolvierte ich ab 1948 meine Volontärszeit bei der »Saarbrücker Zeitung«, um dort zwei Jahre später zum außenpolitischen Redakteur aufzusteigen. Es war ein glücklicher Zufall, dass ich 1950 meine ersten Reportagen über die USA schreiben und mir nach und nach einen »Bauchladen« deutscher Blätter zulegen konnte, vom »Tagesspiegel« bis zur »Stuttgarter Zeitung«, für die ich – mit erbärmlichen finanziellen Mitteln ausgestattet – schon die ganze Welt bereisen und schildern durfte. Einige Konsistenz müssen meine damaligen Artikel aus dem französischen Indochina, später aus dem Algerien-Krieg, aus der brodelnden Welt des Islam von Marokko bis Indonesien oder aus Schwarzafrika wohl gehabt haben, denn ich habe sie, ohne eine Zeile daran zu verändern, vierzig Jahre später in meine diversen Bücher einbauen können, die zu »Bestsellern« wurden.

Drei Jahre intensiver Reporter-Tätigkeit für den ARD-Hörfunk – mein Revier erstreckte sich von Algier bis Kapstadt – genügten, um mir eine Reputation zu verschaffen, die den Westdeutschen Rundfunk veranlasste, mir die Leitung des ersten Fernsehstudios in Paris zu übertragen. In das

neue schillernde Medium der audiovisuellen Berichterstattung wurde ich – von einer kurzen Periode im »Weltspiegel« einmal abgesehen – ohne jede Vorbereitung wie ins eiskalte Wasser gestoßen. Das Wagnis, das meine Kölner Vorgesetzten damit eingingen, hat sich bezahlt gemacht. Binnen weniger Monate verkörperte ich in den Augen des deutschen Fernsehzuschauers das Frankreich de Gaulles, und mein Auftreten in fast jedem »Weltspiegel«, in zahlreichen Dokumentationen verschaffte mir eine Popularität, die ich mir bis auf den heutigen Tag nicht ganz erklären kann.

Eine umfassende Allgemeinbildung und unersättliche Neugier sind unentbehrliche Voraussetzungen für solide Korrespondentenarbeit.

Eines hatte ich allerdings begriffen, nachdem ich recht unabsichtlich in den Journalismus hineingeraten war: Ein solides Studium, eine umfassende Allgemeinbildung und unersättliche Neugier sind unentbehrliche Voraussetzungen für solide Korrespondentenarbeit. Die ständigen Reisen, die mich ab 1950 zwischen Hanoi und Minneapolis, zwischen Teheran und Lima um den Globus schwirren ließen, haben mich nicht daran gehindert, in Paris das »Diplôme des Sciences Politiques« und ein »Doctorat de la Sorbonne«, später im Libanon ein Diplom für arabische Sprache und für Islam-Kunde zu erwerben.

Manche Heimatredakteure bemängelten zunächst meine nasale Stimme, ließen meine Kommentare durch geübte Sprecher mit »frisierter Schnauze« verlesen, bis auch sie begriffen, dass die Eigenart des sprachlichen Duktus oft unentbehrliches Kennzeichen persönlicher Glaubwürdigkeit ist.

Sehr früh habe ich auch die irritierende Erfahrung gemacht, dass die Heimatredaktionen – damals gab es neun ARD-Sender – der Exklusivmeldung des eigenen Korrespondenten, dem »Scoop«, erst Glauben schenkten, wenn sie durch offizielle Nachrichtenagenturen bestätigt war. So hatte ich als Erster von der Ermordung Patrice Lumumbas erfahren – seinerzeit ein weltbewegendes Ereignis –, aber nur ein paar meiner Auftraggeber wagten es, diese Meldung sofort zu publizieren. Für meine Kriegsberichterstattung, auf die mich manche Kollegen ausschließlich festnageln möchten, war es zweifellos von Nutzen, dass ich in einem französischen Fallschirmkommando in Indochina gedient hatte und damit die folgenden spätkolonialen Feldzüge in der so genannten Dritten Welt besser einordnen konnte. Bei den Heimatredaktionen wurde ich oft als schwieriger Fall eingestuft, und ich habe schon früh gemerkt – vor allem seit ich meine Fernsehkorrespondenten-Tätigkeit 1963 in Paris aufnahm –, dass der Ruf, bärbeißig und schroff zu sein, sich gelegentlich auszahlt. Das hat herzliche, ja freundschaftliche Beziehungen keineswegs ausgeschlossen. Bei der älteren Generation der TV-Potentaten, die durch den Zweiten Weltkrieg gegangen war, kam eine Verbundenheit der »Überlebenden« hinzu, die heute vielleicht im beinharten Wettstreit der Nachfolger verloren gegangen ist. Angesichts der Sonderposition, die mir sowohl der WDR als auch das ZDF eingeräumt hatten – zum Beispiel die eigene Entscheidung über weltweite Themenwahl nach kurzer Absprache mit Intendanz und Chefredaktion –, habe ich natürlich nicht nur Freunde und Gönner in der Zentrale besessen. Doch mir war stets weit mehr daran gelegen, dass die Kamerateams, mit denen ich gefährliches Terrain betrat, mir ihr absolutes Vertrauen schenkten und meine persönliche Fürsorge im Einsatz zu schätzen wussten. An kritische Reaktionen der Kollegen zu Hause hatte ich mich gewöhnt. Oft fand man, dass meine Berichterstattung zu anspruchsvoll, elitär und mit Fremdwörtern belastet sei. Das breite Publikum hat das offenbar nicht so empfunden und bewiesen, dass Journalisten ihre Zuschauer oder Leser oft unterschätzen.

»Je n'enseigne pas, je raconte – ich belehre nicht, ich erzähle«, hatte schon Montaigne geschrieben. In den oft brillanten Reportagen meiner Nachfolger sehe ich die Spontaneität des »Ich« allzu häufig durch blutarme Formeln wie »der Korrespondent dieser Zeitung« ersetzt und bedauere zutiefst, dass ein missmutiger Konsens der Heimatredaktionen immer wieder die Oberhand gewinnt. Weder der Afrika-Entdecker und Journalist Henry Morton Stanley noch der Altmeister unserer Gattung Joseph Roth hätten sich jemals in eine solche Anonymität drängen lassen. Bei den Fernsehkorrespondenzen unserer

Tage – sei es nun »Weltspiegel« oder »heute-journal« – nimmt die Tendenz zu, die vor Ort erworbene Sachkenntnis des Reporters durch die schulmeisterliche Autorität des »Moderators« einzuengen. Subjektivität der Berichterstattung ist nicht nur ein Ausdruck von Bescheidenheit, sie kommt auch der Wirklichkeit – um die geht es ja – am nächsten.

Diejenigen, die allgemeingültige Wahrheiten verkünden wollen, sollten sich die Pilatus-Frage stellen lassen: »Quid est veritas?«. Hinter dem Verkündungsjournalismus verbirgt sich allzu oft ideologische Voreingenommenheit oder jene verfluchte »political correctness«, die ständig neuen Meinungsfacetten nachläuft. Alle Empfehlungen, die ich meinen beruflichen Enkeln mitgeben möchte, werden ihnen vermutlich wenig nützen. Wer kann es sich als junger Auslandskorrespondent heute noch leisten, sich gegen gewisse zu Hause fest etablierte Vorurteile zu stemmen, zumal wenn parteipolitische Rücksichtnahmen oder verlegerische Leitlinien die vorgeschriebene Richtung weisen. Mir war es vergönnt, in den sechziger Jahren als Fernsehkorrespondent in Paris »Gaullist« zu sein und die besondere Bedeutung der deutsch-französischen Beziehungen hervorzuheben, als die offizielle Bundesrepublik – aus durchaus verständlichen Gründen übrigens – einem strikt angepassten »Atlantismus« anhing. Bei meinen Berichten aus Vietnam, aus dem Iran Khomeinis, aus Afghanistan war es mir ebenfalls vergönnt, gegen den Strom schwimmen zu können. Mein Glück war es, vor äußeren Anfechtungen stets durch meine Vorgesetzten geschützt zu sein. Einem fast 80-jährigen fällt die antikonformistische Deutung der Ereignisse natürlich viel leichter gemäß dem Spruch George Bernard Shaws: »Beware of old men, they have nothing to lose – nehmt euch vor alten Männern in Acht, sie haben nichts zu verlieren.« Mit den fremden Kulturkreisen, in denen ich mich bewegte, bin ich – so glaube ich – stets gut ausgekommen, weil ich ihre Eigenart studierte und respektierte. Ich habe mich stets gehütet, ihnen einen törichten »Globalismus« überzustülpen. Ohne ein gesundes Gemisch aus Sympathie und Skepsis sollte man übrigens nie über ein anderes Land schreiben.

Man mag an der Zukunft des Schwarzen Kontinents verzweifeln, aber die fröhliche Unbefangenheit seiner Menschen versöhnt mit so vielen Missständen. Wer als Asien-Korrespondent durch die Fülle uralter Mythen nicht beeindruckt ist, wer zwischen Samarkand und Angkor Wat nicht jenes »Schaudern« empfindet, das Goethe als des Menschen bester Teil bezeichnet, der hat in diesem Beruf nichts zu suchen. Mehr und mehr hat sich der Islam als vorherrschendes Thema außenpolitischer Betrachtung in den Vordergrund gedrängt. Die Erziehung in einem streng

Hinter dem Verkündungs-journalismus verbirgt sich allzu oft ideologische Voreingenommenheit.

katholischen Internat, wo die religiösen Dogmen noch unantastbar waren, hat mir wohl erlaubt, die koranische Botschaft weder mit den säkularen Vorstellungen unserer Epoche relativieren zu wollen noch die militante Strenge dieser islamischen Lehre zu verniedlichen. Mögen einige deutsche Orientalisten an meiner Islam-Interpretation Anstoß nehmen, die bei uns lebenden Muslime – Türken, Perser, Afghanen, Maghrebiner – haben mir immer wieder ihr Vertrauen geschenkt, und auf sie kommt es doch an. Wer sich nicht in die theozentrische Mentalität der »Umma« versetzen kann, sollte sich der Bewertung einer Glaubenswelt enthalten, die von Marokko bis Indonesien reicht. Er sollte aber auch wissen, dass den emotionalen Aufwallungen dieser Milliardenmasse nur mit eigener Standfestigkeit begegnet werden kann.

Wie sind Sie fremden Kulturkreisen näher gekommen? Wie haben Sie sich der Mentalität exotischer Völker angenähert?, so werde ich oft gefragt. Vielleicht liegt das daran, dass ich stets eine Passion für Ethnologie gehabt und den Religionen immer eine hohe politische Bedeutung beigemessen habe. Die Tatsache, dass ich meine ersten Reportagejahre in aller Welt mit extrem bescheidenen Mitteln bestreiten musste und auf langen Reisen die Lebensbedingungen der »Eingeborenen« teilte, schuf unmittelbaren Kontakt. Das galt – zumal in Ostasien – insbesondere auch für die örtliche Weiblichkeit, die von den Franzosen der Kolonialzeit als »dictionnaire à cheveux«, als »Lexikon mit den langen Haaren« bezeichnet wurde. Stets habe ich mich bemüht, anderen Kulturen mit Respekt und Interesse zu begegnen und den Gesprächspartnern Vertrauen einzuflößen. Das ist wohl eine Frage des Instinkts, der sich nicht erlernen lässt. Mit fortschreitenden Jahren kam ein Vorteil hinzu, für den man in Europa kaum noch Verständnis aufbringt. Das Alter verschaffte mir Achtung und höfliche Bevorzugung gerade bei jenen Völkern des Orients, deren Gesellschaftsstrukturen bei uns oft einer ärgerlichen Verzerrung und Fehldarstellung unterliegen.

> **Stets habe ich mich bemüht, anderen Kulturen mit Respekt und Interesse zu begegnen.**

Als »Gefährte des Krieges« bin ich in die Wahrnehmung eines breiten Publikums eingegangen. Dabei habe ich von Jugend an nur jene Höhepunkte des unmittelbaren Erlebnisses gesucht, die die Franzosen »les émotions fortes« nennen. Damit ist nicht nur die »Droge« der unmittelbaren Gefährdung gemeint, sondern das kann eine träge Schiffsreise auf dem Kongo sein, das Erglühen der roten Hoggar-Felsen in der Sahara, das Gespräch mit einem geistreichen »Mandarin« der Rive Gauche in Paris. Vielleicht bin ich auch deshalb ein so schlechter Ratgeber für junge Kollegen, weil für mich der Journalismus – bei aller Gewissenhaftigkeit der Berufsausübung – nur ein Mittel zum Zweck war. Diese Profession hat mir die Möglichkeit verschafft, das farbige und auch abenteuerliche Leben zu führen, von dem ich in jungen Jahren stets geträumt hatte.

Am Ende sei festgestellt, dass jeder Angehöriger unserer Zunft den »conseil« beherzigen sollte – ich weiß, wie schwer das ist –, den der alte Charles de Gaulle dem jungen John F. Kennedy auf den Weg gab: »N'écoutez que vous-même – Hören Sie nur auf sich selbst!«

Michael Mueller

Von Kriegsgefahr und Kanzlerhaar

Wie aus einem Ereignis eine Nachricht wird

In New York brennt eine Mülltonne! Sie dürfte es wohl kaum als Meldung in die Zeitung oder als Nachrichtenfilm in die Newsshow – so heißt das heute mancherorten – schaffen. Es sei denn, sie stünde im Keller eines großen öffentlichen Gebäudes, der Rauchmelder reagierte, Feueralarm würde ausgelöst, Hunderte von Menschen müssten das Gebäude verlassen, ein Großaufgebot der Feuerwehr rückte aus.

Das war schon immer eine Nachricht, eine Meldung, ein Kurzfilm in den Abendnachrichten. Bis vor ein paar Jahren aber höchstens in der Lokalpresse und im Stadtfernsehen. Heute hingegen könnte eine solche Nachricht es durchaus bis zu einer mehrstündigen Live-Sendung bei CNN bringen und hektische Betriebsamkeit in den Nachrichtensendern und Redaktionen einiger Dutzend anderer Staaten auslösen. Man stelle sich nur vor, die Mülltonne würde im UN-Hauptquartier im Vorfeld einer Weltsicherheitsratskonferenz brennen, und die Ursache des Alarms ließe sich nicht binnen weniger Minuten aufklären.

Das frei erfundene Beispiel zeigt, dass die schlichte Frage, was wann und warum eine Nachricht ist und was ein Ereignis zu einem berichtenswerten, für eine breite Öffentlichkeit interessanten Vorkommnis macht, gar nicht so einfach zu beantworten ist. Es kommt auf den Ort, die Zeit und auf die Umstände an, und die sind oft schwer zu beurteilen. Der Reporter vor Ort, die Nachrichtenredakteure in den Zentralen der Zeitungen und Sender, sie müssen entscheiden, was eine seriöse Nachricht ist, was in welcher Form und Länge und Gewichtung dem Publikum präsentiert wird. Auf ihre

Urteils- und Entscheidungsfähigkeit und auf die Informationen, die ihnen zur Verfügung stehen, kommt es an. Und die sind heute durch immer mehr Faktoren beeinträchtigt

Nachrichtenevents

Ein diesmal gar nicht frei erfundenes Beispiel aus der Welt des Nachrichtenfernsehens: Ein blonder junger Mann um die dreißig steht auf dem Balkon eines Hochhauses. Es ist Nacht, im Hintergrund ist schemenhaft die Silhouette einer schwach beleuchteten Stadt zu erkennen. Am Horizont flackert es stärker: Feuerschein. Ab und an ist ein undeutliches Grollen zu hören. Der junge Mann sieht in die Kamera, spricht in ein Mikrofon. Er redet lange, eigentlich redet er unablässig. Ab und zu blickt er hinter sich in die schwarze Nacht, in der sich die ganze Zeit nichts an der Tatsache ändert, dass kaum etwas zu erkennen ist.

Der Mann ist Reporter des amerikanischen Nachrichtensenders CNN. Er steht auf dem Balkon eines Hotels in Kabul. Die Vereinigten Staaten führen ihren Krieg gegen den Terror. Der Feuerschein am Horizont, das *könnten* kämpfende Bodentruppen sein. Das Grollen einschlagender Granaten *vielleicht* ein Gegenangriff, eine Offensive der Taliban. Man weiß es nicht. Auch der Reporter weiß es nicht. Er redet trotzdem, meist im Konjunktiv, und vor allem um die Tatsache herum, dass er es nicht weiß. Aber schließlich ist er beim Nachrichtenfernsehen, und das sendet 24 Stunden am

Tag und bevorzugt live, wenn irgendwo ein Feuerschein zu sehen ist. Es hätte auch eine besonders große brennende Mülltonne sein können, aber es waren schließlich ein paar Öltanks, die warum auch immer in Brand geraten und explodiert sind. *Vielleicht* durch ein kleineres Scharmützel. *Vielleicht* durch menschliches oder technisches Versagen. Nichts jedenfalls, was so wichtig gewesen wäre, dass die Weltöffentlichkeit dem stundenlang live folgen müsste. Der junge Mann vom Nachrichtensender aber war live drauf, in vielen Ländern, die die Berichterstattung übernahmen, auch in Deutschland.

Dieses Beispiel zeigt besonders deutlich, dass aus der vermeintlichen Nachricht mittlerweile leicht stundenlanges Event-Fernsehen werden kann, dessen Nachrichtengehalt letztlich gegen null tendiert. Es ist eine Mogelpackung.

Dabei sind die journalistischen Grundkriterien, was eine Nachricht ist und was nicht, die jeder Journalist am Anfang seiner Ausbildung eingebläut bekommt, relativ simpel und am gesunden Menschenverstand ausgerichtet: »Kabul wird angegriffen.« Das ist eine Tatsache und eine Nachricht. »Kabul könnte demnächst angegriffen werden.« Das ist eine Prognose und eine Meinungsäußerung. Stammt sie von einem Politiker oder einem Experten und basiert auf der Analyse neuester Truppenbewegungen, dann ist sie eine Meldung wert. Ein Zitat als Nachricht.

»Kabul wird vielleicht gerade angegriffen.« Wenn ein Reporter vor Ort sich so ausdrückt, wäre ihm früher von der Heimatredaktion vermutlich gesagt worden: »Okay, melde dich wieder, wenn du mehr weißt.« Heute lautet die Reaktion – vor allem beim Fernsehen: »Okay, wir gehen auf Sendung.« Das ist ein Problem – und zwar für alle Beteiligten, auch für den Zuschauer. Er wird zum Opfer eines sich immer schneller drehenden Nachrichten-karussells, in dem die Grenzen zwischen Information und Desinformation verschwimmen, wie der erbittert geführte Informationskrieg der Medien untereinander und der gleichzeitige Propagandakrieg der Regierungen um den Irak und den Krieg gegen den Terror gezeigt haben. Alex Rühle fasste es anhand eines anderen Beispiels in der »Süddeutschen Zeitung« einmal so zusammen: »Nie war es leichter, Angst zu erzeugen als heute: Eine Nachricht erreicht dank Internet und schnell getakteter Nachrichtensendungen den letzten Laien schneller, als sie vom ersten Experten geprüft werden kann, es gibt kaum noch einen Unterschied zwischen einer Äußerung und deren Verbreitung.« Somit wird jede Vermutung zur Nachricht, die Information ersetzt durch Spekulation.

Hier setzt die Verantwortung des Nachrichtenaufbereiters und Nachrichtenverbreiters ein, auf dessen Informiertheit und Fachkenntnis es letztlich ankommt. Das war schon immer so, doch nie war der Faktor Zeitdruck dabei so bedeutend wie heute.

Für Nostalgie und Romantik ist in keiner Nachrichtenredaktion heute mehr Platz. Zu sehr bestimmen Spezialisierung, Arbeitsteilung, Geschwindigkeit und Konkurrenzkampf den Arbeitsalltag der meisten Journalisten, die im Nachrichtenbereich tätig sind. Takt und Themen werden von den größten Sendersystemen vorgegeben und orientieren sich an quotenträchtigen weltpolitischen Ereignissen. Die anderen schließen sich dem an. Längst hat sich eine Mainstream-Nachrichtenkarawane in Bewegung gesetzt, die fast im Gleichschritt um die Welt zieht und gemeinsam wechselnde Säue durchs globale Dorf treibt. Was auf den ersten Blick logisch – weil am öffentlichen Interesse orientiert – erscheint, hat weitreichende Konsequenzen. Eine umfassende Information ist pure Illusion. Wer interessiert sich schon für die Hungersnöte in Afrika, wenn gerade der weltweite Krieg gegen Terror tobt? Wer widmet sich noch dem Kokainproblem in Mittel- und Südamerika, wenn die Welt gerade auf Afghanistan schaut?

Zugegeben – nicht alle Themen können zur gleichen Zeit gleichermaßen im Blickpunkt des Interesses stehen. Selbstverständlich beherrscht ein Ereignis wie der 11. September 2001 für eine gewisse Zeit das Fernsehen und die Presse der Welt. Doch eine seltsame Mischung aus Globalisierung, Quotenjagd und Aktualitäts- und Exklusivitätswahn führt im Zweifelsfall dazu, dass ein junger blonder Mann auf einem Hotelbalkon in Kabul stundenlang aus dem Dunkeln berichtet. Es werden sich schon eine Menge

Leute dafür interessiert haben. So kann man Nachrichten auch definieren, und das passiert ja auch immer häufiger.

»Embedded«

Das so genannte Informationszeitalter hat den uralten Spruch »Wissen ist Macht« in den Rang eines Glaubensgrundsatzes erhoben. Der Journalist trägt mit seinem Informationsvorsprung gegenüber dem Leser oder dem Zuschauer ein besonderes Maß an Verantwortung. Der durchschnittliche Konsument muss dem »Nachrichtenmacher« wohl oder übel die Kompetenz und Seriosität »abkaufen«. In Zeiten, in denen der Kampf um die Aufmerksamkeit des Lesers oder Zuschauers immer härter wird, gehört der Journalist aber zu einer besonders bedrohten Spezies. Bedroht durch Manipulation seitens derer, die noch mächtiger sind und über noch mehr Informationen verfügen oder – schlimmer noch – diese erst erzeugen können. Gleich ob es sich um Unternehmen, Regierungen oder Parteien handelt, auch der Journalist ist seinerseits von der Seriosität und Glaubwürdigkeit seiner Informationsquellen abhängig. Sehr spitzfindig ausgedrückt: Er »macht« die Nachrichten zwar, indem er sie aufbereitet und verbreitet, aber er erzeugt sie nicht. Dass die Parteien ihre Wahlkampagnen von professionellen Werbeagenturen entwerfen, steuern und begleiten lassen, gehört mittlerweile zum Allgemeingut und ist regelmäßiger Gegenstand der Berichterstattung. Nun ist das neueste Wahlversprechen eines Kanzlerkandidaten zwar eine Nachricht, wird aber wohl von niemandem mehr als harte Information missverstanden. Niemand wird dem Journalisten hinterher vorwerfen, dass er da erkennbaren Unsinn verbreitet hat. Es ist Teil des Spiels.

Krieg ist kein Spiel, wohl aber eine der größten Herausforderungen für den Nachrichtenjournalismus – und hier besonders für das Nachrichtenfernsehen, das in den letzten Jahren aus Kriegen 24-Stunden-Live-Events gemacht hat oder dies zumindest versuchte. Der Vietnamkrieg wird gemeinhin als eine der Sternstunden des Journalismus gesehen, weil die Bilder und Berichte von der Grausamkeit des Krieges die öffentliche Meinung, vor allem in den USA, verändert und in zunehmendem Maße Druck auf die Politik ausgeübt haben, diesen Krieg zu beenden.

Eine solche Kriegsberichterstattung wäre heute kaum noch denkbar. Frage eines Moderators des Nachrichtensenders CNN am ersten Tag des zweiten Golfkrieges: »Machen sich die Truppen zum Einmarsch bereit?

Sind schon Bodentruppen auf dem Boden des Irak aktiv?« Antwort des Reporters, der eine Luftlandedivision der USA an der kuwaitisch-irakischen Grenze begleitete: »Das kann ich dir nicht sagen. Das darf ich dir nicht sagen. Das ist eine operative geheime Information, das ist Teil des Deals.« Im Klartext: Er wusste es, aber er hatte sich auf die Absprache eingelassen, nur das zu veröffentlichen, was ihm vom US-Militär genehmigt wurde. Früher hätte man das »Zensur« genannt, heute heißt das »Deal«.

Im Irak hieß der Deal »Embeddement« – zu deutsch Einbettung: bestimmte, handverlesene Journalisten durften mit bestimmten Einheiten ganz nach vorn, weit in das unmittelbare Kriegsgeschehen mit hinein. Sie durften hautnah dabei sein, mussten dafür allerdings einen Preis bezahlen, nämlich den Deal zu akzeptieren und damit auch ihre journalistische Unabhängigkeit aufzugeben. Andere – vor allem ausländische Kollegen – wurden weit entfernt »gehalten« und waren auf die spärlichen Informationen angewiesen, die ihnen Nachrichtenoffiziere gaben, oder sie mussten gleich abschreiben und nachsenden, was die »eingebetteten« Kollegen vor Ort berichteten. Nun mag man es ja zumindest erfrischend finden, wenn der Reporter den Zuschauer oder Zuhörer wenigstens nicht darüber im Unklaren lässt, dass er ihm nur das erzählt, was erlaubt ist, aber schlimmer ist die Tendenz, dass die Distanz zwischen dem Berichtenden und seinem Gegenstand, dem Krieg, über den er berichtet, völlig eingeebnet wird. Die »eingebetteten« Journalisten im Irak waren schon rein äußerlich kaum mehr zu unterscheiden von den Soldaten, die sie begleiteten. Wenn sie dann in ihren Berichten auch noch von »wir« sprachen, verriet allein dies schon, dass der Deal die Aufgabe der journalistischen Unabhängigkeit bedeutete.

Ein noch weit schlimmeres Beispiel aus der Praxis des Nachrichten- und damit ja vor allem Meinungsmachens: Während des ersten Golfkrieges Anfang der neunziger Jahre war die Welt von Meldungen und Bildern erschüttert, die von grausamen Misshandlungen und Morden irakischer Soldaten an Säuglingen in kuwaitischen Krankenhäusern berichteten. Sie trugen mit dazu bei, dass ein großer Teil der Weltöffentlichkeit den Krieg gegen die irakischen Invasoren für gerechtfertigt hielt. Erst viel später, lange nach dem Krieg, stellte sich heraus, dass es sich um eine gezielte und manipulierte Kampagne der amerikanischen Agentur Hill Knowlton handelte, deren damaliger Chef ein ehemaliger Stabschef des US-Präsidenten Bush senior war.

Vor dem Hintergrund einer Medienmaschinerie, die zwischen einer Nachricht und ihrer Verbreitung nahezu keine Zeit mehr vergehen lässt, bleibt dem Verbreiter einer Nachricht kaum noch Zeit und Gelegenheit einer Überprüfung, schon gar nicht, wenn das Informationsmonopol in einer Hand liegt.

Je größer und schneller das globale Informationsnetz, desto größer ist auch die Gefahr, dass es statt Informationen Desinformationen verbreitet und diese überall auf der Welt übernommen werden. Um Informationen von Desinformationen überhaupt noch unterscheiden zu können, muss der Journalist immer zuerst fragen, wer hat welches Interesse daran, dass ich dieses und jenes gerade jetzt erfahre? Warum gerade jetzt, warum im Zweifel nur ich, was wird mit der Informationsvergabe bezweckt? Zum journalistischen Handwerk gehört dann der Gegencheck der Information bei einer möglichst unabhängigen Quelle. Doch gerade dies ist nicht mehr möglich, wenn das Informationsmonopol bei einem der kriegführenden Staaten liegt, der allein darüber bestimmt, welche Bilder oder Fakten an die Öffentlichkeit gehen dürfen. Das Dilemma scheint ausweglos. Die Unterwerfung unter das Informationsdiktat oder die Zensur verstößt gegen jede journalistische Ethik, ein Verzicht auf die Berichterstattung aber ist ebenso undenkbar. Einziger Ausweg ist der ständige Hinweis auf die Tatsache, dass man Informationen verbreitet, die selektiert und nicht nachprüfbar sind. In den deutschen Medien geschieht dies in der Regel mit besonderem Nachdruck.

Ob der Journalist seiner Aufgabe angesichts ihrer Komplexität und der Arbeitswirklichkeit in den meisten Medien noch gewachsen sein kann, darf bezweifelt werden. Und da nützt dann oft auch der beste und größte Apparat nichts mehr. Die Nachricht von den ermordeten Säuglingen in Kuwait ist von nahezu allen Medien auf der ganzen Welt übernommen und verbreitet worden.

Boulevardisierung

Ein letztes Problem, ebenfalls mitten aus dem real existierenden Leben gegriffen: Ist es wichtig, wenn ein Mann sich die Haare färbt? Aber sicher! Daran können Ehen scheitern, Familien zerbrechen. Ist es eine Nachricht? Aber sicher, wenn der Mann Bundeskanzler ist! Dann kann die Frage, ob er sich die Haare färbt oder nicht, zum bizarren Medienhype werden. »Namen sind Nachrichten«, dieser Spruch ist uralt und zu allen Zeiten richtig gewesen. Er lässt sich nur auf verschiedene Art und Weise journalistisch umsetzen. Die Haarfarbe einschlägig vorbelasteter Adliger, die Verlobung eines Popsternchens oder der letzte Alkoholexzess eines Schauspielers mögen im Zweifel eine Nachricht sein, aber bestenfalls für die einschlägige Regenbogenpresse oder für die letzte Seite einer Tageszeitung, auf der »Vermischtes« oder »Buntes« zu finden ist.

Doch das angebliche öffentliche Interesse und die Jagd nach Quote und Auflage haben auch hier zu einer Verschiebung geführt. Boulevardisierung heißt das Zauber- oder Schreckenswort je nach Standpunkt, das auch vor den seriöseren Blättern nicht Halt gemacht hat. Zumindest, wenn es sich bei den Betroffenen um Politiker handelt. Da kann dann schon mal einer zur falschen Zeit baden gehen und so vom Titelblatt der Illustrierten in die Hauptnachrichten rutschen. Auch dies gehört zum sich immer schneller drehenden Nachrichtenkarussell, dessen Zentrifugalkräfte Ressort- und Qualitätsgrenzen einzureißen drohen und denen sich nur noch die Standhaftesten widersetzen können. Reagiert der Betroffene dann sogar noch mit öffentlichen Erklärungen oder gar mit juristischen Schritten, dreht sich das Nachrichtenkarussell weiter. Aus einem lächerlichen Faktum wird ein bundesweit diskutiertes Ereignis, das seinen Weg von der einschlägigen »Fachpresse« in die seriösen Blätter und Nachrichtensendungen findet.

Die eingangs gestellte Frage, was eigentlich eine Nachricht ist, wird so natürlich auch immer schwerer zu beantworten. Eigentlich muss man ehrlich sagen: alles. Es kommt nur darauf an, wo die Karawane gerade ist, für welches Medium man arbeitet, wie man die Nachricht aufbereitet und welchen Adressaten man dabei im Auge hat. Das wiederum hängt letztlich von jedem Einzelnen ab, von seinem Interesse, seinem Einschätzungsvermögen und von seinem Anspruch.

Wolfgang Büscher
Die Königsdisziplin
Über die Reportage in Zeiten
zunehmender Unwirklichkeit

Noch immer gilt die Reportage als Königsdisziplin: das Beste, wozu ein junger Journalist es bringen kann. Noch immer leuchten die großen Namen – und die nach ihnen benannten Preise. Man merkt es in den Redaktionen. Manchmal ist das Reportageressort die – je nach Standpunkt beneidete oder verachtete – Artusrunde der Text-Erotiker, manchmal ist es auch nur die Arche, der die Mühseligen und Beladenen aus dem öden, mechanisierten Nachrichtengeschäft zustreben. Und manchmal nimmt sich ein karrieresicherer Nachrichtenmechaniker den reportagehungrigen Neuen vor: Wollen Sie es zu etwas bringen oder nicht? Na also. Dann halten Sie sich von der Schönschreibstube fern.

Die anhaltende Faszination ist erstaunlich. Es geht der Reportage nämlich nicht so gut, wie sie dasteht. Das hat äußere Ursachen, aber leider auch inwendige. Die äußeren sind schnell hergesagt: Die Neunziger brachten immer neue Magazine, Beilagen, Themenseiten – mit den Auflagen wuchsen die Umfänge, und sie wollten gefüllt sein. Zehn fette Jahre lang sah es so aus, als seien die Tageszeitungen drauf und dran, die Rolle der Wochenblätter gleich mit zu spielen. Und die zogen nach und wurden noch dicker oder gründeten aus: das »Leben« der »Zeit«, der »Reporter« des »Spiegel«. Zweifellos haben immer wieder gute Geschichten und Glossen in all diesen Magazinen und Beilagen gestanden. Und doch ist es der Reportage nicht bekommen, in solch einem daueranimierten Club Méditerrané des Journalismus am Pool zu liegen.

Das ist nun vorbei. Die Krise ist da, und es gibt ein pessimistisches und ein optimistisches Szenario. Das erste sagt: Nie wieder kommen wir auf die Anzeigenerlöse der Neunziger. Und die E-Medien sind eh schneller. Egal,

welche Zeitungen am Ende überleben – auf jeden Fall erzwingt die Krise
den Rückzug aufs Kerngeschäft: knappe Information plus Meinung und
Schluss. Kein literarischer Schnickschnack. Die Optimisten sagen: Gerade
weil die elektronischen Medien nachrichtlich uneinholbar sind, müssen wir
unsere Stärke ausspielen: große, anschauliche eigene Berichte vom Ort des
Geschehens. Eigene Korrespondenten und Reporter. Qualifizierte Analyse
des Infogeflimmers, das kein Mensch mehr überblickt. Nicht als Nachrich-
tenblatt wird die gedruckte Zeitung überleben, sondern als Blatt der Autoren. Das hören Autoren gern. Wir werden sehen, wer Recht behält.

Aber was ist mit der Reportage selbst? Braucht sie jemand, wozu ist sie
gut? Die Wahrheit ist wahrscheinlich banal: Sie blüht, wenn sie gebraucht
wird. Sie wird gebraucht, wenn die veröffentlichten Ideen über die Wirklichkeit sich so weit von unserer Erfahrung entfernt haben, dass der Eindruck um
sich greift: Was in der Zeitung steht, stimmt irgendwie nicht. Und viele das
Gefühl haben, neu hinschauen zu müssen. Durch Amerika beispielsweise
sind immer wieder solche Wellen der Selbsterkundung gegangen. Wellen

der Reportage. Fotografen und
Autoren zogen plötzlich aus, das
unbekannte eigene Land zu
entdecken. Vor dem Krieg, als
das »andere« Amerika der vom
Börsencrash in die Armut ge-
stoßenen, durchs Land zigeu-
nernden Leute entdeckt wurde.
In den frühen Sechzigern, als
junge Weiße der Rassendiskri-
minierung nachreisten bis tief in
den Süden. Wann gab es solche
Neugier zuletzt bei uns? Eine
Zeit, in der man eine Frage
hatte, eine wirkliche Frage, nicht
nur Antworten, die müden alten
Antworten. In den zwanziger
Jahren gab es das. Und in den
Sechzigern. Und seitdem?

Die Welt ist konfuser geworden, die Wirklichkeit unwirklicher. Es gibt viele Ereignisse, zu denen Reporter hinrennen, aber nichts, was sie suchen.

Es gibt viele Ereignisse, zu denen Reporter hinrennen, aber nichts, was sie suchen.

Es gibt jenen Tag, als ein ehemaliger Schüler schwer bewaffnet im Erfurter Gutenberg-Gymnasium erscheint. Es gibt den 11. September 2001 in Manhattan. Es gibt den Auftritt Michael Jacksons mit seinem Baby am Fenster des Hotels Adlon in Berlin. Es gibt das neue Video von Madonna und den Krieg um Bagdad. Es gibt ein Gefühl, die Augen abschalten zu müssen. Keine Chance, sich auf etwas zu konzentrieren, gar etwas zu verstehen.

Und es gibt unausrottbar den uralten Drang, zu hören, wie es eigentlich gewesen ist – ganz genau. Der Reporter ist der moderne Geschichtenerzähler auf dem Marktplatz. Er ist die Sonde, die durch etwas hindurchgeht, durch das hindurchzugehen seinen Lesern nicht möglich oder schlicht zu unbequem ist. Der Leser nimmt in seinem Kopf Platz und sieht die Welt ein paar Leseminuten lang durch seine Augen. Aber die Sonde lebt. Sie hat Überzeugungen, ihren Glauben an wen oder was auch immer – aber das ist nicht entscheidend.

Die Reportage ist weder links noch rechts. Sie ist ganz Auge und ganz Ohr. Einige der besten Schreiber waren Reaktionäre, und einige waren Kommunisten. Entscheidend ist, dass sie das – im Banne des Hinschauens und des Schreibens – vergessen haben. Dass sie den Aggregatzustand gewechselt und ihre Ideologien zu Sprache verdampft haben. Es ist nicht schlecht, Ideen über die Welt zu haben als Reporter. Sie tragen einen manchmal zu Themen und Orten und Menschen, wie Reittiere. Es können Links-, es können Rechtstrabende sein. Aber man muss sie draußen anbinden, wenn man hineingeht, um den Mann oder die Frau zu treffen, deretwegen man gekommen ist. Um zuzuhören, zu beobachten und sich jene Notizen zu machen, in die man, wenn es gut läuft, später beim Schreiben kaum mehr hineinschaut, weil die Eindrücke, Bilder, Sätze, die sich am stärksten eingeprägt haben, ganz natürlich auch die stärksten Momente im Text sind. Eine schlechte Reportage ist eine, die sich ängstlich an die Notizen klammert und sich durch die Zitate hangelt wie ein Fremder durch ein finsteres Haus. Sagt XY. Weiß XY. Fügt hinzu. Das alles garniert mit sinnlosen Details von der Sorte: XY fährt sich mit der Hand übers Haar. Eine gute Reportage ist eine, die den Mut hat, ich zu sagen, auch wo das Wort »ich« kein einziges Mal fällt. Die Dinge so zu schildern, wie der Autor sie erlebt hat – und sonst keiner. Das ist kein Freibrief für subjektivistische Übertreibungen. Es ist auch keineswegs nötig, immerzu die Ich-Form zu strapazieren. Aber es ist absolut nötig, eine unverwechselbare Geschichte zu erzählen, anstatt den eigenen Spickzettel abzuarbeiten.

Ein Wort über Details. Sie sind der Urstoff der Reportage, sie sind die Knospen, die ein begabter Schreiber zum Blühen bringt. In einem flüchtigen, nebensächlichen, aber doch irgendwie erstaunlichen, irgendwie typischen, irgendwie erschreckenden, irgendwie anrührenden Detail steckt eine ganze Szene, vielleicht die Kernszene der Reportage. Pathetisch gesagt: steckt Wahrheit. Vielleicht die Wahrheit über diesen Menschen, dem ich seit Stunden gegenübersitze, der redet und redet und redet. Ein Beispiel. Als ich auf der Wolga stromaufwärts fuhr und in Städten und Dörfern und Klöstern an Land ging, war ich in Samara bei einem jener ungeheuer schnell ungeheuer reich gewordenen Männer zu Gast, die man Neue Russen nennt. Wir redeten und redeten und redeten. Er zeigte mir sein Reich, und plötzlich standen wir vor seinem Bücherschrank. Puschkin. Tolstoi. Schwere Erstausgaben aus der Zeit vor der Revolution. Russlands Klassik hinter Glas. Er würde sie nicht lesen, das war klar, er hatte die Zeit nicht. Er musste sein Imperium aufbauen, es gab Feinde, er wusste, dass der Staat ihn nicht schützen konnte – es war wenige Jahre nach dem Ende des Kommunismus –, und so schützte er sich selbst mittels einer kleinen bewaffneten Truppe. Aber dieser Mann hatte einen Sohn, und der würde wieder ein Kind haben, und vielleicht würde dieser ferne Enkel eines Tages diesen Bücherschrank öffnen und einen Band Puschkin in die Hand nehmen und darin lesen oder, wer weiß, selbst Verse schreiben oder der Puschkinforschung einen Lehrstuhl stiften. Das russische Schicksal im 20. Jahrhundert stand plötzlich in diesem hochmodernen Büro an der Wolga, es hatte die Gestalt eines vorrevolutionären Bücherschranks angenommen. Es war unter Glas geschlossen wie ein Insekt im Bernstein.

Hier war das Herzstück der Reportage. Es war auf einmal ganz klar, wie tief der russische Abgrund war. Wie radikal der Neubeginn. Wie hier einer von vorn anfing, im vagen Bewusstsein dessen, was Russland einmal gewesen war. Er hatte etwas davon gekauft und verwahrte es, aber er hatte keinen Zugang dazu. Nicht mehr. Noch nicht. Er war der Letzte der Sowjetzeit und der Erste einer möglichen neuen Dynastie, und erst in dritter Generation würden die verfeinerten Enkel auftreten, die dem, was er zusammenraffte und schuf, kulturellen Glanz aufsetzen würden. Die Stifter. Die Mäzene. Die Enkel. Die Reemtsmas und Thyssens und Krupps.

Die Reportage ist Massenware geworden in den fetten Jahren, es täte ihr ganz gut, wenn sie ein bisschen schrumpfte und stürbe. Aber keiner stirbt freiwillig, und so wird die Krise es richten müssen. Natürlich hat sie immer noch große Momente. Mehrmals in jüngerer Zeit hat der »Spiegel« die Krone errungen. Der 11. September. Der Amoklauf von Erfurt. Das sind sie, die Augenblicke, in denen sich viel Volk um den Geschichtenerzähler schart. In denen der viel verhöhnte lange Riemen gar nicht lang genug sein kann. Man muss an einem solchen Abend in der Stadt sein und den Zeitungsverkäufern zusehen, wie die Ware weggeht, wie sie von Hand zu Hand läuft. Man will den Stoff in Händen halten, druckwarm. Vor- und zurückblättern. Die stärksten Stellen noch einmal lesen, laut vorlesen, einander die Fotos zeigen.

Ein solches Ereignis, eine solche Großrecherche, an der viele Reporter beteiligt sind, ist die eine Sternstunde des Genres. Die andere ist schiere Autorschaft. Die Sprachkraft und der unverwechselbare Blick des Autors auf Dinge und Menschen. Wie kommt es, dass ich die klassischen Seiten drei so oft überblättere – diese Geschichten, diese guten Absichten, die ich zu kennen meine, ohne sie lesen zu müssen. Namen und Szenen, die ich gleich wieder vergesse. Wie kommt es, dass ich eine Pseudoreportage von Christian Kracht über die abstrusen Umstände einer missglückten Recherche am Horn von Afrika beglückt durchlese, bedauernd, dass sie schon zu Ende ist?

Sprechen wir einen Moment von Kracht. Was gut ist bei ihm, ist gar nicht leicht zu sagen. Es liest sich so weg, und man fragt sich hinterher, was einen eigentlich bei der Stange gehalten hat. Wahrscheinlich liegt in dieser Leseerfahrung schon die Antwort. Er erzählt.

Und der ausgehungerte deutsche Leser, der mit langweiligen Reportagen gequälte, ist ihm von Herzen dankbar und folgt ihm überallhin – von der Sylter Goschbude quer durchs deutsche »Faserland« und durch seine romanhaften Reportagen und seine tagebuchhaften Romane, folgt ihm bis Phnom Penh zum Foreign Correspondent's Club und weiter zum Berg Kailash im Himalaya und noch weiter in ein chinesisches Straflager. Wir verlassen jetzt das eigentliche Terrain der Reportage und stehen tief im Land

der Literatur, aber das macht nichts. Denn obwohl dieser Autor alles tut, um auf gar keinen Fall so zu wirken – er ist an der Welt interessiert. Hinter einem Gazevorhang aus Snobismus lässt es sich besser über gewisse Dinge schreiben, im moralindurchsäuerten Deutschland jedenfalls. Seine Kunst besteht wohl ungefähr darin, immer an der Realität, wie wir sie aus der Zeitung kennen, vorbeizuschrammen und sie gerade dadurch in ein überhelles, in seinen besten Momenten magisches Licht zu setzen.

Der Reporter sollte es ernst meinen. Er sollte sich als Autor verstehen. Aber – es muss gesagt werden – dort herrscht ein einfaches, brutales Gesetz: Du musst es können, du musst es sein. Und noch etwas: Dein Chefredakteur muss dich lieben. Er muss deine Unberechenbarkeit für einen Vorteil halten und dich für eine Marke. Mit politischer Couleur hat das in der Praxis manchmal viel, aber in Wahrheit gar nichts zu tun. Einem Autor Freiheit und Geld zu geben, einfach weil er gut ist, das ist ein hübscher Lackmustest, kleine von großen Geistern auf Chefsesseln zu unterscheiden.

Roger de Weck

Der Club der Verweigerer

Protokoll einer Redaktionskonferenz

Vier, fünf Redakteure sitzen um den Tisch und harren der Dinge, die vielleicht nicht kommen werden, als sie den Raum betritt. Der eine blättert im Stapel Unterlagen, mit dem er sich für die Konferenz gewappnet hat. Der andere schreibt in winziger Schrift auf winzigem Zettel eine Liste, offenkundig das »Menü« seines Ressorts: die Liste der Themen für die morgige Ausgabe. Am Kopf des Tisches reden zwei miteinander, halblaut und in Halbsätzen. Die Wichtigkeit ist ihnen ins Gesicht gemeißelt. Der eine blickt auf, mustert die Neue, lächelt ihr zu. »Sie sind Frau…« »…Weber«, antwortet sie. »Nehmen Sie Platz, Frau Weber.«

Sie aber geht um den Tisch, während weitere Kollegen eintrudeln. Reihum gibt sie ihnen die Hand, jedem stellt sie sich vor. Die Runde ist verblüfft, die Herren schauen einander leicht verunsichert an. Das gab es noch nie – ein Neuling führt sich artig ein, Stil dringt in die saloppe Runde. Als beginne bei »Global« eine neue Epoche.

Das Blatt ist, worauf der Name hindeutet, recht jung. Ende der achtziger Jahre hat der »Konzern« (nie nennen die Redakteure den Firmennamen) sein Flaggschiff vom Stapel gelassen. Die Pioniere, die an Bord waren, haben sich von Ausgabe zu Ausgabe und von Jahr zu Jahr in Routiniers verwandelt. Keiner hat es gemerkt, aber alle wissen es.

Nur nicht Waltraud Weber, die sich freut über das Volontariat, das heute anfängt. Ein bisschen hilflos steht sie da und rätselt, wo sie sich setzen solle. Um den Tisch ist ein Dutzend Stühle gruppiert, und diese erste Reihe umrunden wiederum die zwei Dutzend Stühle der zweiten Reihe. Wohin? Die Herren lesen ihren Blick. »Hier gibt es keine Sitzordnung, aber wehe, wenn Sie sie verletzen!«, frotzelt einer, der Fritzchen heißt.

In der zweiten Reihe sitzt nun also Waltraud Weber, der Raum hat sich inzwischen gefüllt. Noch bevor die Tür abermals aufgeht, nein: aufschlägt, ist allen klar: Der Chefredakteur marschiert ein. Es ist seine Art, die Klinke dermaßen kraftvoll zu drücken, dass die Runde fast verstummt, noch bevor er da ist. Wie zu Kafkas Zeiten, bei Max Brods »Prager Zeitung«, ist der Chef mit »Schrapnells« bewehrt, Ausrissen aus den vielen Blättern, die er weniger gelesen als überflogen hat auf seiner Suche nach Themen für das Blatt, Anregungen an die Redaktion und Bonmots für die Konferenz.

Er lächelt, wie immer, und beginnt mit der Blattkritik, wie immer. Wie immer allerdings leidet diese darunter, dass der Chef auch das eigene Blatt bestenfalls diagonal gelesen hat, was zur Schärfe der Kritik beiträgt, wiewohl nicht zu ihrer Präzision. Ein bisschen staunt Waltraud Weber, die selbstverständlich »gelesen« ihre Stelle angetreten ist. Sie sagt nichts, aber in ihr protestiert alles, als der Chefredakteur bemängelt, die »Politik« habe die Gerüchte um den baldigen Ausschluss Jürgen W. Möllemanns aus der von ihm gegründeten Partei »Der deutsche Weg« nicht aufgegriffen. Das Thema nämlich findet sich, wenngleich klein aufgemacht, auf Seite 7. Darauf verweist kühl der Ressortleiter Politik, was seinen Chefredakteur nur grunzen lässt, das Ressort habe

Ohne Konferenz kein Konsens, ohne Konsens keine Linie, ohne Linie keine Glaubwürdigkeit.

den Artikel regelrecht versteckt. Er wechselt über zum nächsten Punkt: den frischen Uniformen für die Feuerwehrleute, nachdem die Stadt bereits die Polizisten neu eingekleidet hat. Auch bei »Global« hat man einen Hang zum Lokalen. Da die Globalisierung vor allem als Amerikanisierung daherkommt, hält sich die Redaktion öfter an den Spruch angelsächsischer Journalisten: »There is no news than local news.«

Das erzürnt den Auslandchef. Waltraud Weber beobachtet, wie er den winzigen Zettel mit dem »Menü« in die Hosentasche knüllt – und dann vom Leder zieht. Der Mann hält eine Grundsatzrede. Denn schließlich seien die Redaktionskonferenz im Allgemeinen und die Blattkritik im Besonderen gleichsam die Börse der Maßstäbe; hier erörtere das »Team« (wie er es nennt), was »Global« wolle und was nicht, was gehe und was nicht. Ohne Konferenz kein Konsens, ohne Konsens keine Linie, ohne Linie keine Glaubwürdigkeit. Nun aber müsse er Alarm schlagen, »Global« laufe Gefahr, provinziell zu werden. Entschlossen zerrt er den Zettel wieder aus der Hosentasche und beginnt, Punkt für Punkt das Weltgeschehen zu referieren. »Aber wir befassen uns offensichtlich lieber mit den Uniformen der Feuerwehrleute«, schließt der Zettel-Mann.

»Gut gebrüllt, Löwe«, befindet Fritzchen, dessen lauter Bariton dem Diminutiv in seinem Namen widerspricht.

Mit dem Sportchef allerdings, dem Alter Ego des Lokalchefs, haben weder Fritzchen noch der Zettel-Mann gerechnet. »Die Leser…«, hebt der Sportchef an.

»…und die Leserinnen«, fällt ihm Frau Hugenbussmann-Schneeleweit vom Reiseressort ins Wort.

»Die Leser«, fährt der Sportchef fort, »auch die Frauen, interessieren sich für die Uniformen der Feuerwehr. Und in unseren gefährlichen Zeiten steht die Feuerwehr im Brennpunkt des Interesses.«

Die zweite Reihe lacht, die erste Reihe lächelt süffisant. Der Sportchef, den Waltraud Weber süß findet, lässt sich nicht beirren. »Wir Journalisten sind dazu da, auf das Publikum einzugehen«, warnt er vor dem Elitären und fordert »Nähe«.

Der Lokalchef nickt unmerklich.

Der Chef vom Dienst schaut auf die Uhr.

Fritzchen schenkt sich die zweite Tasse Kaffee ein.

Ein Handy vibriert. Frau Hugenbussmann-Schneeleweit hat eine SMS bekommen.

Waltraud Weber merkt, wie ihr dicker Nachbar zur Linken – sein Bauch hängt über die farb- und formlosen Jeans – sie still einlädt, die Köpfe zusammenzustecken. Er flüstert ihr ins Ohr: »Das Ausland hat dem Sport seinen besten Reporter abgeworben, jetzt wird abgerechnet.« Waltraud Weber hebt die Augenbrauen.

Der Sportchef ereifert sich: »Wenn alle Teile von ›Global‹ so viele Leser hätten wie der Lokalteil und die Seite mit den Feuerwehr-Uniformen, könnten wir frohgemut in die Zukunft blicken.« Der Zettel-Mensch ist kleiner und kleiner geworden bei dieser Ansprache, jetzt ist er nur noch ein Zettelchen-Menschlein. Sieg nach Punkten für den Sportchef.

Der Chef vom Dienst schaut auf die Uhr.

Der Chefredakteur hasst Grundsatzdebatten. Er sagt: »Auf das Thema kommen wir demnächst zurück.«

Nun berichtet ein Ressortleiter nach dem anderen, was er für morgen plant. Waltraud Weber überrascht sich selbst mit einem Gähnen, das sie unterdrückt. Sie will nicht wahrhaben, dass diese erste Konferenz sie langweilt. Themen werden abgehakt. Manchmal diskutiert die Runde über den besten »Ansatz« für eine Geschichte, doch niemand äußert sich zur Sache. Als wären die Themen nichts als nützliche Requisiten. Auch der Chefredakteur scheint in sich zu versinken. Er ist in Gedanken weit weg. Aber wo?

Waltraud Weber beugt sich zum dicken Nachbarn: »Hört der Chef nicht zu?«, fragt sie leise.

»Er hat Wichtigeres im Kopf«, meint der Alleswisser: »Auf Wunsch des Verlegers spricht er morgen auf der Führungstagung des Konzerns. Er hält ein Referat über das Management von Redaktionen. Der arme Kerl soll die Frage beantworten: ›Wie manage ich Leute, die jedes Management ablehnen?‹ Allerdings hilft ihm, dass er von Management keine Ahnung hat.«

In der Tat ist der »Global«-Chef mit seinen Gedanken woanders. Er brütet über seinem Vortrag. »Ich habe doch wahrlich einen sonderbaren Job«, denkt er. »Gute Journalisten sind sensibel – also reagieren sie empfindlich und überempfindlich auf alles, was ich tue oder eben nicht tue. Journalisten sind extrovertiert und gesprächig – also bleibt nichts vertraulich. Journalisten sind neugierig – also durchschauen sie im Nu, was ich vorhabe. Journalisten sind

skeptisch – also mache ich in ihren Augen per definitionem alles falsch. Journalisten misstrauen den Autoritäten aller Art – also erst recht der Autorität im eigenen Haus. Journalisten sind Individualisten – also ist es mit dem Teamgeist nicht zum Besten bestellt, wie auch diese Konferenz zeigt. Journalisten lassen sich ungern führen. Und die Besten sind die Unangepassten: die lassen sich überhaupt nicht führen.« Aber er weiß: So wird er morgen nicht reden.

Mühsam kehrt er zur laufenden Redaktionskonferenz zurück. Um die Zügel wieder an sich zu nehmen, macht er zum Schluss noch einen Themenvorschlag (der unter das Redaktionsgeheimnis fällt und hier nicht verraten sei). Ein origineller Vorschlag, denkt Waltraud Weber, ein wunderschönes Thema. Die Runde sieht das anders.

»Das haben wir noch nie gemacht«, sagt Fritzchen.

»Das haben wir schon viel zu oft gemacht«, erwidert der Lokalchef.

»Das ist doch nichts Neues«, weiß der Nachrichtenchef.

»Das interessiert niemanden«, befindet der Sportchef.

»Das ist zu schwierig«, urteilt der mit dem Stapel Unterlagen.

»Das bringt nichts«, beteuert Frau Hugenbussmann-Schneeleweit.

»Das ist PR«, warnt Waltraud Webers hagerer Nachbar zur Rechten.

»Das geht an unserem Zielpublikum vorbei«, fürchtet der Wirtschafts-
redakteur.

»Das schaffen wir nicht«, glaubt der Zettel-Mann.

»Das ist nicht meine Sache«, vermerkt der Chef vom Dienst.

»Dafür sind die Reporter zuständig«, droht der Politik-Chef.

»Das passt nicht zu uns«, kontern die Reporter.

»Auf das Thema kommen wir demnächst zurück«, entscheidet der
Chefredakteur.

»Einspruch«, ruft Waltraud Weber. »Es ist ein wunderbares Thema, ich
möchte es im Blatt lesen, ich möchte es machen.«

Schweigen im Saal.

»Gut gebrüllt, Löwin«, murmelt Fritzchen.

Und der dicke Alleswisser zur Linken raunt Waltraud Weber ins
Ohr: »In zwei Wochen ist das Thema der Aufmacher von ›Global‹. Bestimmt werden die Reporter streiten, wer von ihnen als Erster die Idee
für diese Superstory gehabt habe. Der Chef vom Dienst wird uns erklären,
wie er das Thema gegen den Widerstand der gesamten Redaktion durchgesetzt habe. Und Fritzchen wird beteuern: ›So etwas sollten wir öfter
machen.‹«

Seit einer Stunde sitzt der Club der Verweigerer nun schon beisammen.
Der Kaffee ist alle. Die Raucher, die Rauchverbot haben, werden nervös.
Abermals stopft der Zettel-Mann seinen Zettel in die linke Hosentasche,
zieht das Päckchen aus der rechten Hosentasche, die Zigarette aus dem
Päckchen, das Feuerzeug aus der Hemdtasche – und wartet auf den ersten
Lungenzug, in wenigen Augenblicken, auf dem Flur.

Schnell kritzelt der Chef vom Dienst drei Worte auf ein Blatt Papier, das
er dem Chefredakteur zuschiebt. Der versucht angestrengt, die unleserliche
Botschaft zu entziffern. Endlich nickt er – er hat verstanden.

»Darf ich«, sagt der Chefredakteur, »noch unsere neue Volontärin vor-stellen? Sie heißt… (er schaut aufs Blatt) …Waltraud Weber. Frau Weber, wo sind Sie? Ja, hier sind Sie. Frau Weber, herzlich willkommen, und alles Gute bei ›Global‹. Ich hoffe, Sie werden bei uns eine Menge lernen. Die Sitzung ist geschlossen.«

Anderntags, im High-Tech-Konferenzraum des »Konzerns«, vor einer gewal-tigen Leinwand, eröffnet der Chefredakteur die Führungstagung: »Liebe Kol legin, liebe Kollegen«, sagt er, denn nur eine Chefredakteurin ist zugegen, »der Gründer der ›Zeit‹, Gerd Bucerius, sagte einmal, ein Leben lang habe er mit Halbverrückten gearbeitet. Aber Sie werden mit mir einig gehen, dass es mit Halbverrückten mehr Spaß macht als mit ganz Normalen.«

Einer im Saal räuspert sich.

»Bei dem Stichwort Spaß komme ich denn auch zu meinem ersten Punkt«, fährt er fort: »Journalisten arbeiten besser, wenn sie merken, dass die Chefredaktion ihren Spaß an der Sache hat. Nichts ist kommunikativer als gute Laune; sie weckt Energien und Kreativität; sie erleichtert es, Kon-flikte – die unvermeidlich auftreten – auf gute Art und Weise auszutragen. Mit anderen Worten: Dem Chef muss es Spaß machen, Chef zu sein. Nur so kann er auf das Klima in seiner Redaktion einwirken. Und wenn das Klima nicht stimmt, ist alles andere noch schwieriger.«

Er bittet die junge Dame am Laptop um das zweite Schaubild. Power-Point ist unerlässlich, ein Vortrag ohne Schaubilder würde als unprofessio-nell gelten, obwohl die Bilder bloß seine Worte wiederholen.

»Mein zweiter Punkt ist so banal wie der erste: Der Chef muss direkt und frühzeitig sagen, was er denkt und was er will. Und dann soll er sich der Diskussion stellen, um seinen Standpunkt verständlich zu machen: um zu überzeugen. Beides – das Rundheraussagen und das Debattieren, zumal in der Redaktionskonferenz – ist zwar unbequem. Noch unbequemer wird es, wenn die Redakteure weder wissen, woran sie sind, noch einbezogen wer-den. Daraus ergeben sich Konflikte, die manches Projekt gefährden. Jeder Mensch hat selbstverständlich Hintergedanken. Aber gerade Journalisten werden ihnen mit Leichtigkeit auf die Spur kommen. Spielt der Chef nicht mit offenen Karten, nimmt man ihm bald nichts mehr ab.«

Ein Blick zur jungen Dame, die eilends die Taste drückt: die falsche.

Der Räusperer räuspert sich erneut.

Beim zweiten Anlauf drückt die junge Dame die richtige Taste.

»Darüber hinaus, und das ist mein dritter Punkt, muss der Chef natürlich wissen, was er will. Setzt er sich keine Ziele, wird er keine erreichen. Der Chefredakteur wird in der Regel nicht so schnell vorankommen, wie er möchte. Doch niemals soll er auch nur einen Schritt in eine andere als die von ihm gewollte Richtung tun. Daraus ergibt sich Kohärenz, Glaubwürdigkeit. Jeder Chef wird an seiner Zielstrebigkeit gemessen.

Aber nicht nur die Ziele müssen klar sein – und damit komme ich zu meinem vierten Punkt. In allem, was der Chef tut, muss er Maßstäbe set-

zen: wie er mit den Leuten umgeht; wie er auf Kritik reagiert; wie er selber kritisiert; wie hart er arbeitet; ob er Allüren hat oder nicht; welchen Journalismus er verkörpert und fördert; wo er Grenzen zieht, die nicht überschritten werden dürfen; und nicht zuletzt, wie er selbst schreibt, denn ›Autorität‹ komme bekanntlich von ›Autor‹, pflegte der langjährige »Zeit«-Herausgeber Theo Sommer zu sagen.

Wer Maßstäbe setzen will, darf das persönliche Gespräch mit jedem einzelnen Redakteur ebenso wenig vernachlässigen wie die fundierte Blattkritik in der Konferenz. Da legen der Chef und sein Team dar, was sie aus welchem Grund gut oder schlecht, weniger gut oder weniger schlecht gefunden haben. Aus der Diskussion heraus wächst in der Redaktion ein Grundkonsens. Ich weiß, dass dies von vielen Chefredakteuren zu wenig gepflegt wird, weil es so viele Empfindlichkeiten gibt, Rivalitäten zwischen Personen oder Ressorts dabei ausgetragen werden, etliche Redakteure nicht einmal das eigene Blatt gelesen haben und weil nachträgliche Kritik von manchen ohnehin als nutzlos empfunden wird – das Kind sei doch schon in den Brunnen gefallen! Es gibt viele, aber schlechte Gründe, keine Blattkritik zu machen. Sie ist nämlich die große Börse der Maßstäbe«, zitiert der Chefredakteur seinen Zettel-Mann.

Es ist eine schöne Rede.

Ein bisschen zu schön, findet Waltraud Weber, die am zweiten Tag ihres Volontariats zur »Konzern«-Tagung beordert worden ist und auf Geheiß ihres Chefredakteurs ein paar Mal die Taste drückt.

Am wunderbaren Thema jedoch, das der Chefredakteur gestern vorgeschlagen hat, arbeiten seit heute ein paar andere Redakteure, lauter Mitglieder im Club der Verweigerer.

Volker Wieprecht
Hallo, Schweinebacke
Plädoyer für das Radio

Manfred Lehmann sitzt auf der Ledercouch vor dem Studio. Manfred Lehmann ist nervös, sein Handschlag feuchtwarm. Ich schätze ihn auf Ende 40, Anfang 50. Hohe Stirn, funkelnde Augen und seine markigen Gesichtszüge in geradezu wohltuendem Widerspruch zu einer gewissen Schüchternheit. Manfred Lehmann ist die deutsche Stimme von Bruce Willis. Wenn er

»Guten Tag!« sagt, zerschellen Flugzeuge, Terroristen sterben, Frauen in knappen Röcken werden im letzten Moment aus einstürzenden Häusern und vor unrasierten Teufelsfratzen gerettet.

Aber Manfred Lehmann ist nervös. Schließlich ist er nicht alle Tage im Radio. Unsere Redakteurin hat ihn eingeladen, weil in dieser Woche der Film »Stirb langsam II« Premiere hat. Es war im Herbst 1998, das Jahr, an dem ich jeden Samstagmorgen um 6.00 Uhr aus dem Bett kroch, immer beseelt von der vagen Hoffnung, zumindest am Ende des *nächsten* Halbjahres, nach der *nächsten* Marktanalyse die Quoten wieder in die Höhe getrieben zu haben. Andernfalls habe der Sender keine Chance, hieß es. Würde abgeschaltet. Dann hätte es sich ausgequatscht für einen wie mich.

Diese Welt ist so gottverdammt bilddurchtränkt: Bikinihöschen im rasierten Schritt, Südseeinseln, Stuntmen und Atompilze. Radio ist optische Stille, ein Medium, das zum Philosophieren einlädt, weil es Konzentration zulässt, wo Bilder eher Zerstreuung bieten. Manfred Lehmann sitzt mir auf einem Hocker gegenüber, vor seiner Nase ein Mikrofon. Wir sprechen über den Fluch der Bilder. Darüber, dass alle irritiert sind, wenn sie mit ihm das erste Mal sprechen. Weil sie diese Stimme doch irgendwoher kennen. Ob er Schauspieler sei? Ist er. Und auch ein guter. Aber seine Stimme ist noch besser.

Schließlich frage ich Manfred Lehmann, ob er denn jemals Bruce Willis persönlich getroffen habe. Hat er. Bruce war gerade frisch geschieden, als er in irgendeinem In-Laden im Osten Berlins sein Debüt als Rockmusiker und DJ gab. Manfred Lehmanns Tochter hatte die Güte, Manfred Lehmann zu dieser Veranstaltung mitzunehmen. Sie war eingeladen. Er nicht.

Bruce Willis stand im ärmellosen T-Shirt am Mischpult, als die Tochter zu ihm ging und ihm erzählte, ihr Vater sei seine deutsche Stimme. »Get him here«, sagte Bruce. Die Tochter brachte Manfred Lehmann. »That's my dad. Your voice.« Dad wollte nicht so recht auf Bestellung locker werden, also war es an dem Amerikaner, den Smalltalk aufzunehmen. »Say something.« Wie klinge ich auf Deutsch? Manfred Lehmann war verlegen. Was sollte er dem US-Superstar sagen? Schließlich platzte es aus ihm heraus: »Yippieh Yaihi Yeah, Schweinebacke.«

Da steht also Bruce Willis, und seine deutsche Stimme nennt ihn »Schweinebacke«. Das ist zuviel für mich. Mir laufen die Tränen übers Gesicht, und irgendeines dieser Millionen Poplieder, die jedes Vakuum füllen, überbrückt die Zeit, in der ich lachend darüber nachdenke, wie der endlose Moment der Peinlichkeit wohl vergangen sein mochte, in dem Manfred Lehmann gezwungen war, auf Englisch zu erklären, was eine Schweinebacke ist und dass das im Deutschen witzig klingt und deshalb so synchronisiert wurde, aber keinesfalls die direkte Ansprache an Herrn Willis selbst gewesen sei.

Von Stund an lief am Ende unserer Sendung immer diese Verabschiedungsformal. Manfred Lehmann sagt: »Yippieh Yaihi Yeah, ihr Schweinebacken.« Macht's gut, Nachbarn, Kacknasen und Wurstgesichter, ihr namenlosen geneigten Hörer, ihr Bildungsbürger und Korinthenkacker. Für euch mache ich das hier. Meine Wunschzielgruppe war nie die Masse, sondern jene Klasse, die weiß, dass man ohne Sprache nichts ist. Die Worte mögen harsch sein, doch meine Stimme verrät, wie sehr ich euch schätze. Wie aus dem Lehrbuch: Der Inhalt einer Aussage zählt zwanzig Prozent, der Rest ist Tonlage, Anmutung. Geheimnis eben. Vorletzte Woche war ich auf dem Berliner Sechstagerennen. Ein bulliger Glatzkopf von den Security Guards sprach mich an: »Hey, du, Schweinebacke. Wo ist dein Ticket?« Dann gab er sich als Hörer zu erkennen.

Radio ist wie die Luft, die wir zum Atmen brauchen. So selbstverständlich, dass es kaum der Rede wert ist. Schließlich quasselt und trötet es auch von allein aus allen Richtungen. Radio ist ein Wegbegleiter, einer von den Kumpanen, die hinter einem hertrotten und vor sich hinbrabbeln und nie böse werden, wenn man mal nicht hinhört. Aber man weiß: Zu zweit kommt man einfach besser durchs Leben. Mir jedenfalls ging das so, als ich eines Morgens an der Ampel stand und im Auto »Fritz« hörte. Hellmuth Karasek, der medial erkorene King of Kultur, gab sein Stelldichein im sogenannten »Fritzkasten«. Prominente hatten sich unüblichen Fragen zu stellen. Hellmuth Karasek willigte im Laufe des Interviews auch ein, sich einem Kulturtest im Hörervergleich zu unterziehen. Die Hörer wurden aufgerufen, gegen Karasek im Quiz anzutreten. Der Moderator fischte den Erstbesten aus der Telefonliste der Anrufer.

Ein Elfjähriger. Nun ja, da habe der Herr Karasek wohl Glück gehabt. Aber da könne man nun mal nichts machen, Spiel sei Spiel, hier sei jedenfalls die Aufgabe: »Nennen Sie bitte alle Familienmitglieder der Familie Mann nach 1875, dem Geburtsjahr von Thomas Mann. Herr Karasek beginnt, bitte.«

Radio ist das intimste aller Medien. Radio ist der wahre Freund unter den Medien.

Karasek legt los: »Klaus, Thomas, Golo, Erika, Heinrich, ähm, Katja (Pause wird länger), tja, also…« »Hm, Ihre Zeit ist leider abgelaufen. Nun zu Dennis. Dennis, weißt du noch mehr?« »Ich glaube schon: Luiz Heinrich, Julia Elisabeth Therese, Carla Augusta Olga Maria, Karl Viktor waren alle Geschwister von Thomas Mann, der übrigens noch den zweiten Vornamen Paul hat. Und jetzt die Kinder von Thomas und Katja Mann…«

Selten habe ich Karasek so rumdrucksen gehört, als es an die abschließende Bewertung ging. Ich bin mir nicht sicher, ob ihm die Redakteure hinterher erzählt haben, dass der Elfjährige nicht nur der Sohn eines Moderators, sondern auch gut gebrieft war. Karasek hat jedenfalls sehr schnell aufgelegt.

Manchmal sind es gerade auch die peinlichen Momente, die Größeres heraufbeschwören. Dazu gehörte für mich ein Interview mit der Theologin Dr. Uta Ranke-Heinemann, die wir zu dem sexuellen Missbrauch von Schützlingen katholischer Geistlicher befragten. Lustfeindlich sei der ganze Laden, eine entsexualisierte Homosexuellen-Gemeinschaft sei die Priesterschaft – ihr zuzuhören war die reine Freude. Überschwänglich wünschte ich ihr am Ende des Interviews »noch ein fröhlich sexualisiertes Wochenende«. Pause. Scharfes Atmen. »Mein Mann ist vor einem halben Jahr gestorben.« Eisiges Schweigen. Sie war nicht sauer, das war zu spüren. Ich entschuldigte mich. Und sie begann zu erzählen, wie sehr ihr Mann ihr fehle. Dass er ihre andere Hälfte gewesen sei. Dass er noch bei ihr sei, wenn auch nicht mehr körperlich. Sexualität könne sie nicht mehr mit ihm leben. Jeder, der sie hörte, trauerte mit ihr um ihren Mann.

Jeder Interviewpartner ist eine Lektion. Jeder Hörer eine Berufung. Alle Gebührenzahler, die bislang auf der Matte vor unseren Studios standen, haben es mir leicht gemacht, sie zu schätzen. Der Nasenmurmler zum Beispiel, der die Aufgabe hatte, zwei Stunden lang unverständliches Zeug murmelnd, rückwärts durch unser Studio zu schleichen und dabei zwei große Murmeln in den Nasenlöchern zu tragen. Auf unseren Aufruf hin hatte er sich freiwillig gemeldet. Allerdings wusste er nicht, was ihn als Gast erwartete. Er hat es genossen, coram publico und zugleich anonym zu sein. Was andere online in Chats und Foren erst mühsam simulieren müssen, wird im Radio täglich wahr: Ich bin und ich bin nicht. Meine Existenz ragt ins Unsichtbare, beruht allein auf Stimme, Timbre und Hauchen, Räuspern, Pausen, Tonfall, Dynamik und Stimmlage.

Ich habe mir immer gewünscht, dass möglichst viele Menschen mich lieben. Das geht nur, wenn mich nicht jeder sieht. Radio ist das intimste aller Medien. Im Leben eines Sehenden muss eine Stimme sich erst den Weg durch zahllose Wahrnehmungsfilter bahnen, viele Hürden sind zu nehmen, bis man einem Menschen erlaubt, ins eigene Ohr zu hauchen: Ich liebe dich. Ich bleibe bei dir. Ich habe immer darauf gewartet, dass du mir zuhörst. Radio ist der wahre Freund unter den Medien. Weil es wahrhaft unmittelbar sein kann.

In meiner Wahrnehmung verleiht das dem Radio etwas Übermächtiges, Göttliches (es ist da und doch unsichtbar) – dem Radio wohlgemerkt, nicht den Machern, die, wie die meisten Journalisten, mit Hauen und Stechen, Häme und Ehrgeiz im Namen einer zwingend zu publizierenden Wahrheit jede paradiesische Höhe in ein irdisches Jammertal auf Untergeschoss, Parkdeck-Ebene minus 3, verwandeln können.

Seit 1986 die privaten Radioanbieter begonnen haben, den Äther zum Markt zu machen, haben sich viele Programme kraft ihrer geldhungrigen Programmverantwortlichen entschieden, zur Abspielmaschine von Pipikackadodomusikunddreivierworten zu werden. Die wesentlichen Lockmittel sind die Musikauswahl, Comedys und Gewinnspiele. Das ist schwer genug. Allein die Musikauswahl wirft endlos quälende Fragen auf, die sich kein Normalsterblicher stellen würde, der »einfach nur mal nette Musik hören will«. Darf Marius Müller-Westernhagens Single »Freiheit« aus dem Jahre 1990 in einem Programm laufen, in dem der Durchschnittshörer 31,4 Jahre alt ist? Wie viel R&B verträgt ein 40-jähriger? Hört jemand, der sich die letzte Coldplay-CD gebrannt hat, freiwillig noch Rod Stewart oder Bob Dylan? Wie alt kann ein Eminem-Fan aktuell sein? Verträgt der Hörer ab 14 Uhr mehr Dance, oder ist er vom Tagwerk schon weich genug geknetet, um die Weihen des hehren Musikjournalismus zu empfangen?

Die Komposition der Musikfarbe entscheidet darüber, welche und wie viele Hörer man erreicht. Heißt es zumindest. Je einfacher und deutlicher die Musikfarbe, desto breiter das Publikum. Was unendlich schwer umzu-setzen ist und allen privaten Programmverantwortlichen, die ich kenne, ein

gerüttelt Maß an Selbstverleugnung abverlangt. Nur die öffentlich-rechtlichen Nachahmungstäter handeln aus Überzeugung. Sie glauben oft genug wirklich, dass ihr persönliches Ansehen proportional zur Seichtheit der Musik steigt. Und da sie ja so toll sind, müssen sie auch weder Marktanalysen noch Marketing betreiben, weil natürlich jeder Hörer von allein erkennt, wie wahnsinnig groß die Gnade der ausgewählten Musik ist, die ihm gewährt wird. Nichts ist schlimmer als Dünkel, der sich mit Populismus paart.

Die Palette der Stilmittel, mit denen Hörer gewonnen werden, wird im Grunde erst dann um die öffentlich-rechtlichen Koloraturen erweitert, wenn es um jene Marktanteile erobernden Mittel geht, die dem klassischen Zeitfunk entwachsen sind: also Interviews, Glossen, Kommentare, Hörertalks und dergleichen Wortanteile mehr. »Musik und alles, was Sie wissen müssen!« Aber bitte in homöopathischen Dosen von drei Minuten maximal. Könnte ja sonst die Hörer verschrecken.

Jede Morgensendung, die auch (nicht nur) die Quote im Auge hat, wird vor dem Thema Gesundheitsreform zurückschrecken. Wer möchte sich schon um 6.12 Uhr eingehend mit den Feinheiten der Rürup-Kommission beschäftigen? Zur Not erträgt man die Gesundheitsministerin. Und die erträgt ein Interview um diese Uhrzeit auch nur, weil sie weiß, dass sie so über Pressemeldungen in die Ticker der Nachrichtenagenturen kommt. Und somit der Opposition auch in den Printmedien Platz wegnimmt. Die emotional aufregendste Stelle wird über Fax an die Agenturen gejagt und auf den Frühsitzungen stolz als Ertrag verkündet: »Schmidt droht den Ärzten!«. Alles Sperrige, alles Faktische, alles juristische Regelwerk würde wohl selbst den aufgewecktesten Hörer bis aufs Blut quälen.

Allein aktuelle Ereignisse, kleine und große Katastrophen, erfordern heute den Korrespondenten vor Ort oder aber das journalistische »5W«-Passepartout: Wer? Wie ? Was? Wann? Warum? Ein Flugzeugabsturz, die Verleihung der Nobelpreise, Attentate, Umweltkatastrophen – häufig genug taucht dabei ein sechstes Fragewort auf: *Wie viel* bekomme ich für meine Sprechleistung? Nichts, lautet die einzig angemessene Antwort. Es sei denn, es sind serielle Sprechbemühungen. Der Rest sind selbst gesetzte Themen, Rubriken, Serien. Abgestimmt auf das Niveau des angepeilten Hörers. Sollen meine Hörer darauf vorbereitet werden, die Verleihung des Kometen durch Viva als großes Ereignis wahrzunehmen? Ist der kommende Marathon für meine Klientel ein Thema? Kann ich voraussetzen, dass meine Hörer alle Gremien der parlamentarischen Demokratie kennen, oder brauche ich eine heitere kleine Serie, die ihnen Brauch und Missbrauch derselben darlegt? Kann ich ein aktuelles Thema nicht auch als Comedy abhandeln? (Und wenn

mir nichts einfällt: Habe ich das Geld, um Elmar Brandt als Kanzlerimitator einzukaufen?) Wie distinguiert sind meine Hörer? Wollen sie Daniel, den gescheiterten Superstar, live knarzen und salbadern hören,

oder ist ihnen eine kritische Stimme lieber, die alles in Grund und Boden analysiert? Findet mein Hörer die Bemerkung lustig, dass jeder Superstar erst dann als Zäpfchen wirkt, wenn er von Dieter Bohlen eingehend bespeichelt wurde?

Ganz gleich, ob die Radiostation der Wahl ein reines Infoprogramm ist oder eine Hitstation – mit zwanzig Prozent Wortanteil (da auch die Werbung zum Wortanteil zählt, bleibt dem Moderator damit gerade noch Zeit, sechsmal in der Stunde den Claim der Station abzuhusten und dreimal seinen Namen zu nennen) – der Wegbegleiter Radio befriedigt schlichte Interessen: Information und Unterhaltung. Entweder regional, emotional oder aktuell.

Dabei wurden dem Radio in seiner Urzeit andere Qualitäten zugeschrieben: Es erhelle – endlich! – den tumben Geist der Massen durch seine Allgegenwart. Den mündigen Bürger wollte man, der wehrhaft ist. 1950 wurde die ARD gegründet. Bundesdeutsches Radio ist auch dadurch zu einem lokal angebundenen Medium geraten, das vor allem zwei Fragen beantwortet: Dreht sich die Welt noch? Werde ich nass, wenn ich mein Haus verlasse? Und jetzt wieder: Musik.

Dass dem Bürger womöglich Schlimmeres als Regen drohen kann, erzählt die Fabel vom Hörspiel, das einst die amerikanischen Massen in Panik versetzte. »Krieg der Welten«, am 30. Oktober 1938 unter der Regie von Orson Welles ausgestrahlt, berichtete von einer Invasion der Marsianer. Dreibeinige Kampfmaschinen erobern die Welt. Das heimische Militär ist machtlos. Die Menschen flüchten und sterben. Am Ende der vorgeblichen Live-Reportagen machen irdische Bakterien den Kollegen vom Mars dann den Garaus.

Zweimal soll es angesichts solcher Grauslichkeiten zu panikartigen Massenfluchten gekommen sein. Bei der Erstausstrahlung und 1971 bei der Wiederholung des Hörspiels. Von den Reaktionen wurde im Radio berichtet. Eine Massenpanik ist historisch nicht belegt. Aber jede gute Geschichte schafft sich selbst ihre eigene Legende. Und das Massenmedium Rundfunk will einen Gründungsmythos. Unter Massenhysterie geht hier gar nichts. Heute sind es eher nackte Zahlen, die die Erfolgsgeschichte des Mediums begründen sollen: Durchschnittlich vier Radiogeräte besitzt der Bundesbürger, die er laut Marktanalyse 2002/II mehr als zwei Stunden täglich belauscht.

> **Durchschnittlich vier Radiogeräte besitzt der Bundesbürger, die er mehr als zwei Stunden täglich belauscht.**

Und trotzdem: Radiomacher fühlen sich meist unter Wert gehandelt. Neidvoll raunt man sich zu, dass eine Fernsehminute im Durchschnitt nicht unter 1000 Euro zu haben sei. Im Rundfunk sind das die Mittel für ein, zwei, viele produzierte Stunden. Deshalb versuchen die Öffentlich-Rechtlichen Quoten zu machen, obwohl sie doch eigentlich der Bildung und der subtilen Unterhaltung aller Bürger verpflichtet sind. Aber alle schielen zur Sonne.

Gerade höre ich die Weekend Players mit »21st Century«. Ein Rhythmusteil daraus erinnert mich an einen der wenigen Stones-Titel, die ich mag: »Let's work«. Draußen schneit es.

Vom englischen Text verstehe ich nicht jede Zeile. Was ich verstehe, kommt übersetzt bei mir so an: *Ich glaubte bislang, alles läge allein in meiner Hand. Was wir aber brauchen, ist einander. Anders werden wir nicht überleben.* Die Keyboards klingen so schmerzlich schön nach »Inner City« und »Big Fun«. Das Lied ist zu Ende. Eine von vielen Pop-Perlen im Schaum der Tage.

Ich freue mich jetzt auf den Moment, da ich vor dem Mikrofon sitzen werde und dieses Stück abmoderiere. Vielleicht sage ich: »Die Weekend Players mit ihrer aktuellen Single ›21st Century‹. Sie, geneigte Hörer, mussten nicht so lange auf dieser Erde leben, um zu wissen, dass dies eine der vielen Melodien ist, die die Sehnsucht nach mehr nähren. Den Willen, sich zu verwirklichen. Und schon gar nicht wollten Sie von mir darüber belehrend in Kenntnis gesetzt werden. Übrigens: Es ist 17 Uhr und 34 Minuten. Sie hören die Sendung »Der Tag« auf Radio Eins. Beim nächsten Bums nun zu Rums-feld, dem Falken, der über dem alten Europa kreist und im Dreiländereck Deutschland, Kuba und Libyen nichts Gutes ausmacht.«

Dann wird mein Partner Robert den Korrespondenten in Washington begrüßen, und das Interview beginnt. Abschließend läuft Herbert Grönemeyer, und ich werde an die Hörerpost denken, die unlängst per Mail eintraf: Eine Dame Ende 30 beschwerte sich darüber, dass Grönemeyers Stück »Der Weg« – offenkundig vom Tod seiner Frau handelnd – von uns im Radio gespielt wurde. Das würde der Herr Grönemeyer sicher nicht wollen.

Die gute Frau hat wohl nicht damit gerechnet, dass etwas Unsichtbares ihr so nahe treten kann.

Rudi Carrell

Vielleicht war ich
der Letzte

Der Showmaster

Als Dustin Hoffman für sein Lebenswerk mit der Goldenen Kamera ausgezeichnet wurde, entdeckte er während seiner Dankesrede Boris Becker unter den Zuschauern: »Boris hat immer gekämpft, als wäre jeder Punkt der einzige in seinem Leben« – was Hoffman über den Wimbledon-Sieger sagte, hätte er auch über mich sagen können.

Wie Boris um seine Punkte, so habe ich um meine Gags gekämpft, um meine Babys, die oft schon bei den ersten Proben gleich Masern, Windpocken und Scharlach bekamen. In meiner Karriere sind leider viele meiner »Babys« gestorben, und manches Mal, nachdem ich meine Show auf Video angeschaut hatte, musste ich selbst einem renommierten Regisseur die Frage stellen, was er beruflich eigentlich macht. Zugegeben – ich hatte und habe den Ruf, bei Proben im Studio »schwierig« zu sein. Aber nichts ist schwieriger, als eine komische Geschichte, die man selbst fertig im Kopf hat, Regisseuren und Kameraleuten so zu erklären, dass die Zuschauer, wenn sie die Sendung sehen, den Gag auch verstehen und lachen.

Mein Glück war, dass ich im Showgeschäft anfing, als es noch kein Fernsehen gab. Ich bin über die Dörfer getingelt. Manchmal war ein Billardtisch die ganze Bühne. Und das Publikum war auch nicht immer leicht. Ich erinnere mich, dass ich an einem Silvesterabend vor 500 besoffenen Soldaten aufgetreten bin, die stinksauer waren, dass sie den Jahreswechsel in der Kaserne verbringen mussten.

Ich war Zauberer, Bauchredner, Sprecher bei Modenschauen, Ansager von Jazz-Konzerten und vieles mehr. Als ich einigermaßen wusste, worüber Menschen lachen, kam das Fernsehen. Zu meinem Glück »schenkte« mir mein holländischer Sender einen englischen Berater. Der war zwar schon im

Rentenalter, hatte aber eine beachtliche Karriere als Regisseur und Choreograph hinter sich, und ich verdanke ihm wichtige Einsichten.

Die erste hieß: »If you start with shit, you finish with shit!« Wenn man mit einer nagelneuen Show ins Studio geht, stimmt erst mal gar nichts. Hunderte von Kleinigkeiten müssen aus dem Weg geräumt werden, um dem, was du im Kopf hast, Raum zu geben. Stellt sich aber bei den Proben heraus, dass die ganze Idee ein Fehler war, dann vergiss sie! Denn: »If you start with shit, you finish with shit!«

Einmal schaute er sich in einem Theater eine Show mit mir an und sagte hinterher: »Als die Show anfing, bist du von rechts auf die Bühne gekommen. Aber rechts geht die Sonne unter. Du musst von links kommen, da geht die Sonne auf.«

Wichtig für alle Nachwuchstalente, die neu ins Fernsehen kommen: Lass deinen Namen so oft wie möglich fallen! Die Zuschauer müssen nach zwei Sendungen wissen, wie du heißt. Wie man das am elegantesten erreicht? Zum Beispiel mit Zuschauerpost: »Hier schreibt Frau A aus Berlin: Lieber Herr Rudi Carrell …« Das macht man drei Mal hintereinander, und ganz Deutschland weiß Bescheid. Als Alfred Biolek begann, Shows zu moderieren, hat er diesen Trick übernommen, und heute kennt ihn jedes Kind.

Noch ein Tipp: Sei niemals offen politisch engagiert! Du hast gleich die anderen gegen dich! Ich erinnere mich, dass ich einmal eine bekannte Sängerin kritisiert habe: »Vorige Woche hast du auf einer SPD-Veranstaltung gesungen und gestern bei der CDU. Das ist doch absurd!« »Moment mal«, sagte sie, »bei der SPD habe ich das umsonst gemacht. Die CDU musste 10000 Mark bezahlen.«

Man sollte, auch das habe ich gelernt, nie einen Zuschauer fragen, wie er eine Show fand. Damit macht man ihn zum Experten. Sag immer: »War eine tolle Show, was?« – und er wird es sofort bestätigen.

Was mich während meiner Arbeit inspiriert hat, werde ich oft gefragt. Zum Beispiel dies: Ich habe viele Jahre die Drehbücher für meine Show ausschließlich zusammen mit Frauen geschrieben. In den langen Pausen, in denen man verzweifelt nach einer Pointe sucht, ist es einfach wunderbar, wenn dir gegenüber

eine bezaubernde Frau sitzt, die Finger auf der Tastatur der Schreibma-
schine und mit einem Blick, der sagt: »Gleich hast du es!« Männlichen
Autoren oder Redakteuren kannst du einen noch so genialen Einfall erzählen – sie denken nur: »Was sagt mein Chef? Wie reagieren die Kritiker? Wie
viele böse Zuschauerbriefe muss ich beantworten?« Frauen hingegen sagen
»gut« oder »vergiss es!«.

1986 fand ich in den »Tagesthemen« für »Rudis Tagesshow« einen
O-Ton von Bernhard Vogel, der am ersten Abend eines CDU-Parteitages
sagte: »So, das war's für heute, und morgen früh gehen wir wieder frohgemut an die Arbeit.« Danach wollte ich ins Bild kommen und sagen: »Ja, mit
Ausnahme der 2,5 Millionen Arbeitslosen.« »Unmöglich«, rief mein damaliger Unterhaltungschef, »man macht keine Witze über Arbeitslose!« »Das ist
perfekte Satire«, widersprach ich. »Kommt nicht in Frage«, war sein letztes

Wort. In der Kantine traf ich meine Autorin. »Die Geschichte mit den 2,5 Millionen Arbeitslosen fliegt raus«, sagte ich. »Dann gibt es morgen noch einen Arbeitslosen mehr«, war ihre Antwort. Sie rannte in das Büro des Unterhaltungschefs, kam nach einer Minute wieder heraus und sagte: »Der Gag bleibt drin!« Dann kam die Sendung, und die Zuschauer fanden gerade diese Stelle besonders gelungen. Nur die CDU und selbstverständlich mein U-Chef nicht.

Wer öffentlichkeitsscheu ist und seine Ruhe haben möchte, sollte nicht zum Fernsehen gehen. Ich wollte schon als kleiner Junge berühmt werden. Jetzt bin ich es schon 43 Jahre, und ich habe es immer genossen. Es empfiehlt sich, nicht mitten in einer Großstadt, sondern auf dem Lande zu leben. Für die Kühe bist du ein Nobody. Aber wenn ich nach tagelanger Arbeit am Schreibtisch und Proben im Studio durch die Fußgängerzone gehe, dann bewege ich mich wie auf einem roten Teppich. Alle Generationen – von 10 bis 90 – lächeln dich an. Bildhübsche Frauen wollen sich mit dir unterhalten. Bei Behörden kann ich auch nach Dienstschluss noch anklopfen. Nur mein Finanzamt lässt mich nicht in Ruhe, und alle drei Jahre gibt es eine strenge Steuerprüfung. Die Beamten lieben es, in den Büchern von Prominenten zu schnüffeln. Leider finden sie auch immer etwas.

In Deutschland Fernsehen zu machen hat den Vorteil, dass man gleich ein Weltstar ist. Wohin man auch im Urlaub verreist, von Nepal bis auf die Galapagos-Inseln, überall in der Welt wird man erkannt – von deutschen Touristen. Dabei kenne ich kein Volk, das so gern lacht wie die Deutschen. Und sie sind neugierig! In Amerika oder England interessiert es niemanden, wie eine Fernsehshow hergestellt wird. In Deutschland ist das anders. Seit mehr als sieben Jahren produziere ich »7 Tage – 7 Köpfe«, und wo immer ich von Zuschauern angesprochen werde, hagelt es Fragen nach der Sendung. Deshalb hier nun *alle* Antworten.

»7 Tage – 7 Köpfe« ist ein Fernseh-Stammtisch. Die Einrichtung »Stammtisch« ist eine deutsche Erfindung. Ich habe nie verstanden, was in den Augen von Kritikern daran schlecht oder niveaulos sein soll. An einem Stammtisch wird gelacht, gelästert und manchmal auch gesungen. Man neckt sich gegenseitig mit Spitznamen und kleinen Streichen, mit Anspielungen auf Schwächen und Eigenarten, die jeder von jedem anderen genau

kennt – natürlich niemals böse, weil man sich ja im Grunde mag. Nicht
zuletzt werden Neuigkeiten ausgetauscht, und – ja doch – es werden Witze
erzählt.

Nicht anders funktioniert 7 T 7 K. Bei uns sind es halt sieben Komiker,
die sich einmal wöchentlich treffen – sechs Stammgäste (Jochen Busse,
Gaby Köster, Mike Krüger, Kalle Pohl, Bernd Stelter und bis vor kurzem
ich, dafür neuerdings Oliver Welke) und ein spezieller Gast, auf den wir
uns jeweils besonders freuen. Der wesentliche
Unterschied zu einem Kneipenstammtisch: Das
Bier gibt es bei uns erst nach der Sendung. Und:
Wir treffen uns Woche für Woche nicht nur zu
unserem eigenen Spaß, sondern zum Vergnügen
von mehr als 5 Millionen Zuschauern. Und weil
die am Ende ihrer Arbeitswoche, pünktlich zum

In Deutschland Fernsehen zu machen hat den Vorteil, dass man gleich ein Weltstar ist.

Start des Wochenendes mit Recht erwarten, dass sie bei uns garantiert abla-
chen können, darum bereiten wir uns einzeln und gemeinsam intensiv auf
die Sendung vor. Das ist unser Beruf.

Wie diese Vorbereitung aussieht? Bereits am Morgen nach jeder Sendung beginnen mein Redakteur und ich mit der Suche nach Themen für die
nächste Sendung – aus Zeitungen, Nachrichten, Videotext und Internet.
Wenn wir zum Beispiel irgendwo im Kleingedruckten lesen, dass in Gießen
ein Mathematik-Museum eröffnet worden ist, dann nehmen wir diese an
sich für die Nation nicht allzu bedeutende Meldung zum Anlass für eine
Themenrunde. Einige Köpfe beichten ihre eigenen Misserfolge aus dem
Mathematik-Unterricht oder verraten witzige Eselsbrücken und Schummel-
tricks. Jemand beschreibt Alltagsprobleme beim immer noch schwierigen
Umrechnen von D-Mark in Euro. Frauentyp Kalle berichtet vom Rechnen
mit einer oder mehreren »Unbekannten«. Bernd reklamiert seine letzten
Restaurant-Rechnungen, und Mike weist auf seine Art nach, dass Finanzminister Eichel sich schon wieder verrechnet hat. Es bereitet einen Riesen-
spaß, aus einer so kleinen Meldung ein typisches 7 T 7 K-Thema zu »backen«.

Jeden Dienstagmittag bekommen die sieben Mitwirkenden der laufenden Woche und eine Reihe von Autoren, die uns zuarbeiten, per Fax oder
E-Mail eine erste Themenauswahl. Dann können sie mit der Vorbereitung
ihrer Beiträge beginnen. Mittwochs legen wir dann in der Regel noch ein

aktuelles Thema nach. Ereignisse, die danach eintreten und unbedingt noch Eingang in die Sendung finden sollen, sprechen wir auf Zuruf miteinander ab. Überhaupt telefonieren, faxen und mailen wir pausenlos, die ganze Woche.

Wann und wie oft wir uns treffen? Nur an einem Tag in der Woche, nämlich freitags! Dann kommen die »Köpfe« mittags in unsere Studio-Räumlichkeiten, und um halb eins beginnt in einem großen Konferenzraum unsere Sitzung. Da stellt dann jeder der sieben Köpfe den anderen vor, was er/sie sich zu den Themen hat einfallen lassen. Das hat vor allem den Zweck, dass wir Doppelungen vermeiden und uns gemeinsam die Reihenfolge der einzelnen Themenrunden überlegen. Jeder schreibt sich auf, wer vor und wer nach ihm dran ist und mit welchem Stichwort der Vorgänger endet, damit bei der Aufzeichnung keine unnötigen Pausen entstehen.

> **Ich bin seit je verliebt in alles, was das Fernsehen zum Fernsehen macht und vom Hörfunk unterscheidet.**

Normalerweise sind Komiker schwierige Menschen und finden alles, was andere Komiker machen, schlecht. Nicht so bei uns. Weil alle sieben so verschieden sind, nimmt keiner dem anderen die Butter vom Brot. Wenn Gaby sich über tausenderlei Dinge empört, Bernd Geschichten aus der Reihenhaussiedlung erzählt, Kalle mit seinen Frauengeschichten prahlt oder seinen Vetter Hein Spack zitiert und Mike mit trockenem, norddeutschem Humor Gags absondert, wie sie nur ihm einfallen können – dann muss keiner dem anderen eine Pointe neiden. Alle freuen und amüsieren sich königlich über die tollen Einfälle der anderen, und nicht selten überlässt sogar einer dem anderen bereitwillig einen Gag.

Meine Spezialität sind alle optischen Gags. Während die meisten Köpfe und unsere Autoren wunderbare Wort-Gags abliefern, bin ich seit je verliebt in alles, was das Fernsehen zum Fernsehen macht und vom Hörfunk unterscheidet. Tagelang brüte ich über Schlussgags, probiere und erfinde Zaubertricks und freue mich wie ein kleines Kind, wenn uns mal wieder ein richtiger Knaller gelingt.

Wie es nach der Sitzung weitergeht? Dann zeichnen wir im Studio den Vorspann der Sendung auf und stehen den Technikern für einen kurzen Bild- und Sound-Check zur Verfügung. Danach hat jeder Kopf noch ungefähr eine Stunde Zeit, sich auf seine Weise auf die Aufzeichnung ein-zustimmen, ein Nickerchen zu machen oder sich noch mal seinen Text einzuprägen.

Manchmal fragen Zuschauer: »Warum habt ihr vor euch Zettel, auf denen euer Text steht?« »Warum nicht?«, frage ich dann zurück. Im Bundestag haben die Redner doch auch ein Manuskript. Und außerdem: In den meisten Sendungen, bei denen es so aussieht, als ob der Moderator völlig frei spricht,

liest er in Wahrheit seinen Text von einem so genannten Teleprompter ab. Das ist ein Gerät, bei dem der geschriebene Text einfach auf die Kamera, in die er schaut, gespie-gelt wird. Warum wir das nicht auch bei 7 T 7 K so machen? Ganz einfach: Weil hinter uns unsere Studiozuschauer sitzen. Die könn-ten dann ja die Gags der Köpfe mit- oder vorauslesen.

Warum senden wir nicht live? Die allermeisten »Late Night Shows«, also Shows, die erst am späten Abend ausgestrahlt wer-den, werden am frühen Abend des gleichen Tages aufgezeichnet. Dann ist die Bio-Kurve der Mitwirkenden und die Aufnahmefähigkeit des Studiopublikums einfach besser als am späten Abend, wenn man als Fernsehzuschauer zu Hause nur noch die Füße hochlegen möchte. Außerdem hat es praktische Gründe: Freitagabende sind für Künstler begehrte Auftrittstermine. Die meisten unserer Gäste müssen, wenn sie um 18.00 Uhr bei uns fertig sind, noch zu einem anderen Termin. Währenddessen sitzen Regisseur und Redakteur noch im Schneideraum und kontrollieren das Aufzeichnungsband. So weit möglich und nötig, neh-men sie noch kleine Korrekturen vor, schneiden technische Pannen und völlig missglückte Gags heraus und kürzen die Sendung auf die vorgegebene Sendelänge. Spätestens um 21.00 Uhr werden dann zwei fertige Sendebän-der von zwei Fahrern auf unterschiedlichen Wegen zum Sender gefahren, damit garantiert ein Band rechtzeitig dort ist und pünktlich um 22.15 Uhr die Sendung beginnen kann. Das hat bisher noch immer geklappt.

Während um uns herum viele andere Comedy-Panels kamen und gingen, oftmals übrigens im Streit, sind wir nun schon im achten Jahr zusammen. Bei uns gilt nämlich der berühmte Satz von Berti Vogts: »Die Mannschaft ist der Star.« Ich denke, man merkt uns den Spaß an, den wir selber miteinander und bei der Arbeit haben. Bei sieben Charakterköpfen mit Ecken und Kanten kann und soll auch nicht jeder Everybody's Darling sein. Aber die Wahrscheinlichkeit, dass unter sieben gleichberechtigten Mitwirkenden für jeden Zuschauer mindestens einer ist, dessen Humor ihm besonders zusagt,

ist doch recht groß. Umgekehrt weiß jeder der sieben, dass er nicht allein seinen Kopf für die Sendung hinhalten muss und dass – wenn er mal einen schwächeren Tag erwischt hat – die anderen ihn stützen. Teamgeist nennt man das.

Die Zahl Sieben, diese verflixte Sieben, war in meiner Karriere schon immer eine besondere Größe. Sieben Jahre lang, länger als in all meinen anderen Shows, habe ich bei »7 Tage – 7 Köpfe« vor der Kamera agiert. Wir alle sind in dieser Zeit sieben Jahre älter geworden. Mit 68 Jahren fand ich, es sei Zeit, als Ältester abzutreten und für einen jungen Kollegen Platz zu machen. Und ich bin ja nicht »aus der Welt«, sondern bleibe »hinter der Kamera« als Produzent und Ideengeber der Sendung und dem Team nah.

Meine persönliche Bilanz nach 43 Fernsehjahren? Die deutsche Fernsehunterhaltung ist nicht mehr, was sie – niemals – war! Will sagen: Die heutigen Shows sind sicher ebenso zeitgemäß wie die Shows, die Kuli und Co. (also auch ich) in den 60er und 70er Jahren gemacht haben. Damals kam Hans Joachim Kulenkampff auf die Bühne, plauderte erst mal eine Viertelstunde lang über Gott und die Welt und hatte dabei ein Riesenpublikum, vom Opa bis zum Enkel. Wenn Harald Schmidt, für mich eine Art Kuli-Nachfolger, heute praktisch nichts anderes tut, erreicht er damit kein Massenpublikum mehr, sondern nur eine relativ kleine Zielgruppe. Spiele, wie ich sie in meiner Show »Am laufenden Band« präsentiert habe, veranstaltet heute jeder Animateur im Club Robinson. Action ist dagegen immer noch gefragt; man denke nur an »Wetten, dass…?« Allerdings fände es heute niemand mehr spektakulär, wenn ein netter witziger Onkel nach zwei Stunden EWG-Show dem Sieger einen Scheck über 10 000 Mark überreicht. Heute muss man schon eine Million Euro gewinnen können.

Eines allerdings fehlt mir in den meisten der heutigen Shows – etwas, worauf ich immer größten Wert gelegt habe: der Humor! Woran das liegt? Vielleicht daran, dass ein Beruf inzwischen so gut wie ausgestorben ist. Showmaster war mein Beruf. Heute gibt es zwar Hunderte von Moderatoren, Komikern und Talkmastern, aber die Vielseitigkeit eines Showmasters sehe ich bei keinem. Vielleicht war ich der letzte.

Franziska Augstein

So **mächtig** und so **ohnmächtig**

Von der **Freiheit** der **Presse**

Spruchweisheiten der Geschichte stellen sich mitunter als Erfindung heraus. Ein Beispiel: Von der Zeitung »Rheinischer Merkur«, die der berühmte Publizist Joseph von Görres von 1814 bis 1816 herausgab, heißt es, Napoleon Bonaparte habe sie als »die fünfte feindliche Großmacht« bezeichnet. So geht die Legende. Tatsächlich war die Geschichte anders: Görres hat, im Auftrag der preußischen Regierung, bezahlt von der preußischen Regierung und, was damals ungewöhnlich war, ohne der preußischen oder einer anderen Zensur unterworfen zu sein, gegen Napoleon und seine Gewaltherrschaft gewettert. Selten, so wurde über ihn gesagt, habe »jemand erhabener, furchtbarer und teuflischer geschrieben als dieser Görres«. Der Begriff von der »fünften feindlichen Großmacht« indes stammte nicht von Napoleon, sondern höchstwahrscheinlich von einem Mitarbeiter des »Rheinischen Merkur«, dem liberalen Mathematiklehrer und Landvermesser Johann Friedrich Benzenberg. Aber einmal in die Welt gesetzt, wurde der Ausdruck zum geflügelten Wort.

Die Presse: so einflussreich konnte sie sein. Und so ohmächtig war sie auch. Denn als Joseph von Görres begann, die Haltung der preußischen Regierung während des Wiener Kongresses zu kritisieren, da hatte es ein Ende mit der preußischen Duldsamkeit: Der angesehene, geschätzte und gern gelesene »Rheinische Merkur« wurde 1816 verboten.

Die Medienwelt der Bundesrepublik ist natürlich anders als das Zeitungswesen des damaligen Preußen, und das in mehrfacher Hinsicht: Erstens gibt es bei uns keine staatliche Zensur. Zweitens üben Journalisten ihre Arbeit heutzutage von Berufs wegen aus. Rund einhunderttausend Journalisten soll es, laut Statistik, derzeit in der Bundesrepublik geben, viele von ihnen sind gewerkschaftlich organisiert. Ein Görres hingegen war alles Mögliche: Autor, philosophischer Denker, politischer Kommentator – nur als »Journalist« war er nicht bekannt. Drittens hat sich die Medienlandschaft komplett verändert.

Der in Koblenz gedruckte »Rheinische Merkur« war auch deshalb so erfolgreich, weil er eine einigermaßen zuverlässige Frontberichterstattung des Krieges gegen Napoleon lieferte. Heutzutage erledigt dergleichen das Fernsehen, die Aufgabe der Presse besteht nicht mehr darin, das »Neueste vom Tage« mitzuteilen, sondern vielmehr zu erklären, was gestern dazu geführt hat, dass das Neueste vom Tage geschehen konnte, und wie es morgen weitergehen könnte.

Als der »Rheinische Merkur« verboten wurde, brandmarkten zahlreiche Zeitgenossen dies als ein Armutszeugnis der preußischen Regierung, die für das Verbot verantwortlich war. Letztlich vermochte diese Kritik nichts auszurichten. Der »Rheinische Merkur« konnte nur so lange erscheinen, wie es der Obrigkeit genehm war. Und das zeigt: Er war eben keine »Großmacht«.

Ganz anders erging es einer anderen Zeitschrift. Als Konrad Adenauers Regierung, angestachelt von dem damaligen Verteidigungsminister Franz Josef Strauß, 1962 das Nachrichtenmagazin »Der Spiegel« mundtot zu machen trachtete, zog sie den Kürzeren. »Der Spiegel« hatte unter dem Titel »Bedingt abwehrbereit« eine Geschichte über die unzureichende Ausrüstung der Bundeswehr veröffentlicht – für den Kanzler ein »Abgrund an Landesverrat«. Adenauer hatte gerade einen Wahlkampf hinter sich, bei dem er mit harten Bandagen gekämpft und oft genug vor dem Untergang der Republik gewarnt hatte, falls die Deutschen so gottverlassen wären, dic SPD zu wählen. »Der Spiegel« war für den katholischen Kanzler eine weitere Macht des Bösen.

Doch in der so genannten »Spiegel«-Affäre stieß der deutsche Obrigkeitsstaat, der die NS-Zeit überlebt hatte, an seine Grenzen. Westdeutschlands Bürger gingen auf die Straße. Erstmals in der bundesdeutschen Geschichte protestierten die Menschen in Massen gegen die eigene Regierung, sie demonstrierten nicht bloß für die Pressefreiheit, es ging auch um Demokratie und Rechtsstaatlichkeit. Adenauer musste zurückstecken, Strauß zurücktreten.

Die »Spiegel«-Affäre, so schrieb der Fernsehmoderator Klaus Bresser, habe »das Ende des Obrigkeitsstaates in Deutschland« eingeläutet. Seit jenen Tagen sind die Presse und auch die übrigen Medien unbestritten »die vierte Gewalt« im Staat (nach Exekutive, Legislative und Jurisdiktion). Und viele gesellschaftspolitische Entscheidungen sind auch durch den Einfluss der Vertreter der öffentlichen Meinung, durch die Journalisten, zustande gekommen.

Nicht zuletzt dank der Medien wurde der so genannte »Abtreibungsparagraph« im Strafgesetzbuch entschärft. Den Medien war es zu danken, dass die Abgeordneten bei der Erhöhung ihrer Diäten Maß halten mussten. Die Medien haben auch den »Großen Lauschangriff« des sozialdemokratischen Innenministers Otto Schily abmildern können, der vorsah, im Dienste der allgemeinen Sicherheit die bürgerlichen Rechte einzuschränken. Schily wollte gestatten, die Telefone von Anwälten und Journalisten abzuhören und ihre Wirkungsstätten mit Wanzen auszustatten – und zwar schon auf den bloßen Verdacht hin, dass die Betreffenden mit mutmaßlichen Straftätern Kontakt hätten. Einige Zeitungen und Zeitschriften schlossen sich zusammen und machten Front gegen das Gesetz. Am Ende wurde es zwar verabschiedet, aber es wurden größere Hürden eingebaut, zum Beispiel muss der Lauschangriff von Richtern abgesegnet werden.

Die Aufdeckung zahlreicher Skandale durch die Presse, in denen Politiker und Industrielle miteinander paktierten, hat dazu beigetragen, dass die Korruption in der Bundesrepublik auf weniger großem Fuß betrieben wird als in Ländern wie Frankreich oder Großbritannien, von südeuropäischen Staaten wie Italien oder Griechenland gar nicht zu reden.

In den siebziger und achtziger Jahren garantierte das Wort »Skandal« im Inhaltsverzeichnis einer Zeitschrift eine gewisse öffentliche Aufmerksamkeit. Die Medien haben sich besonders in jener Zeit den Ruf erworben, für Hygiene in der Demokratie zu sorgen. Zu den großen Affären, die in jener Zeit aufgedeckt wurden, gehörte die Bestechungspolitik, die der Industrielle Friedrich Karl Flick betrieb: Er vergab Spenden und bekam dafür Steuererleichterungen. Ein anderer großer Skandal verknüpft sich mit dem Namen »Neue Heimat«: 1982 kam heraus, dass Manager des gemeinnützigen Gewerkschaftsunternehmens sich jahrelang aus der Firmenkasse bedient hatten. Wenige Jahre später wurde die so genannte Barschel-Affäre aufgedeckt, in deren Verlauf der christdemokratische schleswig-holsteinische Ministerpräsident Uwe Barschel ertappt wurde, wie er im Wahlkampf schmutzige Gerüchte über seinen Kontrahenten von der SPD hatte verbreiten lassen. Die Berichterstattung über jene Ereignisse tat nicht nur dem Ansehen der Medien gut, sie hat auch den Ruf der Bundesrepublik gefestigt, ein relativ anständiger Staat zu sein, anders auf jeden Fall als zum Beispiel das fröhliche Frankreich, wo es nachgerade normal zu sein scheint, dass Politiker auf Staatskosten ihre Geliebten aushalten.

Aber als sei auch das Aufdecken von Korruption eine Mode, hat sich die Attraktivität des Ausdrucks »Skandal« inzwischen sehr verringert. Es fragt sich, woran das liegt. Und viele sind der Meinung, es liege vor allem daran, was die Medien aus ihrer großen Freiheit gemacht haben.

So glaubte der ehemalige Verfassungsrichter Hans H. Klein, die Aufdeckung des Parteispendenskandals der CDU solle nur der »Abwertung der 16-jährigen Kanzlerschaft Helmut Kohls« dienen. Aber darum ging es eben nicht. Sondern die CDU hatte schwarze Kassen unterhalten und Spenden, die sie bekam, nicht – wie sie es hätte tun müssen – öffentlich gemacht. Helmut Kohl hat einen Teil dieses Geldes genutzt, um mal diesen, mal jenen Landesverband seiner Partei – ganz nach seinem persönlichen Ermessen –

zu unterstützen. Kohl regierte mit diesem Geld wie ein Feudalherr. Aufgrund dieser verdeckten Spendenannahmen hatte die Staatsanwaltschaft ein Ermittlungsverfahren gegen ihn eingeleitet, das schließlich gegen eine hohe Geldbuße eingestellt wurde. Die »Frankfurter Allgemeine Zeitung« schrieb dazu: »Ist nun Kohl mit der Einstellung des Ermittlungsverfahrens plötzlich juristisch unschuldig? Nein, er gilt lediglich als unschuldig. Das ist ein feiner Unterschied.«

Die Parteispendenaffäre der CDU wurde aufgedeckt und solchen Praktiken ein Riegel vorgeschoben, und dies geschah mit Hilfe einzelner Staatsanwälte und mit Hilfe der Medien – Zeitungen, Zeitschriften und der öffentlich-rechtlichen Rundfunk- und Fernsehsender. Die Privatsender hingegen beschränkten sich im wesentlichen darauf, die jeweils buntesten Aussagen und Ereignisse herauszugreifen, einerlei, ob sie neu waren, einerlei, ob sie zur Aufklärung der Ereignisse etwas beitrugen. Am Ende hat der Parteispendenskandal leider vor allem eins gezeigt: Die Materie war zu kompliziert, zu vielfältig in den Details. Da schon die meisten Journalisten bald nicht mehr

durchblickten, war es kein Wunder, dass auch die Öffentlichkeit nichts als ein diffuses Unbehagen in Erinnerung behalten hat. Mancher wird vielleicht noch das Bild vor Augen haben, wie Ex-Kanzler Kohl in blubbernder, selbstgefälliger Empörung vor dem Untersuchungsausschuss des Bundestages seine Verdienste herausstrich und den Ausschuss als »politisches Kampfinstrument« bezeichnete.

Dieser Ausgang der CDU-Parteispendenaffäre ist symptomatisch: Heutzutage – zumal nach dem Umzug der Regierung von Bonn nach Berlin – werden allenthalben »Demokratiedefizite« beklagt, Sorgen müsse man sich um die Republik machen, nicht zuletzt deshalb, weil das Verhältnis zwischen Macht und Medien, zwischen Politik und Presse zerrüttet sei. Politik verkomme zunehmend zu einem Medientheater, heißt es, und die Medien beschäftigten sich nicht mehr seriös mit der Politik. Nur scheinbar seien sie noch ein Korrektiv der Politik, in Wahrheit seien beide traut vereint in dem Bemühen, die Auseinandersetzung mit ernsthaften Themen zu vermeiden. »Es verdichten sich die Indizien, dass Politik im Unterhaltungsformat auch in der Bundesrepublik Deutschland zu einer zentralen Bestimmungsgröße von politischer Kultur geworden ist«, so konstatierte der Politologe Jörg-Uwe Nieland 2002. Allerdings sei dies nicht allein den Medien anzulasten, sondern auch den Politikern selbst – man denke nur an den fallschirmspringenden Freidemokraten Jürgen Möllemann oder an seinen Parteifreund Guido Westerwelle, der im »Container« der Fernsehserie »Big Brother« auftrat. Rudolf Scharping hat, passend fürs Unterhaltungsformat der Zeitschrift »Bunte«, mit seiner Freundin in einem Swimmingpool gebadet. (Da hat der »Spiegel« das zweite Mal in seiner Geschichte die Worte »Bedingt abwehrbereit« auf ein

Titelbild gesetzt, darunter das Bild eines umgedrehten Stahlhelms, in dem Scharping und die Freundin fröhlich planschten.) Und auch Gerhard Schröder hat seinen Teil zur Animation des Publikums geleistet, indem er seine Ehefrauen – erst Hiltrud Schröder und nun die medienkluge Doris Schröder-Köpf – an seiner Seite auftreten lässt, so wie amerikanische Präsidenten es lange schon tun.

Deutschland ist kein Obrigkeitsstaat mehr. Die Medien hatten an dieser Entwicklung entscheidenden Anteil.

Wenn Politiker sich so sehr exponieren, dürfen sie sich nicht wundern, wenn die Medien keine Rücksicht auf ihre Privatsphäre mehr nehmen. Ein Gegenbeispiel ist die CDU-Parteiführerin Angela Merkel: Die sagt nichts über ihr Privatleben, und folglich wird – bis zum heutigen Tage – in den Medien wenig über ihr Privatleben verbreitet. Die öffentliche Aufmerksamkeit erschöpft sich darin, dass Frau Merkels Frisur begutachtet wird.

Dennoch: Nicht Scharpings Badevergnügen oder Merkels Haartracht sind das Problem, sondern dass diese Dinge immer mehr journalistische Aufmerksamkeit finden als die wichtigen politischen Entscheidungen. Letztere sind oft komplex und deshalb auch nicht leicht darzustellen. Journalisten aller Medien neigen dazu, sich vor dieser Aufgabe zu drücken – zumal das Lob der Chefredakteure meist eher den schmissigen Artikeln über Wasserspiele gilt als den weniger mitreißenden Geschichten über, zum Beispiel, den Länderfinanzausgleich (ein Gruselthema der innenpolitischen Berichterstatter).

Geht die politische Kultur also – samt den Medien – den Bach hinunter? Gar so schlimm mag es nicht sein. In der Bundesrepublik fanden auch früher schon, Ende der fünfziger und mehr noch Anfang der sechziger Jahre, Debatten über die Verkommenheit der Politik statt: Die Inhaltslosigkeit der Wahlkämpfe wurde angeprangert, die Ausfälle und Beleidigungen, die einzelne Politiker einander an den Kopf warfen, wurden für den Niedergang des politischen Geschäfts verantwortlich gemacht. Schon im November 1960 klagte ein heute vergessener Bundestagsabgeordneter namens Peter Nellen in der »Neuen Rheinischen Zeitung« über die drohende Gefahr »einer katastrophalen Vertrauenskrise nicht nur gegenüber den Parteien, sondern auch … gegenüber unserem demokratischen Souverän …, wenn der Wähler … erkennen müsste, dass er auf verkürzte, unvollständige Information und unzulässig eingefärbte Schlagworte hin seine Entscheidung getroffen hätte«. Nichts anderes wird auch heutzutage den Parteien im Wahlkampf vorgeworfen.

Unterschiede zwischen 1960 und 2003 gibt es trotzdem: Deutschland ist kein Obrigkeitsstaat mehr, es ist eine zivile Demokratie, die Meinung der Bürger zählt, die Bürger haben gelernt, sich zu Wort zu melden. Das Land ist demokratischer geworden. Die Medien hatten an dieser Entwicklung entscheidenden Anteil. Demokratie ist (dem Wort nach) nichts Elitäres, sondern Volksherrschaft, eine Massenveranstaltung. Auf Massenveranstaltungen geht es oft nicht besonders elegant zu. Und die Demokratie hat auch nicht immer die besten Manieren. Auf dem Wiener Kongress 1815, den der Publizist Joseph von Görres so sehr befehdete, weil er über die Köpfe »der Völker« hinweg verhandelte, mag es vornehmer zugegangen sein. Zum Wesen der modernen Demokratie gehört es, dass es immer eine große Minderheit gibt, die sich über den Verfall der politischen Sitten und der politischen Vernunft Sorgen macht.

Oftmals sind diese Sorgen leider auch berechtigt. In den vergangenen zehn Jahren zum Beispiel haben wir erlebt, wie die Bundeswehr sich aus einer Institution zur Landesverteidigung immer mehr zu einer international tätigen »Eingreiftruppe« gewandelt hat. Das widerspricht der bundesdeutschen Verfassung, es findet aber kaum eine öffentliche Debatte darüber statt, auch nicht in den Medien. Ein entscheidender Schritt zu dieser Veränderung wurde im Kosovo-Krieg 1999 getan: Die Bilder von Albanern, die vor den Serben flohen, von weinenden Müttern und verängstigten Kindern bewegten die

In dem Kosovo-Krieg haben die Medien »mitgekämpft«, anstatt zu tun, was ihre eigentliche Aufgabe gewesen wäre.

Herzen der Bevölkerung. Gerüchte von grausamen Massakern und Konzentrationslagern für die Albaner wurden vom Bundesverteidigungsministerium verbreitet und von den deutschen Medien ohne nähere Prüfung weitergegeben. In diesem Krieg haben die Medien »mitgekämpft«, anstatt zu tun, was ihre eigentliche Aufgabe gewesen wäre: die Ereignisse von allen möglichen Seiten zu betrachten, der Skepsis Raum zu geben und sich nicht von ungeprüften Informationen hinters Licht führen zu lassen.

Gefährdet sind Journalisten auch durch menschliche Schwächen: Opportunismus, Angst vor Verlust des Arbeitsplatzes und nicht zuletzt berufliche Eitelkeit, die sie zuweilen Platz nehmen lässt an den Tischen der Mächtigen. Dort lesen sie dann Brosamen von Informationen auf, die sie hernach als Ergebnisse von Recherchen ausgeben, als hätten die Mächtigen – heutzutage heißen sie »Entscheidungsträger« – sie nicht absichtlich fallen gelassen. Für Publizisten, die sich von der Obrigkeit so benutzen lassen und sich darauf auch noch etwas einbilden, hat Joseph von Görres zu seiner Zeit deutliche Worte gehabt: »Royalisten, Intriganten, Pinsel, Taugenichtse«.

Maybrit Illner

Entschuldigungen
werden nicht gesendet
Warum ich Journalistin
geworden bin

Als ich vierzehn war, hatte ich einen Traum. Ich wollte Sportreporterin werden. Nicht Journalistin. Das waren für mich zwei ganz verschiedene Dinge. Journalisten waren namenlose Fließbandarbeiter, Verfasser öder politischer Artikel, die alle irgendwie gleich klangen. Sportreporter hingegen waren Lichtgestalten wie Heinz Florian Oertel oder Harry Valérien, sprachgewaltig, charmant, unverwechselbar. Wie sie wollte ich samstagnachmittags die Leute in die Fernsehsessel bannen – mit Reportagen, die so spannend waren, dass sich die Zuschauer nicht mal aufs Klo trauten (Werbepausen waren noch nicht erfunden).

Woher dieser Wunsch kam, weiß ich nicht. Meine »Performance« am Reck oder am Stufenbarren, beim Volleyball oder Badminton bewegte sich auf unterstem Kreisklassenniveau. Meine besorgten Eltern versuchten mir klar zu machen, dass auch Rechtsanwältinnen oder Ärztinnen unglaublich spannende Sachen erleben. Vergeblich.

Ich war überzeugt, dass Sportreporter der Beruf ist, der am besten zu mir passt. Einmal den olympischen Marathon live zu kommentieren – wie ein alter Hase, davon träumte ich.

Zwei Jahre später, als Abiturientin, bewarb ich mich beim Fernsehen der DDR in Berlin-Adlershof um ein Volontariat in der Sportredaktion. Erstaunlicherweise klappte das. Nach dem Volontariat studierte ich an der Karl-Marx-Universität in Leipzig acht Semester Journalistik. Alle Praktika während des Studiums machte ich in Berlin – bei den Fernsehleuten der Sportredaktion. So werkelte ich also fünf Jahre lang an meinem Traum herum. Das war keine schlechte Sache. Man braucht nämlich eine Weile, um herauszufinden, ob man Talent hat.

Mein großes Glück während des Studiums war eine Zusatzausbildung beim Leipziger Rundfunk. Ein alter Radio-Profi, Helmut Schulze, hatte eine Nachwuchskrise bei Sportjournalisten ausgemacht. Er dachte sich ein Ausbildungsprogramm aus und organisierte dafür – eine echte Sensation für DDR-Verhältnisse – sogar Gelder von der UNESCO. Dann rekrutierte er sechs »junge Talente« und schickte uns mit einem Aufnahmegerät in den Wald. In einen Wald, in dem absolut *nichts* los war. Einen Moment lang dachten wir natürlich alle, der Talent-Scout hätte einen leichten Dachschaden. Aber der Wahnsinn hatte Methode: Bevor wir uns daranmachten, einen mit Schmackes abgefeuerten Fußball zu beschreiben oder einen mit Lichtgeschwindigkeit fliegenden Eishockey-Puck, sollten wir uns erst einmal an ruhenden Gegenständen abarbeiten. Man mag es nicht glauben, aber meine erste »Sportreportage« machte ich über *ein rotgolden gefärbtes Blatt*. Ich stand mitten im Wald und rückte mit Mikro und Tonbandgerät einem wehrlosen Ahornbaum auf den Leib.

An den Wochenenden tingelten wir Nachwuchsreporter dann durchs Land – zu kleinen Sportfesten in und um Leipzig. Wir standen mit dem »Nagra« – so hieß das gefürchtete Aufnahmegerät – am Beckenrand oder an der Tartanbahn und sprachen unsere Reportagen auf Band. Bei der anschließenden Manöverkritik ging es ganz schön zur Sache. Unser »Trainer« Helmut Schulze legte mit sicherer Hand den Finger auf die Wunde. Das war schwer zu ertragen: die eigene Stimme, die so fremd klang, die falsche Atmung, die verhaspelten, abgebrochenen, manchmal unglaublich idiotischen Sätze. Aber wer die Nörgelei aushielt, merkte bald, wie hilfreich sie war. »Elbe-Rudern macht hart!« – hieß das Motto der Kanuten, und das traf auch für unser Reportertraining zu.

Meister Schulze organisierte uns eine Sprecherzieherin. Die hatten wir alle nötig und ich besonders. Noch vor drei Jahren durfte ich in einer Zeitung über mich lesen: »Ihre Stimme klingt wie ein Fingernagel, der über eine Wandtafel fährt.« Der Mann kann von Glück sagen, dass er mich nicht schon 1980 erlebt hat. Da klang das nämlich noch schlimmer! Seit damals habe ich hart an mir und meiner Stimme gearbeitet, um es wenigstens zu dem betörenden »Fingernagel auf Wandtafel«-Timbre zu bringen, für das ich heute bekannt bin.

Den vereinten Kräften von Sprecherziehern, Dozenten, Mentoren, gestandenen Sportreporterkollegen und der UNESCO habe ich es also zu verdanken, dass ich nach fünf Jahren mit dem Journalistendiplom in der Tasche auf die Menschheit losgelassen wurde.

Ich kam nach Berlin zurück, natürlich zu den Fernsehleuten, meinen alten Kollegen in der Sportredaktion. Von Anfang an durfte ich viel moderieren – eine freundliche Umschreibung für »Stubendienst«. Ich stand im Studio, um in elend langen Live-Sendungen rasch mal von einem Reporter in Lahti zu dessen Kollegen in Rom überzuleiten: »Vielen Dank, Wolfhard Kupfer, für diesen Bericht von der Biathlon-WM. Und nun schalten wir schnell zu unserem Reporter Gerhard Kohse, denn in Rom ist gerade der Startschuss für die 400 Meter Lagen gefallen…« Und das war's dann auch schon. Gelegentlich durfte ich mal raus aus dem Studiomief – zu sportlichen »Highlights« wie den DDR-Meisterschaften im Orientierungslaufen in Bad Schandau, den Drachensegler-Meisterschaften in Halle-Oppin oder zur »Turnolympiade« nach Cottbus. Na ja, immerhin, man kam rum. Von meinem Ziel, eines Tages den olympischen Marathon zu kommentieren, war ich allerdings noch mindestens 42,195 Kilometer entfernt.

Ich wartete also weiter auf die historische Stunde, in der ich mein Reportertalent bei einem wirklichen »Event« unter Beweis stellen könnte. Ich hoffte, dass eines Tages ein geheimnisvoller Virus alle männlichen Kollegen vom Feld fegen würde, und schwups – schon würde ich endlich den olympischen Marathon kommentieren – drei Stunden live aus Korea. Aber dergleichen geschieht nicht.

Stattdessen fiel die Mauer. Ich war 24 Jahre alt, Sportjournalistin mit zwölf Monaten Berufserfahrung. Und plötzlich wurde die DDR ein Land der Demos und der Runden Tische, ein Land im Aufbruch. Good bye, Lenin! Die SED war bisher nur gegen sich selbst angetreten – wie ein Marathonläufer, der allein an den Start geht und immer gewinnt. Ein selbst ernannter Spitzenathlet. Überholen verboten!

Diese Zeiten waren im Herbst '89 vorbei. Jetzt fand in der Politik ein wirklicher Wettkampf statt. Es ging um die besten Ideen für dieses Land. Um die Sympathie der Menschen und sehr bald auch um Wählerstimmen. Politik war für mich plötzlich tausendmal spannender als Sport. Es gab keinen Ein-Parteien-Journalismus mehr, keine Zensur und keine Zensoren, und auch keinen vorauseilenden Gehorsam der Journalisten. Es gab die Chance auf ein freies, unzensiertes Arbeiten. Und die Chance, die Menschen zu erreichen.

Christoph Hein, einer der bekanntesten Schriftsteller aus dem Land, aus dem ich komme, hat gesagt: Die DDR ist zwar ein Leseland, aber ein *Buch*leseland. Das traf es haargenau. Kaum einer hatte Lust auf die gleichgeschalteten Zeitungen. Die Literatur übernahm die Funktion des Journalismus. Wenn man wissen wollte, welche Probleme es gab, dann erfuhr man das nicht aus den Tageszeitungen. Dazu musste man die Bücher von Christoph Hein, Stefan Heym oder Christa Wolf lesen oder ins Theater gehen, wenn Stücke von Heiner Müller oder Volker Braun aufgeführt wurden. Das wurde nun anders – wie alles andere auch.

Ich lief mit fliegenden Fahnen vom Sport zur Politik über und landete in der Auslandsredaktion des Deutschen Fernsehfunks, des Nachwende-Fernsehens der DDR. Von nun an studierte ich nicht mehr die Bestenlisten und Spielberichte, sondern die politische Selbst- und Fremdreinigung der DDR. Ich stellte fest: Wenn – wie in Ost-Berlin 1989 – Tausende vor dem Roten Rathaus stehen und oben auf einer Bühne die Noch-Regierenden die Fragen des Volkes beantworten müssen, dann ist das ur-demokratisch und zugleich die Geburtsstunde von *richtigem* Journalismus. Und ich begriff, dass ein guter Journalist immer auf dem Marktplatz zu stehen hat, unten bei den Leuten, nicht oben auf der Bühne – bei den Regierenden. Plötzlich

lasen die Ostler wieder »ihre« Zeitungen, hörten »ihren« Rundfunk und sahen »ihr« Fernsehen.

Das waren aufregende Zeiten. Kein Wunder. Ich war Exilantin eines Staates, den es von heute auf morgen nicht mehr gab. Ich bekam einen bundesrepublikanischen Pass und hatte doch meinen Wohnort nicht verlassen. Und ich hatte plötzlich den wunderbarsten Beruf der Welt. Im Auftrag der Auslandsredaktion machte ich Dokumentationen über MTV in London oder über den Erfinder der ersten Abtreibungspille der Welt, der RU 486, in Paris. In meiner Redaktion wurde auch ein Reisemagazin mit dem schönen Namen »Azur« aus dem Boden gestampft. Der Grund dafür lag auf der Hand: die Ossis gaben ihren Trabbis die Sporen und eroberten sich die Welt – und wir lieferten ihnen die Sendung zum neuen Hobby. Für »Azur« drehte ich in Österreich, Großbritannien, Frankreich und Singapur. Als Teenager war ich im halben Ostblock herumgereist. Jetzt kam auch noch der »Rest der Welt« dazu.

Und immer wenn ich nach Hause zurückkehrte, hatte sich schon wieder irgendwas verändert in dem Land, aus dem ich komme und das es plötzlich nicht mehr gab. Manche dieser Veränderungen taten richtig weh. Betriebe wurden geschlossen, Menschen verloren ihre Arbeit oder mussten ihre Häuser verlassen, weil die alten Eigentümer die Rückgabe beanspruchten. Mancher Ossi hatte das Gefühl, von seinen Brüdern und Schwestern im Westen herablassend oder zumindest gönnerhaft behandelt zu werden. Dennoch waren die wiedervereinigten Deutschen Anfang der Neunziger wirklich optimistisch. Der kalte Krieg war zu Ende. Die Menschheit schien vernünftiger geworden zu sein. Jetzt galt es eigentlich nur noch, in die Hände zu spucken und die Probleme anzupacken. Niemand hätte damals geglaubt, dass ein Jahrzehnt später eine solche Katerstimmung herrschen würde. Auch die Ostdeutschen, die 1989 so begeisterte Zeitungsleser und

Politikkonsumenten wurden, glauben heute immer weniger, dass die Parteien den Karren aus dem Dreck ziehen können. Umso mehr hat es mich überrascht, dass sich vor allem junge Leute gegen den Irak-Krieg stark machten. Die Bilder von Tausenden protestierenden Schülern auf den Straßen erinnerten mich sehr an die Stimmung der Herbsttage 1989.

Ich bin oft gefragt worden, ob mir der Übergang vom »Ost-Journalismus« zum »West-Journalismus«, vom DFF zum ZDF, schwer gefallen sei. Die Antwort lautet: Nein. Man wollte wissen, wie ich mit den Unterschieden klar käme, was sich alles verändert habe in meiner Arbeit. Ich entgegnete: »Prima!« und »Wenig!« Der Grund dafür war, dass sich die wichtigen Veränderungen für mich schon im Deutschen Fernsehfunk vollzogen hatten. Im Osten selbst. Wie man eine Nachricht schreibt, was ein Bericht ist, eine Glosse, ein Kommentar – das hatte ich schon zu DDR-Zeiten gelernt. Und als die Mauer dann gefallen war, ließen sich diese journalistischen Genres mit neuen, aufregenden Inhalten füllen. Das war die eigentliche Revolution, nicht mein Wechsel zum ZDF-Morgenmagazin.

Meine sechs Jahre beim »MOMA« waren trotzdem ein grandioses »Aufbauprogramm«. Im Schutze der Nacht durfte ich sieben Jahre lang an meiner Interviewtechnik feilen (und an meiner Stimme!). Danach war ich fit für »Berlin Mitte«.

Habe ich aufgehört zu lernen? Sicher nicht. Ich kenne eine sehr erfolgreiche, gefragte Drehbuchautorin, die sich ständig neue Bücher über das Schreiben kauft. Und dann sogar liest. Warum sie das tut? Weil jeder gute Handwerker das Bedürfnis hat, nicht alles aus dem Bauch heraus zu machen. Selbst wenn er mit seinem Produkt zufrieden ist, will er wissen, *warum* seine Möbel, seine Segeljachten, seine Drehbücher, Gemälde oder Zeitungsartikel so gut gelungen sind. Er will hinter das Geheimnis des Erfolges kommen und nicht nur auf seine Intuition vertrauen. Ein bisschen ist das wie die Suche nach dem Stein der Weisen. Und weil es den leider nicht gibt, habe ich mir ein paar »Steinchen der Weisen« auf die Fensterbank vor meinem Schreibtisch gelegt – zwischen einen kleinen Affenbrotbaum und ein Kaleidoskop. Es sind einige unscheinbare Kieselsteine vom Ostseestrand. Jeder von ihnen erinnert mich an ein wichtiges Gebot meiner Arbeit.

Gebot Nummer 1 lautet: Misstraue immer der ersten Idee!

Warum? Weil die erste Idee meist nicht die beste ist. Sie ist das, was einem ohne langes Nachdenken in den Sinn kommt. Also das, worauf vermutlich schon hundert andere Journalisten, Autoren oder Erfinder gekommen sind. Wer seinem ersten Impuls folgt, hat gute Chancen, etwas Langweiliges, keinesfalls Überraschendes zusammenzurühren (»He, Leute, seht mal, meine brandneue Erfindung: das Rad!«). Was machen wir also mit dem ersten Einfall? Wir legen ihn zur Seite, und beginnen dann von neuem nachzudenken. Im Selbstzweifel und in der Unsicherheit liegt ein großes kreatives Potenzial. Auch einen fertig geschnittenen Fernsehbeitrag kann man noch einmal umschneiden. Nie sollte man auf Textbausteine zurückgreifen, die der Zuschauer sowieso vierzigtausendmal am Tag hört. Natürlich bedeutet das Arbeit. Aber die kann Spaß machen. Einem guten Journalisten sollte es eine Freude sein, sich ein bisschen zu quälen. Nur so entsteht am Ende ein Produkt, das die Leute mögen. Wenn die Qualität sinkt, schalten sie gnadenlos um. Davon halten sie selbst nachvollziehbare Gründe nicht ab, wie: »Wir hatten zu wenig Zeit«, »Der Moderator ist gerade Vater geworden« oder »Der Regisseur kommt aus Wuppertal«. All das erfährt der Zuschauer gar nicht erst. Entschuldigungen werden nämlich nicht gesendet.

Gebot Nummer 2 heißt: Keine Angst vor großen Tieren!

Als die siegverwöhnten Römer gegen die Germanen in den Krieg zogen, hatten sie durchaus Fracksausen (oder müsste es Tunika-Sausen heißen?). Die Germanen waren zähe Gegner, die in der Hitze des Gefechts schon mal völlig ausrasteten. Deshalb führten die Römer eine Wunderwaffe mit sich: Löwen. Aber die Germanen kannten keine Löwen. Sie staunten nur: »Oh, große Hunde!« – und schlugen die armen Tiere einfach tot.

Was lehrt uns diese etwas blutrünstige Geschichte? Dass es manchmal gut sein kann, keine Angst vor großen Tieren zu haben. Vor Politikern zum Beispiel. Man sollte ihnen – wie anderen Menschen auch – mit Respekt begegnen. Aber nicht mit Unterwürfigkeit oder gar Furcht. Manche Kollegen haben vor Politikern mehr Schiss als Vaterlandsliebe. Politiker bestrafen auch gern: Sie werden unleidlich oder richten Beschwerden an die Chefs. Sie drohen damit, nie wieder einen Fuß in das Fernsehstudio zu setzen, in dem sie gerade so schlecht behandelt wurden. Das muss ein Journalist aushalten. Auch wenn es auf den ersten Blick nicht gut ist für die Karriere. Und wenn andere Kollegen anscheinend besser damit fahren, dass sie mit den Mächtigen kungeln. Der Journalist darf sich nie »auf die Bühne« holen lassen, er darf nie dazugehören wollen. Das Gebot »Keine Angst vor großen Tieren!« muss nämlich ergänzt werden durch den Zusatz: »Aber gekuschelt wird auch nicht!«

Gebot Nummer 3: Fragen sind unser Handwerkszeug, nicht Vorurteile!

Ich war immer ein Fan von Wolf von Lojewski, der lange Zeit das ZDF-»heute-journal« moderierte. Was mir am meisten an ihm gefiel, war seine Fähigkeit, sich in aller Öffentlichkeit zu wundern. Das hörte sich dann ungefähr so an: »Zwölf Schnabelwale, liebe Zuschauer, sind gestern an der Westküste Griechenlands gestrandet. Ein rätselhafter Vorgang, denn Schnabelwale stranden äußerst selten. Inzwischen zeichnet sich eine Erklärung für das geheimnisvolle Phänomen ab. Die NATO testet in dieser Region nämlich zur Zeit ein Niederfrequenzsonar, das U-Boote aufspüren soll. Warum dieses Sonar Wale zum Stranden bringen kann, ist mir persönlich unklar. Aber glücklicherweise haben wir kluge Reporter wie unseren Walberichterstatter Luc Walpot, der uns die Sache jetzt gleich erklären wird…« Der Mann war ein erfahrener Reporter, der dreißig Jahre lang die ganze Welt bereist hatte. Trotzdem hatte er offenkundig mehr Fragen als Antworten. Was ist das auch für eine verrückte Welt, in der wir leben: Kriege, Tankerunglücke, Flugzeugentführungen, Politikerrücktritte, Raumschiffe, die vom Himmel fallen… Ich persönlich habe mich dafür entschieden, mit der Neugier zu leben und mit dem manchmal etwas unbehaglichen Gefühl, nicht alles wissen und erklären zu können. Nichts schadet unserer Arbeit mehr als Vorurteile und voreilige Schlüsse. Wer in einem Interview nur noch die Bestätigung dafür sucht, was er ohnehin schon zu wissen glaubt, muss es eigentlich gar nicht erst führen. Was er nicht wissen *will*, wird er auch nicht erfahren. Und die Leser oder Zuschauer auch nicht.

Als ich vierzehn war, hatte ich einen Traum. Ich wollte Sportreporterin werden. Geworden bin ich eine in die Politik vernarrte Journalistin. Sicher, auch in der Politik haben wir es mit interessanten »Helden« zu tun: mit Einzelkämpfern, Team-Playern, Rechts- und Linksauslegern, notorischen Foulspielern. Und wie im Sport geht es um große Emotionen, um Sieg oder Niederlage, menschliche Dramen, Katastrophen, jähe Wendungen im Spielverlauf. Aber es gibt einen gravierenden Unterschied. Der Politiker trägt für mehr Verantwortung als nur für sich selbst und seine Karriere. Ob Bayern wieder mal Deutscher Meister wird, mag ja eine spannende Frage sein. Aber der Sieg oder die Niederlage einer Partei bei einer Bundestagswahl kann über lange Jahre das Wohl und Wehe dieses Landes bestimmen. Deshalb finde ich meinen Beruf immer wieder spannend. Deshalb, so hat mir ein kleines Ahornblatt geflüstert, brauche ich wohl auch nicht traurig zu sein, dem Sport damals adieu gesagt zu haben. Und jetzt mal ehrlich: Hunderte schwitzender Männer, die sich beim Berlin-Marathon auf 42 Kilometer Asphalt die Gelenke ruinieren – so aufregend ist das ja auch nicht!

Zu den Autoren

Maybrit Illner, 1965 geboren, hat nach dem Studium ihre journalistische Laufbahn in der Sportredaktion des Fernsehens der DDR begonnen, ist nach dem Fall der Mauer in die Auslandsredaktion gewechselt und hat für den DFF das Reisejournal »azur« und »das Abendjournal« moderiert. Seit 1992 arbeitet sie für das ZDF, als Moderatorin und später Leiterin des ZDF-»Morgenmagazins« und seit 1999 als Moderatorin der politischen Talkshow »Berlin Mitte«.

Ingke Brodersen, 1950 geboren, war, nach einer ganz kurzen Zeit im Schuldienst, lange Jahre Lektorin und Herausgeberin politischer Bücher im Rowohlt Verlag und hat den Verlag Rowohlt Berlin geleitet. Heute ist sie für verschiedene Autoren als literarische Agentin tätig, entwickelt Buchprojekte, arbeitet für Stiftungen und ist Redakteurin von »Kafka. Zeitschrift für Mitteleuropa«, die in fünf verschiedenen Län-

dern Europas erscheint. 2001 hat sie, zusammen mit Doris Schröder-Köpf, das Buch herausgegeben »Der Kanzler wohnt im Swimmingpool. Wie Politik gemacht wird«.

Frank Ehrler, geboren 1971, studierte Illustration, Comiczeichnen und Zeichentrickfilm an der École Emile Cohl in Lyon/Frankreich. Seine Illustrationen zieren »Focus«, »Süddeutsche Zeitung«, »Financial Times Deutschland« und dieses Buch.

Franziska Augstein hat Geschichte und Philosophie in Berlin, Bielefeld und an der University of Sussex studiert. Von 1987 bis 1989 hat sie für das Magazin der »Zeit« gearbeitet; von 1997 bis 1999 als Redakteurin für das Feuilleton der FAZ, danach als Feuilletonkorrespondentin der FAZ in Berlin; seit 2001 ist sie Redakteurin der »Süddeutschen Zeitung«. 1998 wurde sie mit dem Ernst-Robert-Curtius-Förderpreis und 2000 mit dem Theodor-Wolff-Preis ausgezeichnet. 1999 erschien ihr Buch »James Cowles Prichard's Anthropology. Remaking the Science of Man in Early Nineteenth Century Britain«.

Wolfgang Büscher, 1951 geboren, hat lange Jahre als Autor für GEO, das SZ-Magazin, das »Zeit«-Magazin, NZZ-Folio und andere Zeitschriften geschrieben. Seit 1998 arbeitet er bei der »Welt«, seit Anfang 2002 leitet er dort das Ressort Reportagen/Magazine.

Rudi Carrell, 1934 im niederländischen Alkmaar geboren, Showmaster, Schauspieler, Filmproduzent, Filmmanager, Fernsehproduzent, arbeitete als Entertainer, Zauberkünstler, Bauchredner, Moderator von Modenschauen und als Kasperletheaterspieler. 1951 vertrat er seinen Vater bei einem Gastspiel und blieb seitdem im Showgeschäft. Er hat zahlreiche Auszeichnungen für seine Shows erhalten – unter anderem die Goldene Rose von Montreux und die Goldene Kamera – und für seinen »hintergründigen Humor« den Karl-Valentin-Orden.

Eduard Heußen, geboren 1949, war Ende der 80er-Jahre Sprecher des SPD-Parteivorstandes und hat die Wiedervereinigung Deutschlands und den folgenden Bundestagswahlkampf im Jahre 1990 als Sprecher der größten Oppositionspartei begleitet. Ab 1991 war er in der Großen Koalition des Berliner Senats der stellvertretende Senatssprecher. Im Jahr 2000 wechselte er in die Gesellschaft für Entwicklung, Beschaffung und Betrieb, deren Aufgabe es ist, zivile Dienstleistungen der Bundeswehr neu zu organisieren.

Hans-Ulrich Jörges, geboren 1951, ist stellvertretender Chefredakteur, Berliner Büroleiter und Kolumnist des »Stern«. Er war zuvor Chefredakteur der »Woche« und hat früher u. a. für die »Süddeutsche Zeitung« und die Nachrichtenagentur Reuters gearbeitet.

Herlinde Koelbl kam auf Umwegen zu ihrem Beruf als Fotografin. Ihrer ersten Ausstellung folgten rasch zahlreiche im In- und Ausland. Mit ihren Fotografien ist sie in den Sammlungen internationaler Museen vertreten. Sie ist Autorin zahlreicher Bücher, die fast alle zu Klassikern geworden sind, darunter »Das Deutsche Wohnzimmer«, »Männer«, »Feine Leute«, »Jüdische Portraits«, »Spuren der Macht«. In den letzten Jahren arbeitete sie auch erfolgreich als Dokumentarfilmerin (»Die Meute«).

Jürgen Leinemann, geboren 1937, studierte Germanistik, Philosophie und Geschichte. Während des Studiums arbeitete er als freier Mitarbeiter beim »Burgdorfer Kreisblatt«, später volontierte er bei der Nachrichtenagentur dpa, für die er 1968 als Redakteur nach Washington ging. Seit 1971 ist er für den »Spiegel« tätig, die ersten drei Jahre als Leiter des Washingtoner Büros, später als Reporter in Bonn, seit 1990 in Berlin, wo er auch Leiter des »Spiegel«-Büros war. Seit 2002 ist er Autor des »Spiegel«. 1983 erhielt er den Egon-Erwin-Kisch-Preis, 2001 wurde er für sein journalistisches Lebenswerk mit dem Jakob-Siebenpfeiffer-Preis ausgezeichnet. Teile der Rede, die er anlässlich der Verleihung dieses Preises gehalten hat, finden sich in seinem Text wieder. Jürgen Leinemann hat mehrere Bücher veröffentlicht, als letztes »Helmut Kohl. Ein Mann bleibt sich treu« (2001).

Hans Leyendecker, Jahrgang 1949, war von 1979 bis Juni 1997 Redakteur beim »Spiegel«: Korrespondent in Düsseldorf, einer der Büroleiter in Bonn, Ressortleiter in Hamburg. Seit Juli 1997 ist er Leitender Redakteur bei der »Süddeutschen Zeitung«. Diverse Bücher, diverse Auszeichnungen. Spezialist für Affärengeschichten.

Sonia Mikich, 1951 in Oxford geboren und in London aufgewachsen und »bis heute dankbar für einen Schuss britischen Humor«, hat die »verdächtigen Fächer« Politologie, Soziologie und Philosophie studiert, dann als wissenschaftliche Mitarbeiterin der Arnold-Gehlen-Forschungsgruppe am Institut für Soziologie der RWTH

Aachen gearbeitet. Als »Gegengewicht zum Akademischen« war sie bereits in dieser Zeit als freie Journalistin für Zeitschriften, Hörfunk und in diversen Kabarett-, Musik- und Frauengruppen tätig. Von 1982 bis 1984 Volontariat beim Westdeutschen Rundfunk, danach Redakteurin und Reporterin in der Programmgruppe Ausland des WDR. 1992–1998 ARD-Korrespondentin in Moskau, ab 1995 Studioleiterin. Ausgezeichnet mit dem Telestar, dem Bundesverdienstkreuz, dem Kritikerpreis. Von April 1998 bis Dezember 2000 leitete sie das ARD-Studio in Paris. Seit Januar 2002 Chefin des ARD-Polit-magazins MONITOR. 1998 erschien von ihr »Planet Moskau – Geschichten aus dem neuen Russland«.

Michael Mueller, geboren 1965, absolvierte ein Volon-tariat beim »Remscheider Ge-neralanzeiger«. Seit 1987 lebt er als freier Journalist, Autor und Filmemacher in Köln. Unter anderem arbeitete er fünf Jahre als Reporter im Team des Politmagazins ZAK und für andere aktuelle Magazinsendungen. Er berichtete aus vielen Teilen der Erde, unter anderem auch aus Krisengebieten wie Ruanda, Bosnien und Nordirland. In den letzten Jahren arbeitet er überwiegend an Fernsehdokumentationen und als Buchautor. Als Letztes hat er, zusammen mit Peter F. Müller, das Buch »Gegen Freund und Feind – Geheime Politik und schmutzige Geschäfte des BND« veröffentlicht.

Patricia Riekel war nach einem zwei-jährigen Volontariat beim »Münchner Merkur« Redakteurin bei der »Augsbur-ger Allgemeinen«, bei »Quick« und bei »freundin« und hat anschließend als freie Autorin für verschiedene Zeitungen und Zeitschriften gearbeitet. Sie hat »RADIO

DER FRAU« gegründet, Sach- und Drehbücher geschrieben und ist seit 1997 Chefredakteurin von BUNTE, seit 1999 darüber hinaus Chefredakteurin von »InStyle«.

Alfred Roesler-Kleint, Drehbuchautor/ Texter, geboren 1949 in Westfalen, Abitur 1968 in Berlin (Ost), Kulturredakteur beim Fernsehen der DDR, erhielt nach der Kündigung Berufsverbot. Unter Pseudonym arbeitete er als Autor für Zeitschriften, TV, Spielfilm und Hörspiel, Texter für Rock-Bands. Nach der Wende kehrte er zum Deutschen Fernsehfunk zurück, wurde Stellvertretender Intendant, Chefredakteur für Politik und Zeitgeschehen, Chef des Landessenders Brandenburg und Mitglied im Gründungsstab des Ostdeutschen Rundfunks Brandenburg, Koordinator des TV-Vorabendprogramms von ORB und SFB, Redakteur der ARD-Serien »Kanzlei Bürger« und »Zappek«. Inzwischen ist er »glücklich zurück in der Freiheit«.

Peter Scholl-Latour, 1924 geboren, bei Kriegsende in Gestapohaft, diente von 1945 bis 1947 als französischer Fallschirmjäger in Indochina. Seit 1950 ist er als Journalist tätig und erwarb sich schnell den Ruf als Experte für den Nahen Osten. Seit 1960 war er für die ARD Korrespondent in Afrika, bis er Leiter des Pariser ARD-Studios wurde. Er war immer wieder als Sonderkorrespondent weltweit unterwegs. Zwischenzeitlich war er saarländischer Regierungssprecher, Programmdirektor beim WDR, Chefredakteur und Herausgeber des »stern«, Leiter des ZDF-Studios in Paris. Er hat zahlreiche Auszeichnungen erhalten – von der Goldenen Kamera bis hin zum Adolf-Grimme-Preis.

Jürgen Todenhöfer, geboren 1940, war 18 Jahre lang für die CDU im Deutschen Bundestag und dort Entwicklungspolitischer und Rüstungskontrollpolitischer Sprecher. Seit 16 Jahren ist er Stellvertretender Vorsitzender und Verlagsvorstand von Hubert Burda Media.

Ariane Vuckovic, 1965 geboren, hat Germanistik und Kunstgeschichte studiert, für VOX und Tele 5 gearbeitet. Von 1994 bis 1999 war sie für »Mona Lisa«, von März 1999 bis November 2000 im Studio London als Auslandskorrespondentin tätig und hat darüber hinaus aktuelle Berichte aus Albanien, Mazedonien, Kosovo und Bosnien-Herzegowina für die Nachrichtensendungen des ZDF erstellt. Seit Dezember 2000 ist sie für »ZDF.reporter« unterwegs und drehte Reportagen aus Afghanistan, Pakistan, Israel, Sudan, Vietnam, den USA und Deutschland. Für ihre journalistischen Arbeiten hat sie zahllose Preise und Auszeichnungen erhalten, u.a. mehrfach den Axel-Springer-Preis für junge Journalisten und 1999 das Bundesverdienstkreuz für ihre »mutige, realistische und ausgewogene Berichterstattung« aus Krisengebieten.

Roger de Weck, geboren 1953, ist Publizist in Berlin und Zürich. Er schreibt für deutsche, französische und schweizerische Blätter, moderiert Sendungen des Schweizer Fernsehens und ist Dozent am Europa-Kolleg in Brügge. Zuvor war er Chefredakteur der »Zeit« in Hamburg und vom Züricher »Tages-Anzeiger«.

Oliver Welke, geboren 1966, wollte nach dem Abitur »irgendwas mit Medien« machen und studierte Publizistik in Münster. »Was Spaß macht, aber wenig auf die praktische Seite der Medienberufe vorbereitet.« Deshalb probierte er sich neben dem Studium in verschiedenen Jobs aus. Aus einer Hospitanz beim WDR ging eine freie Mitarbeit als Filmemacher für die Regionalfenster des WDR-Fernsehens hervor. Parallel zu »richtungsweisenden Beiträgen über neue Umgehungsstraßen in Attendorn« versuchte er sich
ab 1990 auch als Radio-Comedian. Zusammen mit seinem Studienfreund Oliver Kalkofe stieß er beim niedersächsischen Privatsender ffn zum Team des »Frühstyxradios«, das bis 1996 in Norddeutschland Kultstatus hatte. Ein Casting ermöglichte den Einstieg bei »ran«. Zunächst als Moderator des Sports im Frühstücksfernsehen, später in den Hauptnachrichten. Seit der Saison 1998/99 moderiert Oliver Welke regelmäßig die »ran«-Sendungen am Samstag und Sonntag. Seit Februar 2003 gehört er außerdem zum festen Ensemble der RTL-Show »7 Tage 7 Köpfe«. Auszeichnungen: Siegerurkunde Bundesjugendspiele 1978, Deutscher Fernsehpreis 2001 für die Moderation von »ran«.

Christine Westermann hat nach dem Abitur die Deutsche Journalistenschule in München absolviert, dann ein Volontariat beim ZDF gemacht und ist seit dieser Zeit freie Journalistin und freie Moderatorin von Fernseh- und Radiosendungen.

Volker Wieprecht, geboren in Herne und dort in den Sechzigern »zur Schule gestiefelt«. In den Siebzigern »mit Mutti nach Berlin gezogen«, 1982 Abitur gemacht. »Leider erst im fünften Semester des Latein-, Philosophie- und Deutschstudiums entdeckt, dass Leben auch Spaß machen darf«. Daraufhin Beiträge für das Jugendmagazin sf-beat beim SFB gemacht. 1987 zum Kinderfunk und dann zum Moderator für die ganze Welle SFB 2 geworden. 1990 die Jugendwelle Radio 4U mitgestaltet und mit Frühmoderationen »belohnt« worden. 1992–93 freier Autor in den USA, Rückkehr zu »Fritz«, dem neu gegründeten Jugendradio des ORB. Dort Frühdienst geschoben. 1994 von der Zeitschrift »Musikexpress« zum besten Hörfunkmoderator gewählt. 1997 Radio EINS neu mitgestaltet. 2003 »erleichtert über den ECHO für Radio EINS gestaunt«. Seit 1998 TV-Moderation der Loveparade, 2001 einer Quizshow auf n-tv und ORB. Diverse Einsätze in der ARD. 1998 die apparat multimedia gegründet, die Hörfunkformate, Audio- und Technikdienstleistungen ausspuckt, 2000 apparat event, die Berlins erfolgreichste Partyreihe produziert: Die Schöne Party.

Anne Will, 1966 in Köln geboren, wuchs in Hürth auf und studierte Geschichte, Politische Wissenschaften und Anglistik. Während des Studiums arbeitete sie als freie Mitarbeiterin für die »Kölnische Rundschau« und das »Berliner Volksblatt«. Nach dem Magisterexamen war sie für den Sender Freies Berlin tätig, dort volontierte sie im Hörfunk und im Fernsehen. Seit Ende 1992 moderierte sie beim SFB-Fernsehen die Polit-Talkshow »Mal ehrlich« und den »Sportpalast«. Später kam die Moderation der WDR-Medienshow »Parlazzo« dazu. Am 28. November 1999 präsentierte sie als erste Frau die »ARD-Sportschau«. Aufgrund ihres »Moderationstalents und ihrer breiten journalistischen Kompetenz« wurde sie 2001 für den Grimme-Preis Spezial nominiert, 2002 erhielt sie die Goldene Kamera. Ihre ersten »Tagesthemen« moderierte sie am Sonnabend, dem 14. April 2001.

Bibliografische Information Der Deutschen Bibliothek
Die Deutsche Bibliothek verzeichnet diese
Publikation in der Deutschen Nationalbibliografie;
detaillierte bibliografische Daten sind im Internet über
<http://dnb.ddb.de> abrufbar.

© 2003 Deutsche Verlags-Anstalt, München
Alle Rechte vorbehalten
Lektorat: Ingke Brodersen und Rüdiger Dammann
Umschlaggestaltung: Berndt & Fischer, Berlin
Gestaltung und Satz: Verlagsservice Rau, München
Druck: Jütte-Messedruck GmbH, Leipzig
Bindung: Kunst- und Verlagsbuchbinderei GmbH, Leipzig
Printed in Germany
ISBN 3-421-05751-6